Lindsey Agness

BUSINESS E PNL

Strumenti e strategie per potenziare organizzazione, rendimento e successo

EDIZIONI
IL PUNTO
D'INCONTRO

Lindsey Agness
Business e PNL
Titolo originale: *Change Your Business with NLP*
Traduzione di Milvia Faccia

Prima edizione originale in lingua inglese pubblicata nel 2010 da Capstone Publishing Ltd (a Wiley Company)
Prima edizione italiana pubblicata nel maggio 2015 da Edizioni Il Punto d'Incontro s.a.s., via Zamenhof 685, 36100 Vicenza, tel. 0444239189, fax 0444239266, www.edizionilpuntodincontro.it
Finito di stampare nel maggio 2015 presso la tipografia CTO, Via Corbetta 9, Vicenza

ISBN 978-88-6820-197-5

Indice

"Stimolante, autentico e pratico".

Richard Lucas, cda della PricewaterHouse Coopers Consulting

"Un libro che dev'essere presente nella biblioteca di chiunque voglia avere successo, mantenerlo ed essere un vero leader nel mondo del business".

Robert Smith, esperto nella formazione PNL

"*Business e PNL* è destinato a diventare un testo di riferimento per aziende di ogni dimensione che vogliono scoprire come affrontare la concorrenza e trarre il meglio dalla propria attività".

Sandra Wheatley, dirigente superiore dell'ufficio per l'audit interno, Transport for London

"La mia esperienza durante un seminario condotto da Lindsey sulla gestione del cambiamento aziendale è culminata in una trasformazione radicale della mia carriera che mi ha portato a creare un'azienda di successo con un giro d'affari di più di 500 milioni di dollari. Lindsey è una vera maestra nel farti riconciliare i tuoi sogni con le azioni da compiere, necessarie al tuo successo".

Jim Nicholas, direttore generale della Divisione Microcontrollori, ST Microelectronics

"*Business e PNL* è uno dei libri in grado di fornirti gli strumenti per concretizzare le tue aspirazioni".

David Shephard, insegnante autorizzato di PNL, fondatore di The Performance Partnership e presidente dell'American Board of NLP

"Un testo pratico e creativo per ottenere i risultati che desideri nel tuo business per mezzo delle tecniche di PNL".

Julie Hodges, direttrice del Programma FT MBA (Full-Time Master in Business Administration) presso la Durham Business School

"Lindsay propone strumenti e tecniche che si concentrano sull'attuazione di un cambiamento trasformazionale e sul conseguimento di benefici misurabili. Il suo libro stimolerà idee per moltiplicare le opportunità di crescita in un ambiente finanziario sempre più difficile".

Sue Colley, direttrice del Dipartimento per le Iniziative di Impiego, Facoltà di Scienze della Salute, Università di Southampton

Questo libro è dedicato ai miei figli Sophie e Oliver, nella speranza che li aiuti nella loro futura vita professionale, e a mia madre, che mi ha sempre incoraggiato a farmi strada nel mondo del business

Introduzione

Perché la PNL è importante per il business?

La domanda più importante che devi fare a te stesso prima di cominciare a leggere questo libro è: "Il mio business sta ottenendo i risultati voluti?". Mentre rifletti sulla questione, osserva i pensieri che ti vengono in mente. Per esempio, vuoi avere più successo come leader, costruire un team eccezionale, oppure cambiare le regole del gioco o la cultura della tua organizzazione, o ancora trasformare le relazioni con i clienti? Forse ti gioverebbe sviluppare le tue capacità in tutti questi settori. Se hai risposto affermativamente a una di queste domande, posso garantirti che il libro che hai tra le mani sarà per te una validissima risorsa.

In un mercato sempre più difficile, le tecniche di programmazione neurolinguistica (PNL) possono essere applicate alle sfide che gli attuali leader si trovano ad affrontare: individuare e migliorare i punti di forza del proprio team, conquistare clienti sottraendoli a una concorrenza sempre più spietata, migliorare il morale e aumentare il rendimento dell'organizzazione. La PNL cambia gli atteggiamenti, focalizzandoti e motivandoti ad acquisire un positivo stato di fiducia in te stesso, e in tal modo rafforzandoti per consentirti di affrontare quelle sfide a testa alta e trasformare il business nel quale sei impegnato.

Lo scopo essenziale di questo libro è introdurti a specifici strumenti e tecniche di PNL nel contesto di varie questioni inerenti il mondo del business, mostrandoti come applicarli attraverso una serie di esercizi pratici, esempi e valutazioni. Ti mostrerò attraverso le prove fondamentali dei casi di studio come la PNL possa assicurarti risultati straordinari.

A chi è destinato questo libro?

Il mio campo di ricerca e applicazione in ambito aziendale è la "Gestione e Sviluppo delle Risorse Umane". Pertanto, questo libro è destinato principalmente a:

- dirigenti d'azienda di alto e medio livello (compresi coloro che aspirano a queste posizioni) che godono dell'autorità e dell'influenza necessarie ad apportare cambiamenti usando strumenti e tecniche della PNL, e che vogliono migliorare in modo sostanziale le loro organizzazioni;
- responsabili della gestione e dello sviluppo delle risorse umane, compresi consulenti, formatori e coach che vogliono capire come usare la PNL per assicurare risultati migliori ai loro clienti;
- praticanti di PNL (con "praticanti" intendo chiunque sia abilitato alla pratica di questa disciplina) che desiderano idee e consigli su come applicare nell'ambito del business gli strumenti che hanno ricevuto;
- potenziali acquirenti di applicazioni di PNL che vogliono saperne di più sull'attuazione e sui risultati conseguibili prima di investire tempo e denaro nei servizi basati su questa disciplina.

Il presente libro mira a garantire risultati migliori a qualsiasi tipo di azienda, dalla società multinazionale alle organizzazioni del settore pubblico. Se operi nell'ambito pubblico o in quello delle organizzazioni no profit potresti trovarti a disagio con il termine "azienda". La definizione che Wikipedia ne dà descrive l'azienda in questo modo:

> "Organizzazione legalmente riconosciuta che ha lo scopo di fornire beni e/o servizi ai suoi clienti. La maggior parte delle aziende è di proprietà privata e mira a un profitto che aumenterà la ricchezza dei proprietari e realizzerà la crescita dell'azienda stessa. La definizione comprende anche le imprese cooperative, senza scopo di lucro o di proprietà dello Stato".

Quindi, quando utilizzo il termine "azienda" o "business", va inteso nel senso più ampio. Per esperienza personale so che gli strumenti e le tecniche della PNL funzionano egualmente bene per ogni tipo di organizzazione.

Il libro è stato pensato come un viaggio di esplorazione in cui tu, come lettore, apprenderai attraverso l'applicazione pratica degli esercizi. Per trarre il massimo vantaggio da questa esperienza, ti esorto ad adattare ogni singolo esercizio alla tua situazione personale, sia tu un leader o aspirante tale, un esperto di gestione e sviluppo delle risorse umane, un praticante di PNL o un potenziale acquirente dei servizi di PNL.

A che punto siete tu e il tuo business?

Qualunque processo di cambiamento deve partire dalla riflessione sul punto in cui si è attualmente. È come piantare un paletto alla fine del viaggio per scoprire la distanza che hai percorso. L'ho imparato quando lavoravo come consulente per la gestione del cambiamento presso una delle aziende di consulenza aziendale più importanti del mondo. Mi è stato insegnato ad avviare sempre un progetto avendo in mente lo scopo preciso. Era importante lavorare con i clienti per definire gli esiti e i vantaggi commerciali associati che avrebbero tratto dalla collaborazione con noi. Comprensibilmente, i clienti pretendevano risultati quantificabili dal nostro lavoro, e quindi divenne essenziale fissare una linea di riferimento del punto in cui ci trovavamo all'inizio di un progetto, onde facilitare alla fine la valutazione del successo conseguito. Considero questo libro un progetto di cambiamento, in quanto mira a trasformare te e il tuo business. Quindi, è fondamentale sapere a che punto ti trovi all'inizio di questo viaggio. Per scoprirlo, ti invito a riempire il questionario che segue, il quale segue la struttura del libro ed è relativamente generico, quindi sii onesto nelle risposte.

Esercizio 1: Il questionario per scoprire a che punto siete tu e il tuo business

Parte I: Trasformare i leader con la PNL

1. Hai obiettivi impellenti per il tuo futuro?
   a. Certamente
   b. Sì, ma non intendi impegnarti più del dovuto
   c. No, prendi le cose come vengono
2. Quando qualcosa non sta funzionando per te:
   a. Fai tutto ciò che è necessario per rimettere a posto le cose
   b. Incroci le dita e speri che tutto vada bene
   c. Tendi a farti da parte e attribuire la colpa agli altri
3. Quando le persone del tuo staff giudicano le tue capacità di capo, affermano:
   a. Di essere assolutamente ispirate dalla collaborazione con te
   b. Che esistono molte aree in cui potresti migliorare
   c. Di sentirsi sperdute e prive di guida

Parte II: Trasformare i team con la PNL

4. Che cosa assicura la piena efficienza di un team?
   a. Visione e valori condivisi
   b. Massima considerazione del cliente
   c. Raggiungimento dei risultati a qualunque costo

5. In che modo incoraggi la creatività nel tuo team?
   a. Riservando al team occasioni specifiche per generare nuove idee
   b. Ascoltando i dipendenti quando propongono nuove idee
   c. Non lo faccio, perché abbiamo già tanti problemi da risolvere quotidianamente

6. Quando è stata l'ultima volta che hai avuto una conversazione coraggiosa con un membro della tua squadra?
   a. Il mese scorso
   b. Negli ultimi 6 mesi
   c. Non ricordo

Parte III: Trasformare le organizzazioni con la PNL

7. Che cosa è più importante quando si avvia un progetto di cambiamento organizzativo?
   a. Un documento di progetto chiaro con benefici definiti
   b. Sostegno per il progetto
   c. Far sì che tutti siano contenti

8. In che modo riesci ad attuare un cambiamento nella cultura aziendale?
   a. Modifico i sistemi di ricompensa
   b. Miglioro le comunicazioni
   c. Lascio che la "vecchia guardia" gestisca il processo per tenere il passo

9. Qual è la difficoltà maggiore per un team virtuale?
   a. Scarsa comunicazione

b. Dissidi interni

c. I perditempo

Parte IV: Trasformare il servizio di assistenza ai clienti con la PNL

10. Qual è la cosa più importante per costruire rapporti duraturi con i clienti?
    a. Intesa eccellente
    b. Buoni prodotti
    c. Rendiconto spese

11. Qual è il suggerimento migliore per chi presenta qualcosa per la prima volta?
    a. Sii semplicemente te stesso
    b. Ti consiglio di usare le slide di Powerpoint per evitare di perdere il filo
    c. Prepara una scaletta da seguire per essere certo di non dimenticare nulla

12. Come descriverebbero la tua azienda i clienti?
    a. Supera sempre le mie aspettative
    b. Soddisfa sempre le mie aspettative
    c. Non riesce mai a soddisfare le mie aspettative

Ora somma i punteggi di A, B e C e scopri cosa dicono di te le tue scelte.

Prevalenza di A. Congratulazioni! Hai compiuto scelte eccellenti, e ciò dimostra che tu e il tuo business state già puntando in direzione della Zona Luminosa. Ti mostrerò come conseguire risultati superiori a ogni aspettativa.

Prevalenza di B. Non male, ma tu e il tuo business state cominciando ad accontentarvi, ed esiste il pericolo che rimaniate bloccati nella Zona Grigia. È ora di agire, e ti aiuterò a sviluppare alcune idee per muoverti nella giusta direzione.

Prevalenza di C. Per fortuna hai trovato questo libro, perché sei come una nave senza timone: non hai una direzione precisa e stai facendo scelte sbagliate che ti impediscono di seguire un corso d'azione più proficuo per te e la tua azienda. Preparati a una vita difficile, mentre affronti i cambiamenti che dovrai necessariamente apportare per uscire dalla Zona Oscura. Ti mostrerò come fare.

Che cos'è la PNL?

Se ti stai chiedendo cosa sia la PNL, questa è la tua opportunità di scoprirlo e di capire perché ho deciso di inserirla in questo libro come tecnologia di cambiamento.

La PNL, o programmazione neurolinguistica, ha sempre rappresentato un concetto arduo da definire in parole semplici. Tosey e Mathison la descrivono come "una sorta di ingegneria inversa, applicata alle potenzialità umane".

Negli anni Settanta un linguista, John Grinder, e un matematico, Richard Bandler, esaminarono alcuni eccellenti comunicatori e tecnici del cambiamento. Iniziarono ponendo una domanda: "Che cosa fa la differenza tra una prestazione di *livello eccezionale* e una *mediocre*?". Si concentrarono sull'osservazione di un certo numero di persone molto produttive, compresi alcuni famosi terapisti, e scoprirono le convinzioni, gli atteggiamenti e le strategie che assicuravano loro il successo. Esplorarono esempi di cambiamenti ben riusciti, sia personali che professionali, per scoprire gli strumenti e le tecniche in grado di garantire risultati rapidi e sostenibili. Di conseguenza, formalizzarono le loro tecniche di cambiamento sotto la definizione di “programmazione neurolinguistica” o PNL, per simboleggiare il rapporto tra il cervello, il linguaggio e il corpo, e i risultati che si potevano ottenere. Tosey e Mathison sottolinearono che

> “la PNL non inventa tali schemi: li identifica, li semplifica fino all’essenziale, talvolta perfezionandoli e rielaborandoli al fine di renderli disponibili ad altri... È un modo per codificare e riprodurre un’eccellenza che consente di ottenere costantemente i risultati voluti”.

La PNL è estremamente eclettica, in quanto attinge a molti ambiti di pratica. Nel suo libro *Whispering in the Wind*, Grinder affermava che la PNL

> “...si è diffusa come un incendio in tutto il mondo... Essa [la PNL] attraversa tutte le culture, le generazioni, le fasce d’età e i campi di applicazione. Nel mondo ci sono centinaia di migliaia di persone la cui vita è stata profondamente e positivamente modificata dall’adesione al modello comportamentale chiamato PNL”.

Perché tanto successo? A differenza di altri approcci che ti dicono *cosa* devi fare, la PNL è una tecnologia che ti dice *come* farlo. Ti suggerisce e ti mostra *come* essere il leader che desideri diventare, come avere negli affari il successo tanto sognato e come trascorrere il tempo facendo le cose che vuoi fare davvero. Nella maggior parte delle persone le cose che accadono suscitano reazioni inconsce, al di fuori della consapevolezza. La PNL propone una strada migliore. Ti offre gli strumenti per reagire in modo diverso in base a una scelta, per essere più consapevole dei tuoi pensieri, sentimenti e comportamenti. Sarai pronto, quindi, ad assumerti la responsabilità dei risultati ottenuti in tutte le aree della tua vita, non solo nel business.

Esaminiamo ogni singolo elemento della PNL per spiegare di cosa si tratta.

Programmazione

La programmazione riguarda tutto ciò che facciamo.

Tutti abbiamo continuamente qualche programma in mente. Questi programmi governano il modo in cui ci comportiamo, le nostre prestazioni e, in fin dei conti, i nostri risultati. Per esempio, nella tua carriera noti forse che ti vengono riproposte sempre le stesse sfide? Ti capita di scontrarti continuamente con boss difficili o di essere in conflitto con ogni squadra da te diretta? In queste situazioni, l'unico comune denominatore sei tu! Questi programmi operano a livello inconscio nel sistema nervoso, ed è questo il motivo per cui risultano difficili da modificare. La PNL ti aiuta a individuare i programmi negativi e a cambiarli, in modo che quelle esperienze non si presentino più. Se ci pensi adesso, ti vengono in mente scenari come questo?

Neuro

"Neuro" riguarda tutto ciò che pensiamo, quindi i nostri pensieri.

Neuro significa "ciò che accade nella nostra testa", per la quale passano più di 60.000 pensieri al giorno che formano il nostro mondo interiore di conversazioni, dialoghi o discussioni che abbiamo con noi stessi nel corso del processo cognitivo che regola le emozioni, l'umore e in ultima analisi il nostro modo di reagire agli eventi. Nei termini della PNL tutto ciò costituisce le nostre rappresentazioni interiori. Per esempio, se hai una riunione importante con il tuo capo e pensi che possa andar male, ciò a sua volta ti farà probabilmente sentire male. E, come è facile capire, in circostanze simili è più che probabile che tu finisca per creare esattamente ciò che ti passava per la testa. Al contrario, puoi concentrarti sulla buona riuscita dell'incontro e sentirti molto eccitato in vista di esso. E in questo caso, quasi certamente l'esito positivo è assicurato. Tanto per essere chiari sull'argomento, i tuoi pensieri e come ti senti influiscono direttamente sul successo della riunione.

Il punto critico da comprendere è il fatto che possiamo controllare i nostri pensieri, e ti mostrerò come.

Linguistica

"Linguistico" è tutto ciò che esprimiamo, verbalmente e non verbalmente.

Il linguaggio determina il nostro modo di comunicare con altre persone e con noi stessi. È la maniera in cui definiamo le nostre esperienze e molto di più. Migliorare il linguaggio assicura un comportamento più deciso. Allo stesso modo, il linguaggio negativo limita le nostre scelte.

Si stima che il 93 per cento della comunicazione sia di tipo non verbale. Ciò significa che il tuo modo di esprimerti (intonazione, volume, velocità eccetera) veicola il quintuplo delle informazioni rispetto alle parole pronunciate. E la maniera in cui utilizzi il corpo (gesti, espressioni facciali, postura) ha un'influenza ancora maggiore. I nostri pensieri e sentimenti letteralmente "trapelano" da noi attraverso il corpo: cosa dicono di te i tuoi? Per esempio, quando ti prepari per una riunione importante, sei concentrato sul risultato che vuoi ottenere oppure lasci che l'ansia abbia la meglio su di te? In una simile situazione, il tuo linguaggio corporeo comunica nervosismo e preoccupazione, oppure mostra una persona sicura di sé, che sa cosa vuole?

Riunendo tutto insieme, la PNL simboleggia il rapporto tra il cervello, il linguaggio e il corpo. Essa descrive il modo in cui ciò che diciamo, pensiamo e facciamo è interconnesso e influisce sul corpo, sui comportamenti e sui risultati. Come afferma Sue Knight nel suo libro *PNL al lavoro*, "Nel business è la differenza che fa la differenza".

In che modo questo libro utilizza la PNL

Nel 1997, quando ho scoperto per la prima volta la PNL, l'ho sperimentata come la tecnologia più focalizzata sui risultati in cui mi fossi mai imbattuta (e nella mia carriera di consulente ne ho provate molte!). La PNL mira a farti raggiungere rapidamente risultati coerenti e a lungo termine. In questo libro imparerai a usarla per:

- sviluppare un "atteggiamento vincente"
- avere il coraggio di essere diverso
- migliorare le tue capacità di leader per ispirare e motivare altri
- costruire un team di grande efficienza
- motivare e impegnare il personale
- ideare soluzioni innovative per rispondere alle sfide
- avere conversazioni coraggiose
- gestire programmi di cambiamento basati sui benefici
- comprendere le "regole del gioco" per cambiare la cultura aziendale
- portare le tue capacità di comunicazione a un livello di massima efficacia
- costruire rapidamente un forte rapport e solide relazioni d'affari

- imparare a distinguerti agli occhi dei tuoi clienti
- diventare un comunicatore rilassato ed efficiente
- superare costantemente le aspettative della clientela

Cosa significa la PNL per il tuo business? Risultati positivi che saranno immediatamente riconosciuti attraverso un aumento di motivazione, sicurezza e abilità. I benefici a più lungo termine comprendono una maggiore efficienza e produttività, morale e motivazione più alti, un ridotto avvicendamento del personale, minore assenteismo e un concreto ritorno di investimenti.

Cos'ha di diverso questo libro?

Quando cercavo libri sulla PNL per il business, ho fatto un'interessante scoperta. Sembrava fossero ben pochi – seppure c'erano – i manuali in grado di mostrare al lettore come utilizzare specificamente nel business, in modo pragmatico, gli strumenti e le tecniche della PNL. Molti tra quelli che ho trovato sembravano complicare troppo l'argomento, rendendolo inaccessibile alla maggior parte degli uomini e donne d'affari che si avvicinano per la prima volta a questa disciplina. Inoltre, vari testi partivano dalla prospettiva delle tecniche PNL, per esempio "ancoraggio o tecniche di rapport", senza spiegare chiaramente come potessero essere utilizzate nell'ambito di diverse situazioni di business.

Questo libro è diverso perché inverte l'esposizione tradizionale della PNL per business, chiedendosi come possa contribuire a risolvere le sfide che si affrontano nell'attuale mondo degli affari. Per esempio, esso mostra come utilizzare strumenti e tecniche PNL per costruire l'efficienza di un team o per sviluppare relazioni a lungo termine con i clienti. Inoltre, propone una serie di casi esemplari che dimostrano come la PNL è stata usata e quali vantaggi misurabili ha apportato. Infine, ci sono circa 50 esercizi pratici che ricorrono come tema comune in tutto il libro e che ti offriranno l'opportunità di praticare le tue nuove abilità mentre assimili la materia. È stato dimostrato che la teoria non riesce da sola a integrarsi nel sistema nervoso al punto da provocare un cambiamento. Praticando queste tecniche riuscirai a integrare l'apprendimento e provare a te stesso che puoi farlo, creando in tal modo nuove convinzioni sui tuoi livelli di competenza.

Gli esercizi sono una componente essenziale del presente testo. Ti esorto a farli nel miglior modo possibile, perché porteranno letteralmente le tue capacità a un livello superiore. Puoi completarli nel libro stesso o, se preferisci, copiarli in un diario personale.

Ritengo che i modi per apprendere siano tre. Innanzitutto, forse ti piacerà imparare e utilizzare gli esercizi per fare nuove scoperte su te stesso. Apprezzerai ogni opportunità per sviluppare te stesso e il tuo business, e questo è il modo migliore per assimilare tale procedimento. Nel secondo, potresti avvertire qualche resistenza interiore a ciò che apprendi, perché sfida il modo in cui ti sei sempre rapportato alle cose. Quando avverti resistenza, puoi stare certo che sei sul punto di imparare qualcosa di importante: in questi momenti è ancora più essenziale attenerti al processo e agli esercizi, e non saltare alla sezione successiva. Sarà in uno di questi momenti che scoprirai il messaggio più importante per te. Nel terzo modo potresti percepire una certa sofferenza quando ti renderai conto di quanto sei "bloccato" nei "vecchi" metodi che da tempo continui a usare con te stesso e al lavoro. In una simile eventualità, la cosa più importante è andare avanti. Questi sono per te i "momenti della verità", nei quali puoi decidere di cambiare per sempre il tuo modo di fare le cose. Sono qui per assisterti in questi frangenti, per aiutarti a capire le nuove scelte che ti sono state date e il modo migliore di utilizzarle.

Chi sono io?

Utilizzo la PNL nel mio lavoro d'impresa dalla fine degli anni Novanta. Ho conseguito l'abilitazione all'insegnamento della PNL nel 2000 e ho lavorato come consulente per la gestione del cambiamento presso una società di rilievo internazionale tra il 1994 e il 2005. In precedenza ero dirigente di un ente locale. Nel 2005 ho fondato la mia impresa, la Change Corporation, che si occupa del cambiamento trasformazionale mirato ad aiutare individui e aziende a realizzare il loro pieno potenziale. Noi accordiamo la massima importanza a questi tre settori chiave:

- Società: lavoriamo con le aziende per formare leader e per assicurare benefici concreti da programmi di cambiamento su vasta scala
- Enti pubblici: gestiamo programmi di PNL per aiutare gli individui a produrre cambiamenti permanenti nella loro vita
- Formazione: offriamo ai singoli sedute formative nei settori dell'amministrazione e dell'innovazione per ottenere risultati misurabili

Di recente, la Change Corporation è arrivata in finale in occasione del "Kent New Business of the Year Award", e io sono stata finalista due volte nell'"Entrepreneur of the Year Award". Convinta che non sia mai troppo tardi per evolversi, ho iniziato a scrivere dopo aver compiuto quarant'anni, e nel 2009 il mio primo libro, *Cambia la tua vita con la PNL*, è stato nella top 20 dei libri di auto-aiuto più venduti in Gran

Bretagna (The Bookseller, 2009).

Ti ho raccontato tutto ciò perché credo di essere molto qualificata per lavorare con te sull'argomento del cambiamento aziendale. Ho utilizzato esplicitamente la PNL con i clienti della mia impresa fin dalla fine degli anni Novanta. Grazie al mio background di consulente e imprenditrice, ho avuto la fortuna di lavorare con molte grandi società del settore sia pubblico che privato. Ho imparato che cosa fa la differenza, e ora voglio condividere con te questa conoscenza.

Il presente libro contiene un'ampia serie di casi di studio, che ti mostreranno come sia possibile usare la PNL nel lavoro. Essi individueranno progressivamente i dettagli specifici di ciò che può essere utilizzato nel business e i tipi di benefici misurabili che è possibile conseguire. Secondo una delle critiche più frequenti dei suoi detrattori, la PNL viene troppo esaltata e troppo poco dimostrata. A queste persone forniremo prove importanti nelle pagine seguenti.

Come utilizzare questo libro

Ho sviluppato un modello in quattro parti che si concentra sulle zone chiave del cambiamento nell'ambiente attuale. In un mercato sempre più difficile, troverai in ciascuna parte tecniche PNL che possono essere applicate alle sfide che ti trovi ad affrontare oggi: dirigere con entusiasmo, migliorare l'efficienza del tuo team, cambiare la cultura aziendale e conquistare altri clienti battendo la concorrenza.

Il modello in quattro parti

Parte I: **Trasformare i leader con la PNL**	**Parte II:** **Trasformare i team con la PNL**
Costruire strategie per il successo	Costruire team di grande efficienza
Un atteggiamento vincente	Incoraggiare la creatività nel tuo team
Modellare prestazioni di livello eccezionale	Avere conversazioni coraggiose
Parte III: **Trasformare le organizzazioni con la PNL**	**Parte IV:** **Trasformare il servizio di assistenza ai clienti con la PNL**
Gestire il cambiamento in maniera efficace	Influenzare con integrità
Modificare le regole del gioco	Efficacia nelle presentazioni
Sviluppare organizzazioni globali	Superare le aspettative del cliente

Il libro esamina nei dettagli più minuti ciascuno dei quattro temi sulla base del quesito: "Come è possibile utilizzare la PNL per ottenere il massimo successo in ciascuno di questi settori?". È un approccio molto pragmatico che parte dall'individuo come leader e poi, attraverso la gestione di team ad alto livello di efficienza e la direzione di organizzazioni, arriva fino alla realizzazione di un servizio assistenza di livello eccezionale. Puoi prendere e miscelare tutto ciò di cui hai bisogno per il tuo personale sviluppo, oppure decidere di elaborare gradualmente tutte e quattro le fasi del successo.

Utilizzi della PNL

Una volta mi dissero che la PNL è insieme un atteggiamento mentale, una metodologia e una serie di tecniche. In questo libro io ho selezionato 33 elementi essenziali della PNL, utilizzandoli nei vari capitoli. Alcuni di essi potrebbero rientrare nella definizione di atteggiamento mentale, altri di metodologia e altri ancora tra le tecniche. Non intendo dilungarmi nella spiegazione di quale elemento rientri in ciascuna categoria. Per consentirti di sfruttare al massimo il tuo apprendimento, la cosa importante è che ho voluto comprendere in esso più elementi possibile tra quelli fondamentali. Ho tratto tali elementi dai due corsi di studi di Praticante e Master di PNL, pertanto il libro rappresenta una straordinaria introduzione alla metodologia, agli strumenti e alle tecniche che studieresti se volessi conseguire la certificazione di Praticante e di Master.

Nell'Appendice 1, una griglia mostra tutti gli elementi PNL utilizzati nel libro e le rispettive parti in cui compaiono. È importante capire che tali elementi non sono esclusivi degli argomenti nell'ambito dei quali sono stati usati. Per esempio, anche se presento la "fissazione degli obiettivi" nel capitolo 1, riguardante le strategie per il successo, consigli e tecniche possono essere applicati anche in molti altri capitoli, compreso il 4, che concerne la costruzione di team ad alta efficienza, e così via. Ho deciso di presentare una sola volta ciascun elemento per evitare duplicazioni, e ho proposto suggerimenti su altri settori nei quali puoi utilizzare quel nuovo complesso di conoscenze e abilità.

Per cominciare

Ora che ho spiegato i fondamenti del libro e illustrato i miei scopi, è giunto il momento che tu muova il primo passo del tuo viaggio. Immagina di spostare le lancette dell'orologio avanti di un anno. Sei un leader di successo della tua azienda. Che cosa ti vedi indossare? Cosa ti ascolti dire? E, cosa più importante, che sensazione ti dà questo successo? Altri chiedono di prenderti a modello per scoprire come è possibile ottenere i tuoi stessi risultati. I membri del tuo staff sono creativi, aperti e si aiutano a vicenda per raggiungere risultati eccellenti. Nel tuo settore produttivo, il tuo team è conosciuto come quello da emulare perché ha ottenuto innumerevoli riconoscimenti. La cultura della tua organizzazione è in linea perfetta con la tua strategia di business e sostiene il conseguimento di risultati di livello straordinario. Infine, i tuoi clienti ti elogiano per il fatto che superi costantemente ogni loro aspettativa quanto alla qualità del servizio che offri, tanto che il tasso di abbandono della clientela è il più basso in assoluto. Non potrebbe questa essere la descrizione fedele di te e del tuo business?

Ho una domanda per te:

"Sei pronto ad agire per ottenere ciò che realmente è possibile nella tua azienda? Vuoi essere il leader che meriti di essere, a qualunque costo?".

Se la tua risposta è sì, continua a leggere...

Parte I:

TRASFORMARE I LEADER CON LA PNL

Capitolo 1

Costruire strategie per il successo

All'inizio di questo nuovo decennio, ci troviamo ancora nel bel mezzo di una delle più gravi recessioni di tutti i tempi. Perché alcune imprese continuano a crescere, mentre altre faticano a resistere o dichiarano fallimento? Perché alcune aziende pubbliche o associazioni senza scopo di lucro utilizzano i fondi a disposizione con maggiore efficacia, mentre altre perdono potenziali opportunità per divenire più efficienti? Uno dei fattori chiave consiste nell'avere leader con una mentalità in grado di trasformare le idee in realtà.

Questi leader:

- sono lungimiranti
- tengono presente il quadro complessivo o la finalità
- si assumono i rischi con sano entusiasmo
- sono mossi dal bisogno di fare la differenza
- si dimostrano tenaci anche quando le cose non vanno secondo i piani
- conoscono a fondo la loro azienda
- sono appassionati
- sono innovatori

- cosa più importante, sono leader o partecipanti, non gregari o spettatori

Passata la tempesta, le organizzazioni con leader che si riducono a correre ai ripari e sperano di cavarsela potrebbero scoprire di essere state superate da concorrenti che hanno continuato a trasformare le idee in realtà e a imparare anche in momenti difficili.

Nella prima parte del libro cominceremo a esplorare partendo dal punto esatto in cui ti trovi: la tua attuale mentalità, il tuo stile di leadership e i feedback che hai ricevuto in passato. Poi cominceremo a creare ciò che vuoi realizzare in futuro, a predisporre i tuoi personali obiettivi di leadership e a darti gli strumenti per sviluppare l'atteggiamento giusto per il successo.

A che punto sei ora?

Torna con la mente al questionario che hai completato all'inizio del libro. Hai totalizzato un maggior numero di A, B o C? Come ti ho spiegato, A si dirige a gonfie vele verso la Zona Luminosa, B indugia pericolosamente vicino alla Zona Grigia e C lotta per uscire dalla Zona Oscura. Vorrei precisare questi concetti, così che tu possa comprendere esattamente a che punto sei.

Il diagramma della leadership personale

Il diagramma della leadership personale descrive tre zone di leadership in cui le persone di solito si trovano, insieme alle esperienze generali collegate a quelle zone. Con l'espressione "leadership personale" io intendo l'entità di controllo e responsabilità di cui godi attualmente al fine di diventare il leader che vuoi essere, avere l'impatto che vuoi avere e ottenere i risultati di cui ti ritieni capace. Non è neppure necessario che attualmente tu sia un leader. La domanda importante è: "Hai intrapreso la strada giusta per diventare ciò che vuoi essere?".

Diagramma della leadership personale

La Zona Oscura è un luogo in cui è bene non rimanere troppo a lungo. Ti senti infelice e alla deriva. In genere, ti trovi qui perché è accaduto qualcosa: forse sei stato licenziato, magari per esubero di personale, oppure sei sotto pressione per una circostanza nella quale non vorresti trovarti. L'unica cosa buona a proposito della Zona Oscura è che ti costringe ad agire e a cambiare.

La Zona Grigia è il luogo in cui fin troppo spesso le persone rimangono bloccate, rendendo al di sotto delle proprie possibilità oppure segnando il passo in carriere in cui intendevano rimanere in via provvisoria, invece che per tutta la vita. Avverti una sorta di piacevole disagio, ben sapendo che stai rinunciando al tuo potenziale. Sono convinta che la maggior parte delle persone rimanga in questa zona per gran parte della carriera.

La Zona Luminosa è la custode delle nostre ambizioni e dei nostri sogni. È la zona in cui sai di essere sulla strada giusta per raggiungere i tuoi obiettivi. Sei felice di essere su questa strada.

La domanda è: dove ti trovi ora?

Esercizio 2: Dove mi trovo sul mio diagramma della leadership personale?

Prendi una penna rossa e segna il punto del diagramma in cui pensi di trovarti. Sii onesto con te stesso. Guardando l'immagine, ti sorprende constatare dove sei? Sei pronto a scoprire come procedere più velocemente verso la Zona Luminosa, o come trovare finalmente il coraggio di uscire dalla Zona Grigia, o ancora, come attuare un immediato miglioramento per fuggire dalla Zona Oscura? Bene, quindi cominciamo, scoprendo qualcosa di più su ciascuna zona e come salire più in fretta possibile.

La Zona Oscura

Questo non è un luogo in cui è bene rimanere a lungo. Si finisce nella Zona Oscura quando avviene qualcosa di rilevante e negativo, per esempio:

- un improvviso esubero di personale (soprattutto in assenza di una liquidazione)
- un nuovo capo che ti tratta male, forse addirittura con prepotenza
- una ristrutturazione, nella quale ti viene affidato un ruolo che non vuoi

- un taglio di investimenti o di budget
- qualcuno al lavoro che ti crea problemi enormi
- un provvedimento disciplinare nei tuoi confronti o un licenziamento

Hai afferrato l'idea? La Zona Oscura è un punto di non ritorno, quello nel quale sei costretto ad agire. È il momento in cui affronti la tua situazione lavorativa in un modo diverso oppure te ne vai. A questo punto, per quanto possa apparire bizzarro, l'evento in realtà ti giova, in quanto ti spinge ad agire e a produrre risultati diversi. Questo è il terreno della Zona Oscura.

Claire: il momento della verità

Claire era una dirigente d'alto livello di un ministero statale. Quando il suo capo andò in pensione, rifletté a lungo per capire se doveva chiedere la promozione allo stesso incarico, come molti altri dirigenti la esortavano a fare. In quel momento era incinta del suo primo figlio, e alla fine decise di non apportare contemporaneamente troppi cambiamenti alla sua vita. Andò in congedo maternità e tornò sei mesi dopo, trovando un nuovo superiore, un uomo, più giovane di lei e con minore esperienza. Invece di chiedere la sua collaborazione, il capo si mostrò fin dall'inizio molto competitivo e altezzoso. Criticava qualsiasi cosa lei facesse, mentre nel contempo la sovraccaricava del lavoro che avrebbe dovuto svolgere lui. Pretendeva inoltre che rimanesse fino a tardi, un enorme stress per una donna con un bimbo piccolo. Claire cercò di parlargli e di modificare le proprie strategie. Cominciò a dire "no" alle richieste del capo di accollarsi le sue mansioni e tentò di riequilibrare il lavoro con la propria vita. Di conseguenza, il loro rapporto si deteriorò ulteriormente. Disperata, ella aprì una vertenza sindacale nella speranza che le malefatte dell'uomo venissero a galla. Invece, la dirigenza fece quadrato e, dopo vent'anni di servizio impeccabile, lei accettò un accordo di compromesso e se ne andò. Pur essendo ancora prigioniera della Zona Oscura, creò lo spazio per ripensare la sua futura carriera. Fissò alcuni nuovi obiettivi per rimettersi in carreggiata dal punto di vista professionale. Avere una visione che la emozionava e la appassionava la aiutò a muovere i primi difficili passi.

Se ora ti trovi nella Zona Oscura, questo libro ti fornirà gli strumenti per risolvere la situazione o uscirne rapidamente, e per cominciare a puntare verso gli obiettivi che sei in grado di raggiungere.

La Zona Grigia

Tutti conoscono qualcuno che pensa di aver perduto anni interi in un lavoro che non gli piace e in cui rende molto al di sotto del suo pieno potenziale. Forse sei tu a sentirti così. Invece di essere eccitato e impegnato verso i tuoi obiettivi, sei annoiato e infelice. Come è potuto accadere?

Spesso ciò avviene a causa della promessa di un vantaggio futuro, come un'ottima pensione o un'indennità di licenziamento potenzialmente generosa. Non sarebbe male, se questi "vantaggi" fossero imminenti, vale a dire entro un anno e mezzo o due, ma le persone sprecano i loro anni lavorativi migliori nell'attesa di una futura retribuzione. Di recente sono stata impegnata nella formazione di una dirigente del settore pubblico che aveva poco più di 40 anni. Era chiaro che detestava il suo ruolo ed era in grado di fare molto di più, ma il lavoro non le offriva opportunità. Quando le chiesi provocatoriamente perché mantenesse un ruolo che la faceva sentire in quel modo, mi rispose che "mirava solo alla pensione" e non voleva rischiare di perdere la liquidazione. Dal momento che alla pensione le mancavano circa 20 anni, non potei fare a meno di chiedermi quanto le sarebbe costato quell'atteggiamento in termini di salute e autostima.

Per molti la causa non è rappresentata da un vantaggio futuro, ma dalle responsabilità che hanno attualmente: per esempio, un mutuo da pagare, una famiglia alla quale provvedere o la paura di un cambiamento possono bloccarti a un punto della carriera nel quale non vorresti trovarti. Non ti sto dicendo di vivere per la carriera: siamo ancora immersi in un lungo e duro periodo di recessione in cui è saggio mantenere una certa sicurezza. Eppure, perfino la recessione può diventare una scusa per rimanere bloccati. La crisi non durerà per sempre e ci sono molte persone che in questo periodo si sono assunte dei rischi e hanno ottenuto vantaggi a spese di chi non ha avuto questo coraggio!

Mi piace descrivere la Zona Grigia come un luogo in cui molte persone trascorrono tutta la loro carriera: non è oscura, ma certamente non è luminosa. È confortevole, perché la conoscono. Talvolta ne parlo come di un posto "piacevolmente scomodo". È scomodo perché, in fondo, le persone sanno che stanno svendendo le proprie ambizioni per un'esistenza "sicura". Nel corso dei miei anni di formazione e preparazione, sono giunta a realizzare che molti si accontentano di una seconda scelta perché non hanno avuto il coraggio di fare qualcosa per cambiare la propria situazione. C'è un detto: "Se fai sempre ciò che hai sempre fatto non avrai altro che ciò che hai già". È il mantra di coloro che vivono nella Zona Grigia. La vita in questa zona sembra familiare, confortevole, insoddisfacente e bloccata, e chi vi si trova sente di non avere altra scelta se non rimanerci. Naturalmente, se sei felice di trovarti in questa Zona va benissimo, ma se stai leggendo questo libro ho il sospetto che non sia così!

Jonny: una carriera spazzata via

Jonny aveva rilevato la ditta di pulizie del padre, un'azienda sulla cresta dell'onda, e la dirigeva da molti anni. Nel tempo il giro d'affari era aumentato fino a dare lavoro a più di 100 persone, e vantava contratti con grandi società e alti profitti. Il business assicurava uno stile di vita agiato: una grande casa, auto sportive, motociclette, vacanze. Da qualche tempo Jonny si sentiva annoiato e deluso, ma aveva paura di ammetterlo con chiunque, specialmente con se stesso. Conosceva a fondo il suo lavoro e lo trovava troppo ripetitivo. I nuovi contratti che la ditta riusciva ad acquisire non gli davano più la stessa eccitazione di un tempo. Un fine settimana, fu letteralmente trascinato dagli amici a un seminario per lo sviluppo personale, nel quale apprese di poter fare scelte diverse per la sua vita. Per lui fu un autentico shock. Cominciò a leggere diversi libri di auto-aiuto e intraprese la strada della PNL. Nel corso della sua formazione escogitò nuovi obiettivi da raggiungere, che comprendevano una carriera come life coach. Riusciva ad arrivare fino al punto di compiere qualcuna di quelle scelte, ma si fermava un attimo prima di effettuare il cambiamento, una cosa per lui molto frustrante. Aveva il terrore di perdere lo stile di vita che si era costruito, e anche di cedere ad altri la gestione della sua azienda. Decise di rimanere nella Zona Grigia. Lo incontro ancora, e quando gli chiedo come va le sue risposte spaziano da "non male" a "potrebbe andare meglio", per poi distogliere lo sguardo, non riuscendo a sopportare troppo a lungo il mio. Che spreco...

Molte sono le persone prigioniere della Zona Grigia e di una carriera che i genitori o il partner hanno scelto per loro. Se fosse questo che vogliono per se stessi, nulla da eccepire, ma fin troppo spesso vanno avanti più per rispetto e tradizione che per vero interesse e passione. Come Jonny ha potuto scoprire, quando ci sei dentro è molto arduo uscirne. Tuttavia, è sempre possibile farlo, e ti mostrerò come.

La Zona Luminosa

Puoi sapere con precisione che punti dritto alla Zona Luminosa del business quando hai obiettivi personali e professionali, e ambizione da vendere. Sai cosa vuoi ottenere, agisci per raggiungere i tuoi obiettivi e ti senti eccitato, motivato, euforico e impegnato. I nostri momenti migliori sono quelli in cui il corpo e/o la mente sono tesi allo spasimo per conquistare qualcosa che è insieme difficile e valido. Sono esperienze di cui ti assumi la responsabilità e che faranno sì che i tuoi sogni si avverino.

Le persone con coraggio, determinazione e concentrazione procedono in direzione della Zona Luminosa. Anche tu puoi. Che cos'è che fa davvero la differenza? Questi individui vantano strategie esaltanti per il successo e visione del futuro. Sono totalmente concentrati sui loro obiettivi e non considerano il fallimento un'opzione. Non dicono mai "non posso", ma piuttosto "perché no?". Pensa a quanti imprenditori di successo praticano questa filosofia di vita. Una delle mie strategie di sviluppo personale consiste nel rispondere "sì" ogni volta che mi viene chiesto di fare qualcosa di nuovo che mi avvicina ai miei obiettivi, e di preoccuparmene solo successivamente. La scorsa settimana mi è stato chiesto di partecipare a un live show mattutino alla TV australiana per parlare dei modi in cui raggiungere i propri obiettivi! È stata una straordinaria esperienza di apprendimento.

La mia storia

Ho trascorso molti anni nella Zona Grigia, nonostante gli altri ritenessero perfetta la mia carriera. Lavoravo come consulente per la gestione del cambiamento in una delle società più importanti del mondo. Ero inserita nel team che si occupava della parte relativa al cambiamento del "personale" quando un nuovo sistema informatico veniva implementato o si avviavano processi di ridefinizione del business. La carriera non era male: in effetti, avevo un ottimo stipendio, conoscevo bene il mestiere di consulente e viaggiavo per il mondo. Ma non era quello il mio sogno. Le ore di lavoro erano lunghe e per intere settimane rimanevo lontana da mio marito e da una famiglia da poco formata. Sentivo di aver perduto il controllo, e mi convinsi di essere prigioniera della Zona Grigia. Poi, alla fine degli anni Novanta, accadde qualcosa che avrebbe trasformato tutta la mia vita avvicinandomi alla Zona Luminosa. Seguii il mio primo corso di preparazione alla PNL, e ne fui assolutamente entusiasta. Alla fine del seminario, per la prima volta nella mia vita avevo degli obiettivi da raggiungere, mi sentivo motivata e convinta di avere delle scelte; inoltre, volevo scoprire di cosa fossi realmente capace. Tornando al lavoro, cominciai a sviluppare la mia visione di un'impresa tutta mia, e lavorai su una strategia che mantenesse vivo il mio interesse. Attraverso la PNL avevo imparato a concentrarmi sui miei obiettivi, ad assumermi al 100 per cento la responsabilità della mia carriera e a creare ciò che volevo senza permettere a me stessa di prendere a pretesto tutti i "problemi" che avrebbero potuto ostacolarmi. Cominciai con piccoli passi, concentrandomi su qualche metodo per trovare il denaro necessario al successivo corso di PNL. Questa è una cosa che la PNL ti insegna fin da subito: le persone di successo hanno sempre in mente il prossimo obiettivo. L'anno seguente frequentai il corso di Praticante e poi quello di Master. Ora tutto andava per il verso giusto.

Una delle ragioni per cui le persone si trovano a loro agio nella Zona Grigia è il fatto che non hanno mai sperimentato nulla di diverso. Alla fine del corso di Master in PNL sapevo dell'esistenza della Zona Luminosa. Era troppo tardi per far finta di nulla, ed ero determinata ad arrivarci e rimanerci. L'eccitazione che provai cominciando a sviluppare la mia impresa era qualcosa di mai sperimentato prima. Per la prima volta da anni – forse per la prima volta da adulta – mi sentivo viva. Mi piaceva alzarmi per andare al lavoro, perché ogni giorno mi avvicinava al mio obiettivo. Mi chiesi come avrei potuto acquisire le conoscenze sufficienti per gestire personalmente la mia azienda.

Grazie alla mia formazione PNL mi imbattei nel "principio di Heisenberg", il quale afferma che la certezza al 100 per cento non esiste. Gli imprenditori di successo si assumono dei rischi perché accettano il fatto che non sapranno mai tutto ciò che c'è da sapere. La strategia che adottano consiste nell'"agire come se" lo sapessero e fare il primo passo. Ciò equivale ad addestrare il tuo cervello a credere che puoi fare qualcosa o che già possiedi qualcosa. Prendiamo come ipotesi una promozione che desideri. Pensa al modo diverso in cui ti comporteresti se l'avessi già ottenuta. Forse saresti più sicuro di te e ti offriresti di assumerti altre responsabilità. Come cambierebbe il tuo aspetto? Probabilmente indosseresti qualcosa di più ricercato. Parleresti con una voce diversa? Potresti modificarne la tonalità per aumentare la tua autorevolezza. Che sensazione ti darebbe avere quella promozione? Tutti questi cambiamenti operano a due livelli: innanzitutto il capo e i colleghi noteranno che ti comporti in un modo diverso, e in secondo luogo il tuo cervello comincerà ad abituarsi all'idea che sei in grado di farlo. Ciò avrà l'effetto di convincerti che è possibile, quindi la prossima volta che ci sarà in ballo una promozione potrai candidarti e ottenerla.

Il tuo Modello Personale di Leadership

La tua posizione sul diagramma della leadership personale rappresenta, in parte, il punto in cui ti trovi rispetto al tuo modello ideale. Chiaramente, coloro che procedono in direzione della Zona Luminosa evidenziano forti caratteristiche di padronanza di se stessi. Mostrano chiaramente di avere una mentalità realizzativa, perché sono più concentrati, determinati ed efficienti. Chi si trova nella Zona Grigia ha un modello elusivo di leadership. Sono individui che si tengono in disparte e sperano che tutto vada per il meglio. Non sono tra coloro che faranno muovere e scuoteranno il futuro (non ancora, almeno). Quanti sono bloccati nella Zona Oscura hanno alcune decisioni da prendere, che potranno dare impulso a una diversa strategia di successo per il futuro. Naturalmente si tratta di generalizzazioni, e tu puoi riconoscerti o no in tali caratteristiche. Pertanto, aggiungiamo alcuni dettagli sul modo in cui hai diretto te stesso e gli altri fino a questo momento.

Esercizio 3: Qual è il mio stile?

Questo esercizio esplora i feedback che hai ricevuto in passato dai tuoi superiori e dai dipendenti sul tuo stile personale di leadership. Se non hai ancora dei dipendenti, utilizza la tua autoconsapevolezza per rispondere alle domande oppure chiedi a qualche collega di darti un'idea su come ti vede.

Qui di seguito troverai un elenco di caratteristiche o comportamenti.

Fase 1: **Evidenzia i comportamenti – sia positivi che negativi – che dicono tu abbia tenuto in passato, in tutte e tre le colonne.**

Elenco A	**Elenco B**	**Elenco C**
Concentrato	Conservatore	Tendenza a negare la realtà
Atteggiamento possibilista	Disposto a cooperare	Modesto
Stimolante	Esitante	Sospettoso
Collaborativo	Misurato	Pessimista
Innovatore	Cauto	Volubile
Determinato	Modesto	Critico
Competitivo	Gentile	Evasivo
Deciso	Disponibile	Inquieto
Avido di sapere	Pacifico	Condizionabile
Audace	Discreto	Esigente
Responsabile	Riflessivo	Metodico
Volitivo	Scettico	Negativo
Ispiratore	Logico	Poco diplomatico
Magnetico	Rilassato	Troppo fiducioso
Entusiasta	Refrattario al cambiamento	Caustico
Convincente	Poco espansivo	Eccessivamente ansioso
Raffinato	Passivo	Disordinato
Persuasivo	Prevedibile	Dispotico
Cordiale	Coerente	Disattento
Intraprendente	Preciso	Inflessibile
Socievole	Fermo	Ostinato
Creativo	Stabile	Poco flessibile
Totale:	**Totale:**	**Totale:**

Ora somma i comportamenti evidenziati in ciascuna delle tre colonne. Hai un maggior numero di A, B o C? In generale, noterai che la colonna A è allineata con i comportamenti della Zona Luminosa, quelli che ti avvicinano ai tuoi obiettivi. La colonna B corrisponde alla Zona Grigia e ai comportamenti che ti fanno ristagnare, mentre la C è legata ai comportamenti tipici della Zona Oscura, che portano a esiti negativi.

Fase 2: **Ora elenca qui di seguito i comportamenti positivi che già ti appartengono, capaci di avvicinarti alla Zona Luminosa.**

Fase 3: **Elenca poi i comportamenti negativi che potrebbero ostacolarti.**

Fase 4: **Qui scriverai i comportamenti che vorresti sviluppare.**

Fase 5: **Ora riassumi in poche frasi i tuoi punti di forza come leader, gli ambiti che vuoi modificare e perché. Se non hai ancora un ruolo di leadership, scrivi le caratteristiche che vorresti sviluppare come leader e le aree del tuo attuale stile che più di altre vorresti cambiare.**

I miei punti di forza come leader/caratteristiche che mi piacerebbe sviluppare

Comportamenti che vorrei modificare e perché

Ora ti mostrerò come sviluppare questi comportamenti attraverso la Visione Personale di Leadership e gli obiettivi che puoi porre a te stesso.

La tua Visione Personale di Leadership (VPL)

Uno degli elementi distintivi per trasformare il tuo stile consiste nel sapere dove stai andando, avere una Visione Personale di Leadership e obiettivi chiari in grado di concretizzare tale Visione. Tosey e Mathison affermano che una comune applicazione della PNL al business mira a

> "progettare e perfezionare gli esiti auspicati, spaziando dalla visione più ampia a obiettivi molto specifici, e comprendere le risorse necessarie per raggiungerli... Il rilievo accordato all'attenzione da prestare ai futuri risultati e al modo di raggiungerli è una caratteristica della PNL".

Io inizio sempre un processo di sviluppo tenendo a mente la finalità voluta, poiché questo mi mantiene concentrata e motivata per quella stessa finalità.

"Parti con in mente il punto d'arrivo"

Questa è anche una delle 7 regole per avere successo suggerite da Stephen Covey: "Il *punto d'arrivo* rappresenta lo *scopo* della tua vita". Finché non sai qual è il tuo scopo, non puoi dirigere la tua vita nella maniera che ti assicurerebbe la massima soddisfazione. Qui non esistono scorciatoie. Devi avere una Visione Personale di Leadership e abituarti a stabilire degli obiettivi che concretizzino quella Visione. È molto importante, perché è da essa che deriva il tuo livello di interesse e di spinta verso il futuro. È ciò che ti fa saltare giù dal letto al mattino e ti tiene in piedi quando le cose si fanno difficili. Inizia trovando per il tuo futuro una Visione che ti ispiri davvero. Ogni giorno io ricordo a me stessa la mia VPL di lasciare un'eredità attraverso i miei scritti, i seminari e l'attività di formazione, che offre a molte migliaia di persone un numero maggiore di scelte sui metodi per migliorare il loro rendimento e sui potenziali successi che possono conseguire. Anche quando può sembrare eccessivamente impegnativa e a volte impossibile, la VPL dà uno scopo alla nostra vita. Questa sezione intende aiutarti a sviluppare la tua VPL e a comprendere come una carriera nel business sia un canale per realizzare quella Visione.

Ora che sei pronto a sviluppare la tua VPL, la prima domanda da considerare è: qual è l'obiettivo più importante che intendi raggiungere nel tuo business? Tutti i grandi leader, come sai, hanno una visione e un focus. Sir Richard Branson scrisse che uno dei grandi obiettivi della sua vita era viverla pienamente. Ciò si rifletteva nelle dimensioni e nelle finalità di alcuni dei suoi progetti, per esempio la Virgin Galactic, creata per ridurre i costi dei viaggi spaziali. Tuttavia, non devi confondere la tua VPL con la visione strategica dell'organizzazione per la quale attualmente lavori. Una visione strategica ha a che fare esclusivamente con la pianificazione e il posizionamento del business, mentre la tua VPL riguarda esclusivamente te. Tuttavia, essa ti aiuterà a decidere se sei centrato e se stai lavorando con il giusto ruolo nel settore produttivo a te più consono. Per esempio, se mi propongo di dare a più persone possibile il massimo della scelta sul modo di condurre la loro vita, devo poter lavorare in un ambiente che mi aiuti a conseguire questo scopo. Essere l'amministratore delegato di un'azienda manifatturiera, per esempio, non mi darà molti stimoli. La tua VPL diventerà un quadro di riferimento per prendere decisioni basate sui valori. Ti consentirà di accettare le buone opportunità e le decisioni sagge, e di sapere cosa evitare. In generale, accettare occasioni, per quanto allettanti, che ti allontanano dal tuo scopo essenziale ti porterà via più tempo del previsto, e potrebbe mettere a rischio altre opportunità che ti consentirebbero di realizzare la tua VPL. Quest'ultima, inoltre, ti aiuterà a trasmettere un messaggio molto chiaro agli altri per far capire loro che operi con uniformità di scopo e obiettivi chiari in tutto ciò che fai.

Quindi, qual è la tua VPL? A volte è più facile capirlo pensando a cosa faresti se fossi assolutamente sicuro del successo della tua iniziativa. Metti da parte per un momento tutti i potenziali problemi e giustificazioni. Se avessi un foglio di carta bianca e potessi scegliere liberamente ciò che vuoi, cosa scriveresti? Se hai ancora qualche dubbio, il prossimo esercizio ti aiuterà a fare chiarezza.

Esercizio 4: La tua Visione Personale di Leadership

Questo processo richiederà circa un'ora, quindi fai in modo di avere il tempo necessario a svolgerlo correttamente in un'unica seduta. È necessario che tu sia solo, onde evitare di sostituire la tua visione con quella di un altro! L'esercizio è stato adattato, dietro esplicita autorizzazione, da un processo analogo intitolato "Il mio scopo nella vita", ideato da David Shephard, Master di PNL (l'originale proviene dal libro di Sidney Walker *Trusting Yourself*).

Fase 1: Inventario dei miei impulsi interiori

Innanzitutto devi elaborare quel che realmente ti entusiasma e ti ispira ad agire. Scorri gli elenchi di espressioni che seguono ed evidenzia tutte quelle che ti danno una forte sensazione positiva su ciò che la tua VPL significherebbe per te.

Poi torna indietro e scegli i tre o quattro temi che per te rivestono il significato e l'importanza maggiori nella tua vita professionale. Non ci sono risposte più corrette di altre, e il significato di ogni parola o espressione dipende da te.

Successo personale	Lasciare un'eredità
Vincere	Esprimermi al meglio
Felicità	Cercare l'avventura
Formare altri	Diventare un esperto
Guadagnare grandi somme di denaro	Potere
Costruire qualcosa	Autorità
Essere apprezzato	Fare la differenza
Ottenere l'approvazione degli altri	Prestigio e posizione sociale
Ottenere riconoscimento	Aiutare lo sviluppo delle persone
Popolarità	Elaborare delle idee
Creare qualcosa	Aumentare la mia efficienza
Garantire la massima efficienza	Vedere fino a che punto riesco a cavarmela
Mettere in atto i miei propositi	Fidarmi degli altri
Indipendenza	Fare un buon lavoro
Essere al meglio	Assumermi dei rischi
Realizzare il mio potenziale	Essere diverso e tuttavia integrarmi
Sentirmi eccitato per ciò che faccio	Essere unico
Divertirmi	Esercitare il controllo
Apprendere	Essere un leader
Ottenere la saggezza	Avere autorità sugli altri
Lavorare duramente	Offrire un valido contributo
Acquisire una perfetta padronanza	Vivere la vita nella sua pienezza

Se ti viene in mente una parola o un'espressione che non è nell'elenco, aggiungila liberamente.

Fase 2: La storia dei miei impulsi interiori

Ora elenca almeno un risultato che hai ottenuto in ciascuna delle fasce d'età qui di seguito elencate, che ti abbia dato una sensazione di grandissima gioia. Sono successi che ti fanno sentire bene a prescindere da ciò che altri ne pensavano all'epoca. Inoltre, sono conseguimenti che hanno dimostrato un certo potenziale di leadership, per quanto piccolo possa sembrarti ora. Puoi prendere come esempio un periodo della tua vita nel quale ti è stato affidato un incarico, per quanto insignificante apparisse allora, o nel quale hai deciso di avviare un'iniziativa partendo da zero. Se non ti viene in mente nulla, passa alla fascia d'età successiva, e fermati quando raggiungi quella attuale.

- 0-12 ______________________________
- 13-17 ______________________________
- 18-22 ______________________________
- 23-30 ______________________________
- 31-40 ______________________________
- 41-50 ______________________________
- 51-60 ______________________________
- 60+ ______________________________

Fase 3: Domande e risposte

Dopo aver completato quanto precede, rispondi alle seguenti domande.

1. Nella tua vita, quale attività ti ha costantemente dato il massimo della gioia e della soddisfazione?

2. Che cos'altro consideri importante?

3. Quali capacità o abilità vorresti assolutamente acquisire?

4. Che cosa ti piace di più di te stesso?

5. Quali schemi, tendenze o analogie osservi in tutte le risposte che hai dato finora nel contesto del business?

Fase 4: Qual è la tua VPL?

Servendoti della risposta data alla domanda 5, scrivi una serie di parole che ti fanno sentire totalmente motivato. La chiave consiste nel trovare un tema definito che descriva meglio possibile l'impulso alla base della tua vita professionale, e che ti comunichi una forte carica emotiva ogni volta che rileggi l'elenco di parole. Comprendere chiaramente la tua VPL ti darà sicurezza: una consapevolezza "di essere a posto" che funziona. Dovrebbe essere motivazionale e informativa, e trasmettere lo stesso messaggio a chiunque incontri. Non devi superare le 50 parole.

Per esempio, la mia VPL è:

> "Sono un leader nell'ambito dello sviluppo. Ciò che scrivo e i miei corsi di formazione e addestramento creano dirigenti, non seguaci, agendo come catalizzatori di cambiamento per individui e organizzazioni che aiuto a uscire dalla Zona Grigia verso la Zona Luminosa e a realizzare al massimo livello il loro potenziale". 50 parole

Come ti senti? Leggendo le tue affermazioni, che sensazione ne ricevi? Se non sei completamente ispirato ad agire, ripercorri i passi che precedono fino ad arrivare a una VPL che ti soddisfa e in grado di motivarti davvero.

Ora lavorerai per far vivere la tua VPL rendendola più specifica e ponendoti obiettivi che ti aiutino a muovere i primi passi verso la sua realizzazione.

Domande per precisare la tua Visione Personale di Leadership

Se ti chiedessi se hai ottenuto dei risultati in passato, penso risponderesti affermativamente. E se ti chiedessi se in passato ci sono stati obiettivi che non hai raggiunto, la risposta sarebbe probabilmente la stessa. Quindi, qual è la differenza tra le due situazioni? Forse il tuo obiettivo non ti convinceva abbastanza. La domanda importante, quindi, è: "Come possiamo realizzare sistematicamente la nostra visione, i risultati o gli obiettivi?".

In precedenza hai appreso che lavorare con una visione ampia sul modo di conseguire obiettivi specifici è un argomento essenziale della PNL. Il nostro metodo per precisare gli obiettivi utilizza il procedimento della Definizione dei Risultati per produrre un esito totale, attentamente delineato e non ambiguo. L'esercizio che segue si basa su una serie di sei domande modificate del suddetto procedimento. Durante l'esercizio, è molto importante scrivere chiaramente le risposte, perché mettere i dettagli sulla carta rende molto più reale il risultato auspicato.

Esercizio 5: Domande per definire il risultato

	Domanda	Scopo
1	Che cosa vuoi?	Controlla che la tua VPL sia affermata chiaramente e positivamente
2	Come saprai di aver realizzato la tua VPL?	Controlla i tuoi criteri di riferimento
3	Per quale scopo hai formulato la tua VPL?	Controlla che sia convincente
4	Di quali risorse hai bisogno per riuscire a realizzare questa VPL? Che cosa devi fare a questo scopo? La tua VPL è qualcosa che tu stesso puoi realizzare? Oppure richiede che **altre** persone si comportino in un certo modo?	Assicurati di avere il controllo del risultato che vuoi ottenere
5	Quali sono i vantaggi della realizzazione di questa VPL? E gli svantaggi? Cosa ti farebbe perdere tale realizzazione?	Controlla ciò che puoi guadagnare o perdere raggiungendo il risultato
6	Cosa ritieni importante per realizzare questa VPL? Quali sensazioni può aiutarti a evitare la tua VPL? Quali sono i benefici di questa VPL per te e per altri?	Controlla il tuo livello di motivazione

Sono sufficienti 25 minuti per completare l'esercizio. L'ideale sarebbe avere un partner che ti ponga le domande con chiarezza e ti aiuti a completare il procedimento più rapidamente possibile. Chiedigli poi di scrivere le tue risposte, che ti consegnerà una volta ultimato l'esercizio.

Che cosa hai notato a proposito della tua VPL mentre eri impegnato nelle risposte? Quasi tutti scoprono che essa diventa sempre più chiara e si sentono molto più impegnati nella sua realizzazione. La domanda 5, inoltre, è molto interessante, perché accenna a quelli che la PNL chiama "vantaggi secondari". Ti chiede di pensare a ciò che guadagnerai o perderai realizzando la tua Visione. Per esempio, la mia VPL richiedeva che io lasciassi la mia carriera precedente per fondare la mia impresa. Ciò mi imponeva di cambiare stile di vita per un certo tempo, fino a quando l'impresa non fosse riuscita ad andare avanti da sola. È molto importante che le conseguenze siano riconosciute e tenute in considerazione, perché qualsiasi conflitto interiore ridurrebbe l'impegno nella realizzazione della VPL, e potresti finire per compromettere o perfino sabotare il tuo successo.

I tuoi Personali Obiettivi di Leadership (POL)

Passiamo ora agli obiettivi che ti aiuteranno a realizzare la tua VPL. Gli esperti stimano che soltanto il 5-10 per cento degli individui si prende la briga di pensare regolarmente ai propri obiettivi, e soltanto l'1-3 per cento li stabilisce chiaramente. Ora farai in modo di precisare gli obiettivi di cui hai bisogno per realizzare la tua VPL e avvicinarti alla Zona Luminosa. La tua VPL è onnicomprensiva e ti dà una direzione per il futuro. Gli obiettivi che realizzeranno quella Visione per te devono essere molto più specifici. I ben noti principi SMART non fanno parte della PNL, ma io li utilizzo perché sono il modo migliore che ho trovato per sviluppare POL in modi che li rendono molto più semplici da raggiungere. Qui di seguito ricapitolerò brevemente il significato dell'acronimo SMART.

Devi accertarti che il tuo obiettivo sia molto Specifico. Per esempio, invece di pensare vagamente che vuoi migliorare l'efficienza del tuo team, mira specificamente a innalzare del 25 per cento nei prossimi 12 mesi ogni Indicatore Chiave di Prestazione (ICP) di cui la tua squadra è responsabile.

In secondo luogo, dev'essere Misurabile. Per esempio, scegli un obiettivo con progressi quantificabili, in modo da poter visualizzare il cambiamento. L'obiettivo sopra proposto è misurabile, perché mostra il target specifico della percentuale di miglioramento su base annua di tutti gli ICP.

Dev'essere poi Attuabile, cioè possibile per te. Per dirne una, "voglio diventare entro 5 anni amministratore delegato della società per cui lavoro" è un risultato ottenibile, perché esiste un amministratore delegato e tu lavori in quella società! Nella PNL noi parliamo anche di "agire come se" avessimo già raggiunto il nostro obiettivo, in quanto ciò convince il subconscio che è una cosa possibile. Ecco perché la visualizzazione è tanto potente per la formazione.

In quarto luogo, qualifica ulteriormente ciò che è ottenibile accertandoti che per te sia Realistico. Per esempio, se ti manca un anno alla pensione, diventare amministratore delegato potrebbe dimostrarsi poco realistico. Alza l'asticella un po' di più per scoprire di cosa sei capace, ma non fino al punto di provare frustrazione se non riesci ad arrivarci. Concentrati sull'ispirazione, non su quelli che ritieni i tuoi limiti!

Infine, stabilisci un lasso di Tempo preciso per il raggiungimento del tuo obiettivo: la prossima settimana, fra tre mesi, un anno, cinque anni e così via, qualunque pensi sia il più idoneo. Inquadrare temporalmente l'obiettivo ti assicura un bersaglio netto verso cui puntare. In assenza di un limite temporale, non c'è l'urgenza di cominciare ad agire ora. L'esercizio che segue ti indurrà a stabilire una chiara cronologia delle tue azioni.

Esercizio 6: i tuoi Personali Obiettivi di Leadership

Fase 1: Definisci i tuoi obiettivi

Torna alla tua Visione Personale della Leadership. Quanto tempo ti concedi per realizzarla? Un anno, 3 anni, 5 anni, 10 anni o più? Una volta stabilito il lasso di tempo, chiedi a te stesso quali obiettivi devi inserire in questa cornice temporale per poter realizzare la tua Visione. Immagina di portare le lancette dell'orologio avanti fino al compimento di quel sogno e guarda indietro fino al momento attuale. Che cosa avrai ottenuto? Di quali obiettivi hai bisogno per conseguire quel successo? Per il momento, raccogli le idee e assicurati che si tratti di obiettivi SMART.

Un consiglio. Quando esprimi i tuoi obiettivi, usa i verbi al presente. È importante comportarti come se li avessi già raggiunti, perché ciò darà al tuo sistema neurologico l'impressione che sia effettivamente così, in base al fatto che il cervello non riconosce la differenza tra ciò che è vero e ciò che è immaginario.

Fase 2: Elabora il tuo progetto

L'esempio che segue è il mio personale progetto per realizzare la mia VPL. Mi sono posta questi obiettivi da raggiungere nell'arco di tre anni: "Sono un leader nell'ambito dello sviluppo. Ciò che scrivo e i miei corsi di formazione e addestramento creano dirigenti, non seguaci, agendo come catalizzatori di cambiamento per individui e organizzazioni che aiuto a uscire dalla Zona Grigia verso la Zona Luminosa e a realizzare al massimo livello il loro potenziale".

Io suggerisco ai miei clienti di calcolare il passo finale che garantirà loro il raggiungimento dell'obiettivo e poi di lavorare a ritroso partendo da quel momento. Se il tuo obiettivo è a più lungo o breve termine rispetto all'esempio proposto, adatta di conseguenza le varie fasi. Inserisci gli obiettivi nel tuo progetto e nota come ti fa sentire il fatto di cominciare a renderli concreti.

Tre anni

- Sono autrice di sei libri che riguardano il campo dello sviluppo sia personale che professionale. Ciascuno di essi supera le vendite del precedente, e insieme hanno già venduto 250.000 copie. Sono tutti inseriti nella Top 20 inglese dei libri di autoaiuto.
- Ho costruito all'interno della Change Corporation un team di grande successo, con 50 preparatori e formatori che tengono corsi di PNL in tutto il mondo.
- Sto aprendo in franchising in tutto il mondo centri di "Age with Attitude", e tre volte l'anno illustro il programma a gruppi di più di 100 donne di mezza età.
- Ho il mio show televisivo, che presenta programmi di autoaiuto per donne di mezza età.
- Il mio business continua ad aumentare il suo fatturato e i profitti netti del 25 per cento annuo.
- Trascorro tre mesi l'anno in vacanza al sole!

Due anni

- Pubblico il mio quinto libro.
- Scrivo il mio sesto libro.
- Nell'insieme, il primo, il secondo e il terzo libro da me scritti vendono 150.000 copie e sono in tutte le classifiche dei bestseller.
- I miei libri si vendono in America, Australia, India e Sudafrica.
- I libri vengono tradotti almeno in altre tre lingue.

Diciotto mesi

- Il mio quarto libro produce almeno minimo dieci interviste in radio e in TV.
- Il mio programma Age with Attitude viene presentato tre volte l'anno a gruppi di più di quaranta donne.

- Ho un team di soci formatori di 20 persone.
- Stipuliamo altri 20 contratti con varie società.
- Scrivo una proposta per il mio sesto libro e la faccio accettare da un editore di livello internazionale.
- Scrivo il mio quinto libro.

Entro un anno

- Il mio secondo libro è presente almeno in due classifiche di bestseller.
- Viene pubblicato il mio terzo libro.
- La mia proposta per un quinto libro viene sottoposta a un editore di livello internazionale, che la accetta.
- La versione riveduta e corretta di *Cambia la tua vita con la PNL* viene pubblicata all'inizio dell'anno 2011.
- Nomino un direttore generale della Change Corporation per aiutarmi a sviluppare l'impresa.
- Stipuliamo altri sei contratti con varie società.
- Creo un team di 12 soci formatori e preparatori.
- Intervengo in almeno tre conferenze di fronte a un pubblico di almeno 100 persone.

Entro sei mesi

- Pubblico il mio secondo libro, *Still 25 Inside*.
- Rivedo il mio terzo libro insieme all'editore.
- Lancio il secondo programma Age with Attitude.
- Stipulo altri due contratti con varie società.
- Creo il mio team di sei soci formatori e preparatori.

Entro tre mesi

- Completo il mio attuale progetto editoriale.
- Stipulo due nuovi contratti con varie società.
- Faccio conoscere il mio progetto scrivendo articoli per tre riviste nazionali e comparendo in TV almeno una volta.

Ho reso l'idea? Ora tocca a te.

Fase 3: Scrivi qui di seguito il tuo progetto

Fase 4: Hai fatto abbastanza?

Prima di continuare, riesamina ancora una volta i tuoi obiettivi e chiedi a te stesso se hai messo abbastanza carne al fuoco. Rifletti se quegli obiettivi ti condurranno a realizzare la tua VPL e controlla se per caso non hai omesso qualcosa. Forse scoprirai di poter arrivare in porto prima di quanto pensassi all'inizio. È anche probabile che in seguito tu debba elaborare progetti analoghi per tutti i tuoi obiettivi. Per esempio, io ho pianificato dettagliatamente il modo in cui avrei completato il mio progetto editoriale entro i successivi tre mesi.

In sintesi

Vorrei terminare questo capitolo con alcuni suggerimenti su ciò che davvero può fare la differenza nell'aiutarti a realizzare la tua VPL. Io li definisco Principi di Successo, e li ho adattati dalla PNL tradizionale.

Principio n. 1 – Chiarisci la tua visione e i tuoi Personali Obiettivi di Leadership

Rivedi la tua VPL e i tuoi obiettivi. Ricontrolla che essi ti motivino davvero e che tu abbia del tutto chiaro ciò di cui hai bisogno per raggiungerli. Ora concentrati su ciò che vuoi ottenere. Qualunque cosa su cui concentrerai l'attenzione nel corso della tua vita si rafforzerà.

Principio n. 2 – Comprendi perché non puoi farne a meno

Quali sono le ragioni per cui vuoi realizzare questa VPL? Chiedi a te stesso: "Se non lo faccio ora, quanto mi costerà alla fine?". Accertati che la tua VPL sia qualcosa di tuo e che non stai cercando di realizzarla per qualcun altro.

Principio n. 3 – Intraprendi azioni decise

Sei pronto a fare qualsiasi cosa sia necessaria per realizzare la tua VPL, comprese cose che non vorresti fare? Rivedi i tuoi Personali Obiettivi di Leadership e il tuo progetto. Sfida te stesso chiedendoti se sei pronto ad assumerti il 100 per cento di responsabilità per raggiungere quegli obiettivi! Ciò perché fino a quando non lo farai rinuncerai al tuo potere personale. In una simile evenienza, l'unica cosa positiva sarà che avrai sempre qualcun altro a cui addossare la colpa!

Principio n. 4 – Verifica ciò che ottieni

Sii consapevole di cosa funziona e cosa no. Chiedi dei feedback e controlla costantemente il tuo approccio. Pensa ai feedback come a un dono e ricorda di imparare da ogni azione che non procede secondo i piani.

Principio n. 5 – Sii pronto a modificare il tuo approccio

Devi prepararti a essere flessibile e avere una sana attitudine al rischio. Se ciò che fai non funziona, prova con qualcosa di diverso. Non perdere troppo tempo continuando a provare con le stesse vecchie strategie che non funzionano più. Quando ti senti insicuro, rammenta a te stesso che sei sulla strada giusta. E ricorda che se ti fissi troppo sul modo di raggiungere il tuo obiettivo, finirai per escludere un'intera serie di diverse possibilità.

Principio n. 6 – Chiedi aiuto a chi ha già avuto successo

Quando effettuano cambiamenti importanti, le persone di successo prendono esempio da chi le ha precedute, e lo fanno frequentando corsi, assumendo un coach o semplicemente chiedendo consiglio. Probabilmente scoprirai che, con un appropriato sostegno, il processo di cambiamento è meno traumatico e le tue opportunità di successo aumentano in modo esponenziale. Ne parlerò con maggiori dettagli nel capitolo 3, dedicato al modellamento di prestazioni di prim'ordine.

Il tuo Modello di Leadership Personale dev'essere veramente completo: solo così gli altri vorranno ispirarsi a te.

Capitolo 2

Un atteggiamento vincente

Che cosa fa davvero la differenza? Cosa rende un leader di *livello eccezionale* e un altro di livello *mediocre*? Questa era la domanda che lasciava perplessi Richard Bandler e John Grinder, creatori della disciplina che conosciamo come PNL. Essi dedicarono tutta la vita a scoprire la risposta. Uno dei metodi che utilizzarono fu trovare modelli di eccellenza assoluta e scoprire quali fossero i sistemi da essi utilizzati. Una scoperta chiave potrebbe essere definita "atteggiamento rivolto al successo". I leader di fama internazionale non hanno meno problemi dei loro colleghi non altrettanto eccellenti, ma li *affrontano* in modo diverso. Non è la "fortuna" a distinguere i leader migliori da tutti gli altri: essi hanno un modo di pensare e agire estremamente preciso. È questo che fa la differenza. La buona notizia è che possiamo imparare come pensano e si comportano.

Ora che hai il tuo personale modello di leadership, una visione e degli obiettivi, stai per apprendere il modo per sviluppare un "atteggiamento vincente", che ti aiuterà a mantenere la concentrazione anche quando le cose cominciano a farsi difficili. Indubbiamente, la PNL ci offre una diversa lente attraverso la quale osservare il mondo. Ai leader, e a quanti interagiscono con loro, essa può assicurare vantaggi enormi. Sebbene la PNL venga talvolta criticata per la sua mancanza di una teoria, molti praticanti sosterrebbero che la sua base teorica è formata dalla serie di principi fondamentali chiamati "presupposizioni", che operano come convinzioni rassicuranti in grado di aiutare i praticanti a ottenere i risultati auspicati. Sono una sorta di pietre miliari della conoscenza della PNL, e io le utilizzo come fattori di differenziazione della mia azienda.

Come vivere le presupposizioni della PNL

Una delle cose strane a proposito delle presupposizioni è che Bandler e Grinder non ne hanno mai pubblicata una serie definita. Piuttosto, esse sono emerse come principi alla base della PNL stessa e sono state rese esplicite da altri sviluppatori come Robert Dilts. Per tale motivo puoi trovare differenze tra un testo e l'altro, e questo non è diverso! Secondo Tosey e Mathison, ben poche delle presupposizioni sembrano essere creazioni originali della PNL: molte provengono da altri ambiti, come la cibernetica. Nel corso degli anni ho utilizzato diversi di questi principi in vari scenari di business, come elementi di preparazione, formazione e facilitazione della leadership. Quelli che mostrerò qui sono i dodici principi che, secondo l'opinione dei diretti interessati, hanno avuto l'impatto maggiore sui miei clienti in termini di trasformazione della loro pratica di leadership. Ho tradotto il linguaggio in quello proprio del business, con esempi correlati.

Principio	**Che cosa significa**	**Effetto**
Ciascuno di noi ha un diverso modello del mondo.	Le persone con cui lavori avranno vedute diverse dalle tue, ma questo non significa che loro abbiano torto e tu ragione. Per esempio, se voglio che un membro dello staff lavori oltre l'orario normale per chiudere un ordine con un cliente, e invece la persona vuole uscire in orario e andare a casa dalla sua famiglia, chi ha ragione?	Ti aiuta a comprendere e accettare la differenza negli altri, e anche a capire che cosa potrebbe motivarli o stimolarli. Ma questo non significa che tu debba essere d'accordo con quella differenza.
Il significato della tua comunicazione è la risposta che ottieni.	La tua comunicazione con gli altri ha successo soltanto se ottiene il risultato che vuoi. Per esempio, se io chiedo a un membro del mio team di scrivere un rapporto per me e quello che mi arriva non è ciò che mi aspettavo, di chi è la colpa? Secondo la prospettiva PNL, non ho precisato ciò che volevo in modo chiaro e comprensibile.	Ti induce a rivedere l'approccio alla comunicazione e ti incoraggia ad avere uno stile più flessibile. Quindi, se un approccio non funziona, prova con qualcosa di diverso finché non otterrai ciò che vuoi.
Non esistono fallimenti, solo feedback.	Tu impari da tutte le tue esperienze. Per esempio, se devo fare una presentazione importante e questa non ottiene l'esito sperato, posso flagellarmi oppure imparare dall'esperienza. Il personale apprende più da un feedback evolutivo che non dalla mera critica.	Se interpreti gli errori come fallimenti, ti sentirai sconfitto. Se invece li consideri opportunità di apprendimento, continuerai a evolverti e avrai più scelte. Il feedback è prezioso.

Principio	Che cosa significa	Effetto
Le persone fanno del loro meglio con le risorse che al momento hanno a disposizione.	Le persone fanno il meglio che possono con ciò che al momento conoscono. Per esempio, se uno del mio team implementa in modo scorretto una nuova procedura, so che ha fatto del suo meglio e che non ha sbagliato volontariamente.	Quando agisci, devi operare la migliore scelta possibile con tutto ciò che sai in quel momento. Comprendere questo ti permette di evitare frustrazione e collera nei confronti di altri più veloci di te.
La persona con la maggiore flessibilità otterrà risultati migliori.	Se non ottieni risultati immediati, continua a provare qualcosa di diverso fino a un esito positivo. Potrebbe accadere che sia la persona più adattabile del tuo team a trovare una soluzione al problema.	Se puoi rimanere duttile e mentalmente aperto, alla fine conseguirai il risultato auspicato.
Tutti i comportamenti si basano su intenzioni positive.	Perché le persone fanno ciò che fanno? Per esempio, forse quel membro del tuo staff che continua a chiedere permessi per malattia ha problemi con i suoi figli. Ogni comportamento comincia con un'intenzione positiva della persona che lo mette in atto. Ciò non significa necessariamente che assicurerà vantaggi anche a colui o a coloro verso cui è rivolto.	Puoi non essere d'accordo con quel comportamento, ma guardare all'intenzione positiva dietro di esso ti consente di avere più scelta nel modo di rispondere e nelle soluzioni da cercare.

Principio	Che cosa significa	Effetto
Noi controlliamo la nostra mente e quindi anche i nostri risultati.	Tu puoi scegliere cosa pensare e sai che i pensieri influenzano i risultati. Per esempio, puoi sempre decidere come sentirti. Non devi necessariamente essere in ansia per un incontro di valutazione con il tuo capo: puoi, al contrario, mostrarti positivo e ottimista.	Dal momento che i risultati dipendono dal tuo stato mentale, per ottenere ciò che vuoi devi essere nella condizione migliore. Puoi cambiarla modificando i tuoi pensieri.
Tutti abbiamo le risorse che ci occorrono per riuscire.	Le persone hanno la capacità di essere, fare e avere ciò che vogliono. Per dirne una, i leader devono scoprire il potenziale dei componenti del loro team.	Quasi tutti abbiamo riserve inutilizzate di qualità, capacità e attitudini, che non abbiamo ancora imparato a usare.
La mente e il corpo sono interconnessi.	Esiste un collegamento tra i tuoi pensieri e ciò che esprimi con il corpo. Per esempio, se sei a disagio con te stesso o la situazione, non otterrai i risultati migliori.	Puoi influenzare l'esito con il tuo modo di pensare. Ciò ti assicura il controllo e la scelta dei tuoi comportamenti.
C'è una soluzione a ogni problema.	Trovare nuove soluzioni a vecchi problemi è l'essenza della creatività. Per esempio, il tuo staff sarà molto più motivato a lavorare per un leader che vede opportunità invece di problemi.	Ciò ti dà la sicurezza che troverai sempre un modo per ottenere ciò che vuoi.

Principio	Che cosa significa	Effetto
Se qualcosa non funziona, fai qualcosa di diverso.	Se continui a comportarti come hai sempre fatto, non otterrai mai più di ciò che hai! Per esempio, se ti rifiuti di cambiare un processo o un metodo obsoleto, è improbabile che tu ottenga risultati migliori.	Se la tua strategia non funziona, chiedi a te stesso cosa puoi fare di diverso la prossima volta. Continua a modificare il tuo approccio fino a trovare quello più idoneo.
Qualunque impegno inferiore al 100 per cento è sabotaggio.	Se il tuo impegno è poco convinto, stai ostacolando il tuo successo. Per esempio, quando "cerchi" di essere un buon leader, stai mettendo tutto te stesso in questo compito?	Nel film *Guerre stellari*, il maestro Jedi Yoda diceva: "Fare o non fare. Non esistono cose come provare". Se decidi di fare qualcosa, impegnati al 100 per cento ed esorta il tuo team a fare altrettanto.

Immagina per un istante di avere adottato questi principi come leader e di averli applicati con il tuo staff. Quale differenza avrebbe fatto per te e per loro? Molte persone parlano di un atteggiamento "positivo", ma senza mai spiegare cosa sia o come potrebbe essere ottenuto. Questi principi ti danno un atteggiamento positivo. Lo fanno perché ti consentono di concentrarti sull'approfondimento e sullo sviluppo invece che sugli errori e sulle critiche, di essere flessibile invece che rigido, di operare delle scelte invece di bloccarti, di affrontare le situazioni rapidamente e dinamicamente invece di soffermarti su quelle negative, di mantenere la calma di fronte a situazioni complesse invece di sentirti stressato, e di focalizzare con estrema precisione i risultati, piuttosto che impantanarti in tentativi poco convinti.

Il tuo staff si sentirebbe supportato e ascoltato, invece che "incompreso", migliorato invece che frustrato, in grado di fare errori invece di essere sempre sulla difensiva, incoraggiato ad avere nuove idee invece che ostacolato, e disposto a sostenerti al 100 per cento, invece di cercare sempre vie di fuga. Questa è la ricetta per una forza lavoro ben motivata e risultati di livello eccezionale.

Un nuovo direttore generale in viaggio con la PNL

La Neville è un'azienda inglese a conduzione familiare che fornisce materiale e stoviglie da tavola per il catering professionale. In questi due ultimi anni ha conosciuto uno sviluppo significativo concentrandosi sul servizio assistenza clienti, su proposte di prodotti competitivi e sull'ascolto delle esigenze della clientela. Recentemente, Andrew Neville è diventato direttore generale, e due settimane dopo ha iniziato il suo viaggio con la PNL. Ecco alcuni esempi specifici di casi nei quali ha abbracciato i principi delle presupposizioni.

- Lezione fondamentale n. 1 – Modelli del mondo diversi. Ho imparato che non mi interessavo come era mio dovere ai punti di vista degli altri. Ora come leader mi concentro moltissimo sull'ascolto delle parole e del tono di voce, e osservo il linguaggio corporeo.
- Lezione fondamentale n. 2 – Non esistono fallimenti, solo feedback. Sviluppa una cultura in cui sia possibile commettere errori, e come leader metti te stesso in cima alla lista: dimostrerai di essere umano!
- Lezione fondamentale n. 3 – Il significato della tua comunicazione è la risposta che ottieni. Non dare per scontato che quella che arriverà è la risposta che auspicavi: il tuo team ri-

sponderà sicuramente, spesso in termini non verbali. Impara dalle occasioni in cui la risposta voluta non arriva.

- Lezione fondamentale n. 4 – Tutti abbiamo le risorse che ci occorrono per avere successo. Crea un ambiente lavorativo che consenta a te e al tuo team di accedere a quello stato di creatività e innovazione. Mantieni i nervi saldi e continua a stimolare la creatività negli altri.

- Lezione fondamentale n. 5 – Esiste una soluzione per ogni problema. Reinquadra i problemi in opportunità di soluzioni: per esempio, noi abbiamo avuto ottimi feedback attraverso il nostro questionario sul servizio alla clientela. Da uno dei clienti, però, avevamo ricevuto un feedback alquanto scarso. Abbiamo dedicato un po' di tempo a parlare con questo cliente per capire perché, e di conseguenza abbiamo identificato un vuoto nell'offerta dei nostri servizi. Ciò ci ha consentito di apportare una semplicissima variazione nella nostra procedura, minimizzando drasticamente il rischio che quel problema potesse riproporsi.

"La PNL mi ha aiutato a sviluppare il mio stile di leadership, consentendomi di accedere alle grandi risorse del mio staff. Rispettando il loro modello del mondo sono stato in grado di assicurare loro maggiori risultati. Per esempio, proponendo obiettivi che fornissero linee guida in grado di favorire la creatività senza soffocarla, i miei dipendenti possono efficacemente sviluppare la loro abilità ed essere creativi".

Andrew Neville, direttore generale

Esercizio 7: Vivere i principi

Nella PNL parliamo spesso di "agire come se" qualcosa fosse vero. Ciò ti consente di "provare" qualcosa per vedere come va. Inoltre, sviluppa pian piano nuove connessioni neurali e abitudini inconsce. In questo esercizio voglio che tu "agisca come se" tutti e dodici i principi fossero veri per te. Adottali al lavoro per un mese e noterai la differenza, non solo nel modo in cui ti comporti di conseguenza, ma anche nella reazione dello staff ai tuoi nuovi comportamenti. Potresti chiedere anche un feedback alla fine del mese sulle differenze che gli altri notano in te. Forse percepiranno che sei più calmo, meno stressato, ascolti di più, scopri i loro punti di forza e li incoraggi a sperimentare nuove idee.

Annota qui di seguito che sensazione ti ha dato adottare questi principi per un mese.

Quali risultati specifici hai ottenuto?

Quali feedback hai avuto dalle persone che ti circondano?

Grazie al loro background cibernetico, le presupposizioni forniscono probabilmente alla PNL un fondamento teorico più solido di quello che si trova in molti altri approcci allo sviluppo personale, comprese molte forme di coaching. Sebbene non pretendano di porsi come affermazioni precise di come il mondo "realmente" è, esse incoraggiano l'apprendimento, la responsabilità, la flessibilità, la concentrazione, il potenziamento e la scelta. Se vuoi distinguerti come leader, ti aiuteranno a realizzare questo desiderio.

Pensare in modo diverso

Ecco alcune altre strutture essenziali o "frame" della PNL che si ritiene in genere possano sviluppare ulteriormente modi molto efficaci di pensare e comportarsi. Non le troverai in nessun libro scritto da Bandler e Grinder, ma vengono insegnate presso un'ampia gamma di scuole di PNL. Questi frame sono:

- causa/effetto
- responsabilità per i risultati
- la percezione è proiezione

Da quale parte stai?

Rifletti per un istante. Qual è il tuo comportamento di leader? Sei incline, di solito, a guardare il lato positivo di qualsiasi cosa accada al lavoro, oppure ti concentri sulle negatività e su modi per evitare di assumerti la responsabilità di qualcosa che va storto? Sono sicura che hai fatto l'esperienza di un manager che cerca sempre di passarla liscia facendo in modo di addossare la colpa agli altri. E tu? Qual è il tuo punto di partenza, il tuo punto di vista? Alcuni leader intuiscono sempre le opportunità in una situazione, mentre altri non vedono che problemi. Dipende da come consideri le cose. Sei incline ad assumerti l'onere di ciò che accade, o tendi piuttosto a dare la colpa ad altre persone o alle circostanze? Questo discorso ti suona familiare? Per esempio, ti riconosci nel leader che afferma "Va bene, facciamolo", oppure sei quello che dice "Sì, mi piacerebbe, però...". Sei impegnato, interessato e attivo in ciò che fai, o ti lasci portare qua e là dagli eventi, magari sentendoti incapace di controllarli, impotente e vittima?

Nella PNL diciamo che si può essere causa o effetto di qualsiasi cosa avviene intorno a noi. Ti assumi la responsabilità di ciò che crei? È un filo rosso che corre attraverso altri libri di auto-aiuto. Io non credo sia una coincidenza il fatto che ti viene proposto più volte lo stesso punto di vista. I leader di successo parlano del loro essere "causa" in una forma o nell'altra, pur definendo con un altro titolo o nome questa caratteristica. Non è così che si comporta la maggior parte delle persone. Una delle capacità umane più perfezionate consiste nell'assolversi dalle proprie responsabilità. Quando qualcosa va bene, ce ne attribuiamo il merito, ma se le cose vanno male, tendiamo a evitare di esserne considerati colpevoli. Quando ti poni come "causa" e ti assumi le tue responsabilità, le cose smetteranno di "succederti" semplicemente, e comincerai attivamente a diventare il leader che vuoi essere.

Dirigere operando come "effetto"

"Gli inglesi ci hanno fregato", furono le parole di Henry Paulson quando venne a conoscenza della decisione della Financial Services Authority (FSA) di non approvare una garanzia che avrebbe permesso alla Barclays di acquistare Lehman.

Ciò portò al controverso invito di Paulson a lasciare che la Lehman Brothers fallisse, una decisione che prosciugò di diverse centinaia di miliardi di dollari capitali in tutto il mondo e mandò in caduta libera tutte le Borse. Il libro dell'ex Segretario al Tesoro degli Stati Uniti, *On the Brink*, rivela che egli addossò alla FSA la responsabilità di non avere aiutato la banca in pericolo. Questo è un ottimo esempio di leader che si pone come "effetto". Invece di agire responsabilmente per quello che Lawrence McDonald, ex azionista della Lehman, definisce "colossale fallimento del buon senso" nel suo libro con lo stesso titolo, Paulson incolpa la FSA, che secondo molti era disposta a scendere a patti se il Tesoro statunitense fosse stato pronto a condividere il rischio.

Non pretendo di essere un'esperta dell'affare Lehman; quello che voglio sottolineare è il comportamento dell'ex Segretario al Tesoro, che tentò di scaricarsi la coscienza per il crollo dei mercati finanziari globali che ne seguì.

Un leader che opera come "effetto" si siede e aspetta che le cose accadano senza prendersene la responsabilità. Incolpa gli altri quando le cose non vanno come devono. Accampa giustificazioni e trova ragioni per non fare ciò che gli viene richiesto. Ciò depotenzia non solo lui, ma anche i membri del suo team, i quali sanno che al loro capo non interessa migliorare la situazione attuale. Non è affatto divertente essere guidati da qualcuno che si lamenta continuamente dei propri problemi. Questi leader che operano come "effetto" rinunciano al proprio potere perché sperano sempre che altri trovino una soluzione. Sono convinti di non avere alternative. Al contrario, la realtà è che hanno deciso di non assumersi la responsabilità delle proprie azioni. L'unico vantaggio del concentrarsi sulle giustificazioni è che in genere c'è sempre qualcun altro da incolpare! Spesso nelle grandi aziende ci si può imbattere in persone molto esperte nel trovare ragioni per non procedere secondo i piani. Talvolta si tratta di intere commissioni.

Nella PNL si dice spesso che nella vita puoi avere due cose: il risultato che vuoi oppure le ragioni per cui non hai raggiunto quel risultato. Ciò che riscontro molto spesso nelle aziende è la teoria della responsabilità collettiva, ovvero la gestione da parte di una commissione. A me sembra che il ruolo della maggior parte di queste commissioni sia trovare "ragioni" sufficienti per cui un target o l'altro non è stato raggiunto. L'ironia è che se trovano motivi a sufficienza, gli individui responsabili sembrano ancora cavarsela con qualche orgogliosa pacca sulla spalla. È così che vuoi comportarti? Forse ti riconosci in parte in una simile attitudine o in passato sei sceso a patti con persone di questo genere.

Dirigere operando come "causa"

"Non credo in due paroline come 'non posso'".

Richard Branson è abituato a calcolare i suoi rischi. È audace e si assume la responsabilità di ciò che accade nelle sue avventure personali e professionali. Egli afferma: "Con qualcuno vinci e con qualcuno perdi. Sii felice quando vinci. E non avere rimpianti quando perdi. Non guardarti mai indietro. Non puoi cambiare il passato. Io cerco di imparare da esso".

Questo è esattamente lo spirito dei leader che operano come "causa". Essi lavorano sulla base della premessa che a un certo livello siamo noi a creare tutto ciò che ci accade nella vita. Non so se sia effettivamente così, ma accettare questo fatto ci pone in una posizione di potere su tutto quanto ci circonda. Più di ogni altra cosa, questa semplice azione ti aiuterà ad aumentare il tuo rendimento. Ciò perché, qualunque cosa buona o cattiva ti accada nella vita, sei concentrato su ciò che c'è da imparare da quella situazione. Senti di avere un maggiore controllo sulla tua vita perché te ne assumi la responsabilità. Il risultato è che in ogni situazione mantieni il tuo potere personale. Chiunque proceda dall'"effetto" alla "causa" si rafforza come mai prima. Gran parte della PNL mira effettivamente a ricondurci alla "causa". Quelli di noi che operano come "causa" cercano sempre dentro di sé una soluzione e imparano dai propri errori. A volte questo può sembrare un percorso più arduo rispetto a quello di coloro che operano come "effetto", eppure ti assicura un controllo completo. Chi sta dalla parte dell'"effetto" tiene la testa sotto la sabbia incolpando gli altri per le proprie manchevolezze. Io preferisco avere saldamente il controllo del mio destino, nonostante lezioni a volte dure. I leader "causa" sono decisi a creare ciò che vogliono. Se non ottengono i risultati auspicati, imparano dalle proprie esperienze e considerano nuove possibilità. Soprattutto, sono convinti di avere delle scelte in ciò che fanno e nel modo di reagire a persone ed eventi.

Se vuoi passare dal lato dell'"effetto" a quello della "causa" dell'equazione, il primo passo consiste nell'eliminare tutte le tue scuse. A tal fine, quando non ottieni i risultati voluti devi porre a te stesso le seguenti domande:

- Come sono riuscito a creare questa situazione e a quale scopo?
- Che cosa ho da imparare dalla situazione?
- Di cosa ho bisogno per agire in modo diverso la prossima volta?

Presto noterai che chiedendo a te stesso quanto precede inizierai a ottenere risultati diversi. Ricorda la presupposizione PNL n. 3: "non esistono fallimenti, solo feedback". Il feedback ti consente di avere un insegnamento da qualsiasi situazione. Questo modo di pensare ti permette di lasciare che le cose vadano per il loro verso e procedere molto più rapidamente della maggior parte della gente che spesso rimane ferma nel passato. Quando parliamo di insegnamenti notiamo che, affinché funzionino, essi devono giungere in un particolare formato.

Gli insegnamenti sono sempre:

- diretti personalmente a te
- positivi
- volti al futuro

Fondamentalmente, gli insegnamenti sono per te perché non puoi controllare il comportamento di qualcun altro. Sono ciò che di diverso farai in futuro, non ciò che non dovresti fare o non rifarai, perché questo concentrerebbe la tua attenzione nella direzione sbagliata. Sono sempre rivolti al futuro, perché il passato è passato. Quindi, dopo un difficile incontro con il tuo capo, nel quale non hai ottenuto l'aumento che volevi, un insegnamento potrebbe essere:

> "Mi preparerò meglio in futuro prima di incontrare di nuovo il capo, elencando tutti i punti di forza che confermano il mio valore per questa azienda".

Al contrario, non formulerai questo pensiero:

> "Il mio capo è un idiota, perché non capisce quanto sono prezioso per questa azienda".

Si tratta di una distinzione molto importante.

Esercizio 8: Quattro fasi per diventare "causa"

Ora hai l'opportunità di operare come "causa" per un mese. Puoi farlo al lavoro e, se vuoi, anche a casa. Se all'inizio non sei certo del da farsi, limitati a fingere: fai "come se". Goditi l'esperienza e rifletti su ciò che apprenderai.

Fase 1: Sii "causa" al lavoro, il che significa: niente più scuse! Assumi la responsabilità di tutto ciò che accadrà nella tua vita professionale.

Fase 2: Qualsiasi cosa accada, buona o cattiva, chiedi a te stesso a quale scopo hai creato quella situazione e cosa puoi imparare da essa.

Fase 3: Rifletti su ciò che avrai appreso da queste situazioni. Fai qualcosa di diverso, se devi.

Fase 4: Mantieni la concentrazione su ciò che vuoi creare nella tua vita professionale. Coraggio, prova!

Responsabilità dei risultati

Spesso dico ai miei clienti che sono la loro "guida turistica". Posso aiutarli a effettuare i cambiamenti di cui hanno bisogno e a tal fine farò tutto ciò che è necessario. Tuttavia, in fin dei conti sono loro a dover agire, fare qualcosa di diverso oppure rischiare di rimanere nella Zona Grigia. Tu sei responsabile del tuo successo. E quando comincerai ad assumerti il 100 per cento di responsabilità della tua vita, ti accadranno cose sorprendenti. Ecco ciò che io ho imparato dalle mie esperienze e da quelle dei miei clienti.

- Quando ti assumi il 100 per cento della responsabilità del tuo risultato e sei disposto a farlo da solo, non vi sarai costretto.
- Nella misura in cui non sei disposto a farlo da solo, vi sarai costretto.
- Quando non ti assumi l'intera responsabilità del risultato

non potrai operare magie, ma solo tentare la fortuna.

- L'unico beneficio della mancata assunzione della responsabilità è che avrai sempre qualcuno a cui attribuire la colpa.

La percezione è proiezione

Carl Jung, uno dei fondatori della moderna psicologia, affermò che tutto ciò che percepiamo fuori di noi è una proiezione dall'interno. Non possiamo percepire nulla che non costituisca in qualche modo un esempio di noi stessi. Tutto il nostro lavoro e le relazioni personali ci aiutano a scoprire qualcosa che ci riguarda. Le situazioni non sono reali, ma costituiscono soltanto le nostre proiezioni di ciò che siamo convinti stia accadendo. In linea di ipotesi, potresti stilare un rapporto di un'importante riunione insieme a un collega di lavoro e finire per chiederti se davvero avete partecipato entrambi a quell'incontro. Ciò perché avete avuto due visioni molto diverse della riunione e avete filtrato l'esperienza in modo differente.

Mihaly Csikszentmihalyi è una delle poche persone ad avere analizzato il potere di elaborazione del cervello. Egli sostiene che il nostro sistema nervoso – attraverso i cinque sensi: vista, udito, olfatto, gusto e tatto – viene bombardato da due milioni di bit di dati ogni secondo della giornata. Di tutto ciò noi possiamo assimilare soltanto 126 bit di dati, cioè tra i cinque e i nove frammenti gestibili al secondo. Il resto viene filtrato cancellando, deformando e generalizzando informazioni di cui "non abbiamo bisogno". È una grande quantità di dati di cui dobbiamo sbarazzarci. Non c'è da stupirsi se due persone ricordano lo stesso evento in due modi diversi, perché i 126 bit di dati che tu elabori sono diversi da quelli che elaboro io. È come se ciascuno di noi avesse un enorme setaccio nel sistema nervoso, e i 126 fori del mio fossero diversi da quelli del tuo.

Alcuni possono sovrapporsi e altri differire del tutto. Pertanto, quando io setaccio i miei due milioni di bit di informazioni, mi concentro su informazioni diverse da quelle che ottieni tu, e ciò mi fa vivere un'esperienza del tutto diversa dalla tua. I 126 bit di dati creano allora quelle che nella PNL chiamiamo "rappresentazioni interiori" o, in altre parole, i nostri pensieri.

Ciò che noi cancelliamo, deformiamo e generalizziamo dipende dai valori e dalle convinzioni che abbiamo accumulato nel corso degli anni. Dal momento che tutti filtriamo gli eventi attraverso differenti sistemi di valori e convinzioni, i nostri filtri agiscono come un paio di occhiali da sole, che rendono visibili soltanto le cose alle quali decidiamo inconsciamente di prestare attenzione. Per esempio, se io ho una scarsa autostima e credo di non essere abbastanza bravo, escluderò tutte le occasioni in cui ho avuto successo per concentrarmi soltanto su quelle fallite. La buona notizia è che cambiando i tuoi filtri modificherai la tua percezione ed esperienza di una situazione.

Ipotizziamo che tu abbia un rapporto difficile e teso con il tuo capo. Se sei "causa", ammetterai di essere stato tu a creare una simile relazione. Se chiedi a te stesso come potresti comportarti diversamente in quella situazione, comincerai a modificare la tua visione e percezione di quella persona. Il risultato sarà che la tua esperienza cambierà di conseguenza. Prova e verificherai i risultati. Ti garantisco che rimarrai sorpreso.

Inoltre, il tuo staff non realizzerà nulla che tu non creda possibile o vero. Se consideri queste persone piene di risorse ed efficienti, renderanno molto di più che se le considerassi inutili. Ciò perché proietti quello che consideri vero sulle persone che ti circondano, attraverso i comportamenti e il linguaggio. Un rapporto sull'autorealizzazione degli insegnanti (Clark e Steuart, 1990), concludeva:

"Il modo in cui vediamo il mondo sarà sempre in rapporto diretto con il modo di vedere noi stessi. Quando siamo tristi, lo consideriamo pessimo. Quando abbiamo paura, consideriamo ogni individuo come una minaccia. Quando stiamo bene, vediamo un futuro comune... Le persone autorealizzate vedono possibilità per se stesse e per gli altri. Diventano leader perché tracciano una strada verso la quale tutti siamo diretti".

Questa è una caratteristica importante dell'"Atteggiamento Vincente", perché impariamo che come leader possiamo modificare il nostro attuale modello del mondo e il modo di considerare quanti sono in esso inseriti. E lo facciamo cambiando le nostre convinzioni o filtri. Nessuno di noi sperimenta il mondo "reale". Alfred Korzybski, che attirò l'attenzione di Bandler e Grinder all'inizio degli anni Settanta, sviluppò l'idea centrale secondo cui "la mappa non è il territorio". Il territorio è il mondo "reale". Le nostre mappe personali rappresentano un'interpretazione del territorio: non sono vere, ma generalizzate, cancellate e deformate. Di conseguenza, le mappe possono essere modificate, e nella prossima sezione ti mostrerò come.

Il modello di comunicazione della PNL

I nostri pensieri avviano una reazione a catena nel sistema nervoso che per i leader è importante comprendere ed esplorare. L'informazione che inconsciamente filtri nel tuo sistema nervoso per il tramite dei sensi forma i tuoi pensieri o, per dirlo con le parole della PNL, le tue rappresentazioni interiori. I pensieri sono composti da una combinazione dei sensi, vale a dire immagini, suoni, sensazioni, sapori e odori. Tutti abbiamo preferenze sensoriali nei termini della nostra personale visione del mondo. Quale credi sia la tua preferenza? Per esempio, se mentre pensi vedi immagini, probabilmente hai una preferenza visiva. Se provi sensazioni forti, hai una preferenza cinestetica e così via. Scoprirai la tua nel capitolo 10, "Influenzare con integrità".

Fondamentale è il fatto che il tipo di pensieri che hai darà il tono a come ti senti, cioè al tuo stato emotivo. Se ripensi a un'occasione in cui hai avuto molto successo, certamente riguarderà un momento in cui avevi uno stato d'animo emotivo o un umore molto positivo. È improbabile che sia accaduto mentre eri depresso, infelice o ansioso. Pertanto, i risultati che otteniamo dipendono dal nostro stato d'animo.

Inoltre, il nostro stato mentale governa il linguaggio corporeo, il quale a sua volta stimola il comportamento, e in ultima analisi questo produce risultati. Ne consegue che i pensieri influenzano il nostro rendimento, e quindi diventano cose vere e proprie. Come affermava Henry Ford: "Sia che pensi di potere, sia che pensi di non potere, in entrambi i casi hai ragione".

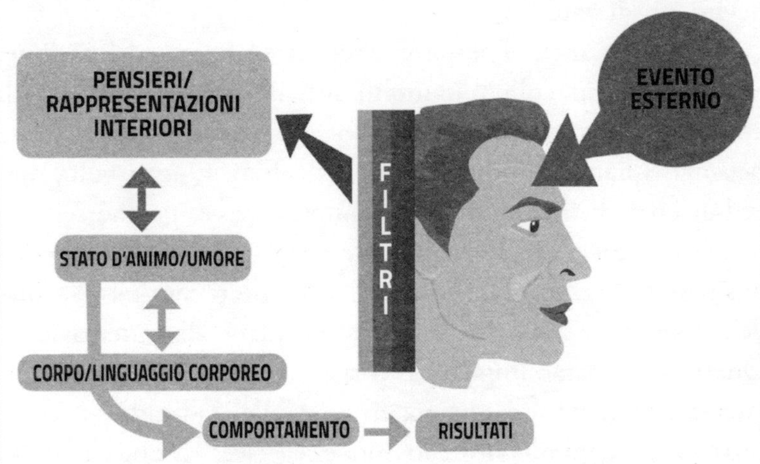

Modello di comunicazione della PNL

Esploriamo un esempio di questa reazione a catena. Immagina di essere costretto a una conversazione impegnativa con un membro del tuo team. Questo è l'evento esterno che innesca la reazione a catena. Se in passato hai avuto con quella stessa persona una serie di conversazioni insoddisfacenti, è probabile che filtrerai in modo negativo quella imminente. Vale a dire, ti aspetti che la conversazione non dia risultati e così, nella tua mente, cominci a raccontarti una storia sul pessimo esito della conversazione stessa, e su questo concentri i tuoi pensieri. Ciò a sua volta influirà su come ti senti, quindi sul tuo stato d'animo o umore. È probabile che tu ti senta nervoso, a disagio, e tutta una varietà di altre emozioni negative. Poiché la mente e il corpo sono interconnessi, ciò influirà sul tuo linguaggio corporeo. Quando inizierai la conversazione, l'interlocutore noterà il tuo nervosismo. Per esempio, potrebbe accorgersi che ti agiti di continuo. Il tuo comportamento risulterà compromesso perché sei nervoso, e l'altro approfitterà della tua ansia. L'esito finale sarà che non otterrai quanto ti eri ripromesso. Ciò che prevedevi si è realizzato.

Ma è vero anche l'opposto. Prendiamo la stessa situazione. Stai per avere un colloquio molto difficile. Questa volta ricordi a te stesso le volte in cui altre conversazioni con quella stessa persona ti hanno assicurato grandi risultati. Questa volta non vedrai l'ora di incontrare il tuo interlocutore, perché sei certo del tuo successo. Racconti a te stesso una storia con esito positivo e magari immagini perfino come ti sentirai alla fine dell'incontro. Sei sicuro di te stesso e pieno di anticipazione. Questa volta il tuo linguaggio corporeo appare diverso: hai un atteggiamento molto più positivo (stabile, radicato, aperto e sorridente). L'interlocutore lo nota e reagisce. Tu riesci a far valere abilmente il tuo punto di vista e a stabilire alcuni nuovi accordi. Ottieni il risultato che speravi.

La stessa situazione esterna può avere esiti assolutamente diversi, ciascuno dei quali dipende interamente da come hai filtrato l'evento dall'interno. L'esercizio che segue intende portare alla tua attenzione conscia il tipo di pensieri che hai.

Esercizio 9: A cosa stai pensando?

Prenditi qualche momento di pausa per lasciare che la tua mente si rilassi. Proprio come riesci a essere consapevole delle sensazioni e dei movimenti del tuo corpo, così puoi anche fare un passo indietro rispetto ai tuoi pensieri e limitarti a osservarli. Un pensiero scivola lentamente portandoti verso un altro e poi un altro ancora, fino a perderti nel tuo mondo. Vorrei che tu osservassi i tuoi pensieri che vanno e vengono. Siedi immobile e attendi che essi si presentino senza attribuire loro un significato. Osservali semplicemente andare e venire. All'inizio fai questo esercizio per circa cinque minuti.

Il giorno successivo, presta attenzione ai tuoi pensieri e sensazioni. Osserva i pensieri: sono positivi e ti rafforzano, oppure ti critichi per la maggior parte del tempo? Ti concentri su ciò che hai fatto bene o sui tuoi insuccessi? Prendi nota degli schemi ricorrenti, sia positivi che negativi. Potresti essere sorpreso dai risultati. Quale dei due elenchi ti sembra più pesante? Se è quello dei pensieri negativi, adesso hai la grande opportunità di cominciare a modificare i tuoi pensieri dall'interno.

Pensieri e sensazioni positivi	**Pensieri e sensazioni negativi**

Come posso modificare i miei pensieri?

Ci sono molti modi per farlo. Uno dei principali consiste nel modificare ciò che credi di te stesso, cambiando di conseguenza i tuoi filtri. Che cosa intendo per convinzioni? Le nostre convinzioni sono le idee che riteniamo vere su noi stessi e su altre persone e situazioni. Esse prendono forma principalmente prima di raggiungere l'età di sette anni. Le cogliamo dalle persone che in questa fase ci sono più vicine: genitori, insegnanti (anche di religione), parenti stretti e altri individui significativi nella nostra vita. La cosa più importante da capire a proposito delle convinzioni è che sono generalizzazioni che creiamo in base alle esperienze di vita. La maggior parte di noi non decide consciamente cosa credere. Inoltre, quando abbiamo una convinzione dimentichiamo che può essere cambiata, e diventa la nostra realtà. E questo è inquietante. Raramente cambiamo le nostre convinzioni obsolete, che diventano un filtro attraverso il quale setacciamo tutte le nostre aspettative ed esperienze di vita. Pertanto, se credo di non essere abbastanza bravo, filtrerò tutte le mie esperienze attraverso quella convinzione, fino a notare soltanto ciò che la conferma. Non noterò le volte in cui sono riuscito, e *meno che mai* quelle in cui ho conseguito risultati più che soddisfacenti. Che ne pensi? Ti suona familiare?

A volte un commento incurante da parte di una persona che esercita una certa influenza sulla tua vita può modellare ciò che (inconsciamente) decidi che sarà possibile per il resto della tua esistenza. Per esempio, se un genitore dice al figlio che è stupido, l'impatto di questa affermazione può interessare tutta la sua vita futura. Ciò che magari il genitore non sa è che perfino un'osservazione disinvolta e apparentemente "innocua" può provocare danni indicibili. Sono certa che se i genitori se ne rendessero conto, starebbero molto più attenti a ciò che dicono ai loro figli. La cosa importante è che, una volta capito come si formano le convinzioni, abbiamo l'opportunità di cambiarle e di infrangere gli schemi negativi del passato. Mi chiedo: in che modo il tuo sistema di convinzioni ti ha influenzato e ha finora esercitato un impatto sui tuoi successi?

Ci sono passi da compiere per cambiare le proprie convinzioni, e ti mostrerò come farlo. Innanzitutto osserva quelle di cui ora hai acquisito la consapevolezza, quelle che ti limitano e quelle che ti rafforzano. Se non sei sicuro di partire con il piede giusto, pensa ai settori del tuo lavoro in cui non ottieni i risultati che vuoi. Hai il ruolo di leadership che sai di poter raggiungere? Se non lo hai, perché? È probabile che vi siano convinzioni limitanti che ti trattengono. Quali pensi che siano? Quali sono gli schemi ricorrenti che hai notato finora? Il prossimo esercizio ti aiuterà a scoprirli.

Esercizio 10: Le mie convinzioni

Fase 1: Le convinzioni che mi limitano

Gli esempi di convinzioni che ti limitano sono:

- Negazioni – non sono capace, non ottengo i risultati che voglio, sono troppo vecchio
- Comparazioni – non sono abbastanza bravo
- Generalizzazioni – fallisco sempre ai colloqui di lavoro
- Altre convinzioni – non credo di poterlo fare

Ora, chiama a raccolta tutte le convinzioni limitanti su te stesso e scrivile qui di seguito:

Fase 2: Le convinzioni che mi rafforzano

Esempi di convinzioni che ti rafforzano sono:

- Sono bravo in quello che faccio
- Il mio staff mi apprezza
- Sono sicuro di me stesso

Ora, considera i settori del tuo lavoro nei quali stai ottenendo i risultati che vuoi. Quali convinzioni positive ti aiutano a conseguirli? Per esempio, se sei stato promosso rapidamente, forse è perché è stato preso in considerazione il tuo carattere energico e capace di produrre risultati. Hai recepito l'idea. Non preoccuparti se ciò che scrivi non è sufficientemente accurato: per il momento, limitati a raccogliere le idee e scrivi qui di seguito le tue convinzioni positive:

Fase 3: Le tre convinzioni che mi rafforzano di più

Scegli le tre convinzioni che più delle altre ti rafforzano e, per una settimana, registra qui di seguito tutte le occasioni in cui quelle specifiche idee ti hanno consentito di ottenere i risultati voluti. Per esempio, se hai sottolineato la convinzione "Sono in grado di motivare il mio team", osserva quante volte lo hai fatto. Nota quanto questo ti fa sentire bene e quanto spesso è accaduto. Scommetto che le tue convinzioni positive sono più attive nella tua vita di quanto immaginavi.

Fase 4: Le tre convinzioni che mi limitano di più

Ora, cerchia le tre convinzioni che più delle altre ti limitano e chiedi a te stesso quanto costa mantenerle, nei termini dei tuoi obiettivi. In altre parole, se non te ne liberi, in che modo i tuoi obiettivi saranno compromessi? Scrivi qui di seguito le risposte e sii onesto con te stesso.

Non è stato piacevole, vero? E non doveva esserlo. Se associ abbastanza sofferenza a una situazione, spesso questa ti offre il "punto critico", o stimolo, per il cambiamento. Potresti scoprire che le tue convinzioni limitanti sono già scosse per il semplice fatto di esserne consapevole e di aver riconosciuto l'impatto negativo che hanno sulla tua vita.

Fase 5: Cambiare le convinzioni limitanti

Lavora singolarmente con ciascuna delle tue convinzioni limitanti.

Considera la prima, per esempio "Non otterrò mai la promozione che merito". Mentre rifletti, prendi nota dell'immagine che ti viene in mente. Annota ciò che vedi, ascolti e senti. Gioca con l'immagine attenuandone la luminosità, allontanandola da te, abbassando il volume di eventuali suoni e riducendo l'intensità di qualunque sensazione. Sembra strano, lo so, ma il cervello può farlo facilmente!

Poi chiedi a te stesso: qual è il contrario di quella convinzione limitante? In questo caso è "Otterrò la promozione che merito". Mentre pensi a ottenere la promozione che meriti, nota l'immagine che ti viene in mente. Annota ciò che vedi, ascolti e senti. Questa volta intensifica tutte le tue sensazioni: aumenta la luminosità del quadro, alza il volume e la forza dei tuoi sentimenti. Saprai che lo stai facendo correttamente quando questa idea comincerà a farti stare bene. Ora sei pronto a cominciare.

1. Torna all'immagine che ti veniva in mente pensando che non otterrai mai quella promozione. Ora, sostituiscila con l'immagine che ti dice che *otterrai* la promozione che meriti. Rendi questa immagine sempre più persuasiva ogni volta che vi accedi. Fallo rapidamente e provaci davvero!
2. Continua a farlo fino a non visualizzare più l'immagine negativa: tutto ciò che hai ora chiaramente presente è una positiva immagine di te nella nuova straordinaria posizione lavorativa.

Inizialmente, potresti trovare molto facile evocare l'idea delle convinzioni limitanti, mentre quella opposta delle idee più positive risulta più ardua da richiamare. Va bene così. Aumentando la luminosità, i suoni e le sensazioni, l'intensità cambierà. Anche se all'inizio non riesci a trattenere questa idea più di qualche istante, non c'è problema. Noterai che diviene sempre più facile man mano che le vecchie convinzioni limitanti si attenuano. Quando ciò avverrà, saprai che sei vicino alla fine. Continua finché non scompaiono del tutto.

Ora chiedi a te stesso quale sensazione ti dà quella vecchia convinzione negativa. Fai lo stesso con le altre, e nota come si liberano ed escono dal tuo sistema.

Continua a concentrarti sulle nuove convinzioni che ti rafforzano e sarai sorpreso di cominciare a sperimentare il mondo in modo più positivo e deciso.

Fare ciò che è necessario

Peter è uno dei miei coachee. È un dirigente del settore trasporti per un'azienda internazionale di spedizioni. Quando venne promosso a un ruolo intermedio di dirigenza gli venne richiesto di fare ogni settimana una breve presentazione agli alti dirigenti della sua Divisione dei problemi che potevano sorgere la settimana seguente. Era una cosa che gli incuteva grande timore, tanto che alla prima riunione svenne e fu portato in ambulanza al pronto soccorso. Quindi, si trattava di un caso grave. Il suo Direttore mi chiese di aiutarlo e Peter si mise a lavorare sulle convinzioni limitanti che aveva di se stesso. Erano numerose, tutte concentrate sulle cose terribili che sarebbero accadute quando avesse fatto confusione. Fece risalire lo schema del suo comportamento alla prima infanzia, quando il padre abusava emotivamente di lui ogni volta che non si faceva valere come ci si aspettava. Lavorò per individuare le sue convinzioni limitanti, e si sorprese nel constatare che alcune di esse erano rimaste a livello inconscio per più di 30 anni. Lo aiutai a muovere i primi passi per cambiare quelle convinzioni e gli dimostrai che si trattava soltanto di generalizzazioni, nulla di autentico. Gli suggerii anche alcune strategie per gestire i suoi sentimenti nelle occasioni in cui doveva fare una presentazione. Sebbene non si sia mai proposto volontariamente per presentare gli eventi nella North Greenwich Arena, ora Peter riesce a gestire senza difficoltà gli incontri settimanali.

Il lavoro che abbiamo fatto insieme ha inquadrato nella giusta prospettiva l'enorme impatto delle nostre convinzioni limitanti: non solo ci ostacolano, ma hanno anche un grande impatto sulla nostra salute. Tuttavia, la buona notizia è che, una volta emerse alla nostra consapevolezza conscia, possiamo iniziare a cambiarle e riconoscere quanto in realtà siano ridicole. Possiamo creare il nostro futuro, e le nuove convinzioni positive rappresentano il primo passo in avanti. Immagina quale impatto avrà la modifica sui tuoi filtri e di conseguenza sulla tua forma mentis e sui tuoi successi professionali e personali.

Concentrati su ciò che vuoi

L'ultima parte della costruzione di un "atteggiamento vincente" consiste nel concentrarti su ciò che vuoi ottenere. Perché è importante per noi leader? Innanzitutto, il cervello non riesce a elaborare cose negative. Quando ci viene detto "non pensare a un elefante azzurro", l'elefante azzurro è esattamente la prima cosa che ci viene in mente. In quel momento ci concentriamo proprio sulla cosa che non vogliamo, portandola all'acuta consapevolezza del nostro sistema nervoso. Quindi, è essenziale che ti concentri su ciò che vuoi, non su ciò che non vuoi. Torna indietro e accertati che i tuoi personali obiettivi di leadership riguardino ciò che vuoi ottenere e non siano in alcun modo negativi. Nessuno attirerebbe deliberatamente nella propria vita ciò che non vuole. Ciò deriva semplicemente da una mancanza di consapevolezza, ed è importante anche nel più ampio contesto del nostro ruolo di leader. Comunichi forse dicendo al tuo staff ciò che non vuoi che faccia, per poi rimanere deluso dai risultati? Sii chiaro su ciò che vuoi facciano in un modo diverso e avrai ciò che desideri.

La nostra arma segreta

Quando ti concentri su qualcosa – qualunque cosa – la fai esistere. Essa diviene una *profezia autorealizzativa*. Sappiamo già che la nostra visione e i nostri obiettivi ci forniscono un bersaglio a cui mirare. Ciò che molti potrebbero non sapere è che noi abbiamo una parte del cervello chiamata "sistema di attivazione reticolare" o SAR. Il SAR ha un ruolo vitale nella tua capacità di conseguire risultati, perché agisce come un raggio laser, concentrandoti e portando alla tua attenzione persone, luoghi e cose che possono favorire il tuo scopo. Il SAR è il meccanismo automatico che all'interno del cervello ti presenta informazioni di rilievo. Opera come un filtro tra la mente conscia e l'inconscio. Prende istruzioni dalla mente conscia e le trasmette all'inconscio, una sorta di esortazione della mente conscia che dice all'inconscio: "Guarda un po' questo...". È il tuo SAR che svolge il lavoro, prestando attenzione ai pensieri depositati nell'inconscio. Non devi più rivisitare questi ultimi in modo conscio attivo. Fissando obiettivi chiari, hai fatto abbastanza per attirare persone, luoghi e cose che ti aiuteranno a raggiungerli. Ecco perché si dice che la mente conscia fissa gli obiettivi e l'inconscio li attira.

Vale la pena di tenere a mente alcuni punti interessanti del SAR che ne fanno uno strumento essenziale per il conseguimento di obiettivi. Innanzitutto, puoi deliberatamente programmare questo sistema scegliendo i messaggi esatti che la mente conscia deve inviare. Puoi farlo concentrandoti sulla visione e gli obiettivi personali di leadership. In secondo luogo, il tuo SAR non riesce a distinguere tra eventi "reali" e realtà "immaginaria". In altre parole, immagina te stesso come se avessi già realizzato la tua visione e raggiunto i tuoi obiettivi. Questa "visualizzazione" migliorerà la tua capacità di attrarre ciò che desideri. Gli atleti utilizzano molto questa tecnica, ripassando mentalmente l'evento sportivo prima di viverlo. Quando stabilisci il tuo obiettivo, crei un'immagine molto definita di esso nella mente conscia. Il SAR la trasmetterà all'inconscio, che ti aiuterà nel compito. Lo farà portando alla tua attenzione tutte le informazioni rilevanti che altrimenti non avresti neppure notato.

Ora, hai una scelta. Vuoi continuare a credere che le cose

semplicemente "accadono" e che la vita è un terno al lotto? Oppure vuoi credere e convincerti che il tuo futuro successo come leader è nelle tue mani e che visione e obiettivi si realizzeranno grazie al tuo modo di pensare e a ciò su cui ti concentri?

Se non hai obiettivi nella vita, il tuo SAR non ha nulla da cercare. Se vaghi da una cosa all'altra senza concentrazione, il SAR non avrà istruzioni chiare per sapere cosa deve cercare per te. Certamente conosci persone dalla vita caotica, perennemente irrequiete. Forse anche tu hai sperimentato uno stato del genere fino a questo momento. Ora non hai più scuse. Fai lavorare il tuo SAR per te, e utilizza i 126 bit di informazioni raccolte in ogni secondo della tua vita per ottenere ciò che vuoi.

Assicurare incisività ai leader globali di domani

La Durham Business School mi chiese di tenere un seminario per gli studenti del corso di Master in direzione aziendale. Il titolo del seminario era "Che cosa fa davvero la differenza – Mentalità e attitudini dei leader di successo che utilizzano la PNL" e riguardava i quattro temi chiave che seguono:

1. *A che punto sei ora?* Questa sessione concerneva una definizione della PNL per il business, il concetto del Diagramma del Business e l'importanza di fissare degli obiettivi. Gli allievi sviluppavano obiettivi propri per l'anno successivo e lavoravano insieme usando le "Chiavi per un esito ottenibile" per fare in modo di conseguirli.

2. *Concentrati su ciò che vuoi.* Questa parte riguardava il modello di comunicazione PNL e la reazione a catena che viene innescata dal collegamento tra pensieri, sensazioni, linguaggio corporeo e comportamento. Vi inserii anche l'importanza di concentrarsi su ciò che si vuole piuttosto che su ciò che non si vuole. Gli allievi si divertirono a scoprire il proprio stile di

comunicazione (vedi capitolo 10) e svilupparono la propria flessibilità in quest'ambito.

3. *Risultati e ragioni.* Una delle mie sessioni preferite che mirava a scoprire se i partecipanti fossero causa o effetto nella propria vita. Esaminammo anche gli altri frame chiave della PNL e la responsabilità dei risultati. Gli studenti sperimentarono che cosa significa vivere la vita nella veste di "causa" e la potenziale differenza nel ruolo di leader.

4. *Convinciti di potere.* Una sessione molto stimolante nella quale gli allievi esaminavano le presupposizioni della PNL per capire come usarle allo scopo di cambiare il loro modello del mondo. Considerammo poi le convinzioni su se stessi che li limitavano o li rafforzavano, ed essi praticarono la modifica di una convinzione limitante.

Il seminario terminò con una potente metafora comportamentale che sfidava le convinzioni dei partecipanti su ciò che potevano fare. La dottoressa Julie Hodges, direttrice del Programma MBA (Master in Business Administration) a tempo pieno e docente presso la Durham Business School dichiarò:

> "Nell'ambito del programma di sviluppo delle capacità per gli allievi eravamo impazienti di creare un corso innovativo e creativo per intensificare l'abilità nella comunicazione, la costruzione di rapport e le capacità di pianificazione degli obiettivi degli studenti. Il corso di PNL si è concentrato sulle abilità applicabili al mondo del business e ha consentito ai nostri allievi di migliorare le loro capacità di presentazione. I principi e le tecniche della PNL sono alla base di gran parte di ciò che viene insegnato nei seminari aziendali. Molti degli studenti affermano di avere appreso abilità che li aiuteranno per tutto il corso del Master e nella loro futura carriera".

In sintesi

Torniamo per un attimo su ciò che produce un "Atteggiamento Vincente" e su cosa accadrebbe ai tuoi risultati se adottassi tali caratteristiche. Come promemoria, ecco gli elementi chiave:

1. Segui i dodici principi chiave della PNL. Ciò significa adottarli come tue convinzioni personali e utilizzarli non solo per te stesso, ma anche per quanti ti circondano. Per esempio, nota come rispettare i modelli del mondo degli altri ti aiuti a diventare più flessibile, e come la tua comunicazione migliori una volta compreso che hai successo solo se ottieni i risultati voluti.
2. Vivi la vita essendo "causa" e assumi la responsabilità di tutto ciò che ti accade. Sia che siamo noi a creare tutto del nostro mondo oppure no, questo modello ci fornisce un modo positivo per sperimentarlo, oltre che per apprendere e migliorare quando le cose non vanno secondo i piani.
3. Assumere al 100 per cento la responsabilità dei risultati che vuoi ottenere significa che continuerai a provare finché non ci riuscirai. Coloro che ti circondano saranno disposti a sostenerti quando saranno certi che ti impegni a fondo nel lavoro da svolgere. Di conseguenza, quando ti assumerai questa responsabilità totale, ti accadrà spesso di scoprire che non sei costretto a farlo.
4. Fai affiorare pensieri e convinzioni oltre la soglia della consapevolezza, in modo da poterli modificare. Devi capire che percepisci il mondo attraverso i tuoi filtri e che questi possono essere modificati, quando sai quali sono. Riequilibra il livello di positività nei tuoi pensieri per avere l'opportunità migliore di raggiungere i tuoi obiettivi.
5. Modifica le convinzioni limitanti che hai su te stesso, in

modo da cominciare a filtrare il mondo attraverso esperienze di gran lunga più positive. Nota come questo cambi tutto, in particolare il tuo potenziale e i tuoi risultati.

6. Infine, concentrati su ciò che vuoi ottenere, così che il tuo SAR possa mettere al lavoro i 126 bit di dati che ricevi ogni secondo della tua vita. Assicurati una posizione di forza, in modo da attrarre a te persone, luoghi e cose che ti sosterranno nella realizzazione della tua visione e nel conseguimento dei tuoi obiettivi personali di leadership.

Esercizio 11: Cominciamo

Immagina te stesso da qui a un anno, quando avrai abbracciato tutti gli elementi dell'"Atteggiamento Vincente". Torna con il pensiero al momento attuale:

- In che modo il tuo comportamento è stato diverso?
- Su che cosa ti sei concentrato?
- Quali risultati hai ottenuto?

Scrivi qui di seguito le tue risposte e, a partire da ora, utilizzale per ispirarti quotidianamente a pensare in modo diverso.

Nota come il tuo atteggiamento vincente non solo modifichi la tua efficacia di leader, ma migliori anche altri settori della tua vita.

Capitolo 3.

Modellare prestazioni di livello eccezionale

Se qualcuno può farlo, tutti possono farlo. Questa è la base di uno degli elementi fondamentali della PNL: il modellamento. Grinder descrive la PNL come una tecnologia di modellamento che genera una serie di differenze tra il genio e l'esecutore medio. Una volta l'ho sentito affermare che il modellamento costituisce la parte più rivoluzionaria della PNL, il cui esito consiste nel produrre una gamma di codici trasferibili ad altri. Tutte le tecniche e gli schemi della PNL sono stati creati per mezzo del modellamento. Per esempio, la tecnica del rapport (vedi capitolo 10) derivò dall'ipnosi, quando Bandler e Grinder si ispirarono a Milton Erickson. L'idea del ricalco della respirazione veniva da Conrad Lightman, un altro ipnotista. La PNL non inventa questo codice, ma piuttosto individua gli schemi nelle personalità geniali, li semplifica in un certo numero di parti componenti, li confeziona di nuovo e li rende disponibili ad altri. Il modellamento costituisce la metodologia attraverso la quale nacque la PNL, ed è la ragione stessa per cui gode di un ruolo tanto importante nella stessa disciplina. Per esempio, il modello Milton si ispirò a Milton Erickson, e il metamodello a Virginia Satir, entrambi terapisti di prim'ordine.

Il presente capitolo esplora i vantaggi del modellamento e i modi per attuarlo, e riesamina i risultati ottenuti da diversi recenti progetti di modellamento.

Perché modellare?

Nel business il modellamento ha molti potenziali utilizzi. Eccone alcuni:

- la capacità di vendere
- l'abilità nel gestire qualsiasi situazione
- la capacità di condurre un programma di incontri/progetti/cambiamenti di successo
- la sicurezza di tenere una presentazione avvincente
- le tattiche per concludere un negoziato vantaggioso
- il carisma per dirigere un'azienda al massimo livello

Ce ne sono molti altri. Per esempio, Charles Faulkner, praticante PNL e scrittore, modellò i giudizi intuitivi dei più importanti operatori finanziari e utilizzò i risultati per diventare come loro.

I vantaggi essenziali del modellamento sono i seguenti:

- promuove rapidamente il processo di apprendimento (come regola pratica, puoi replicare qualsiasi comportamento, abilità o capacità in metà tempo rispetto a quello in origine necessario per insegnare la tecnica)
- instilla il modello nella tua mente
- forma i praticanti
- presenta i programmi di addestramento a uditori più ampi
- sviluppa un business ad alto potenziale

L'approccio PNL al modellamento

Ciascuno di noi possiede una personale gamma di strategie, che ci consentono di operare in modo efficiente nell'ambito di un'organizzazione. Queste sequenze ripetitive di comportamenti interiori ed esterni comprendono strategie per delegare, apprendere e insegnare, per la motivazione, la creatività, il potere decisionale e mille altre funzioni. Tuttavia, tali abilità vengono il più delle volte acquisite inconsciamente per tentativi ed errori, e inoltre, dal momento che non vengono ottenute in maniera specifica, non sappiamo bene come trasferirle ad altri.

Quel che più conta, può accadere che le persone riescano benissimo utilizzando una particolare strategia per una certa funzione (per esempio, definire la politica dell'azienda), mentre rendono molto al di sotto delle loro possibilità quando tentano di applicare la stessa metodologia altrove (diciamo per spiegare quelle strategie).

Le persone utilizzano strategie di elaborazione interiore estremamente varie, e questo rende ragione del divario esistente tra i mediocri e i migliori. Quando chiedi agli individui veramente straordinari "Come fai?", la risposta più frequente è "In realtà non lo so" oppure "In qualche modo... lo faccio... e tutto viene naturale". Ciò è tipico della "competenza inconscia". Alla fine del progetto di modellamento la persona interessata afferma invariabilmente "Non mi ero mai reso conto di fare questo", spesso aggiungendo: "Pensavo che tutti facessero così!".

Fino all'avvento della PNL, la maggior parte degli approcci al modellamento si concentrava sullo studio del comportamento esteriore.

Il comportamento esteriore è la componente conscia dell'attività che risulta più facile da osservare e modellare, perché avviene al di fuori. Tuttavia, se è vero che le distinzioni più importanti sono interiori (vale a dire convinzioni e valori, nonché le strategie che queste persone adottano), inevitabilmente i tradizionali metodi di modellamento risultano limitati.

Il processo e lo stato interiori sono le componenti inconsce che prima della PNL venivano raramente incluse in un "modello". In altre parole, la PNL ha scoperto modi per rendere consci comportamenti, abitudini mentali e convinzioni al di sotto della soglia della consapevolezza dei migliori, oltre a definire un codice per descrivere tali processi e insegnarli ad altri.

La maggior parte delle persone oggi ammette che l'efficienza nel produrre risultati è influenzata dalle sensazioni, dal processo cognitivo, dalle convinzioni, dai valori e dal senso di identità. Pertanto, diviene essenziale identificare strategie cognitive e altri elementi "intangibili" che sono così importanti nelle persone che meglio di altre dirigono, pianificano, addestrano, formano e così via. Al fine di definire accuratamente ciò che i loro soggetti facevano, Bandler, Grinder e altri svilupparono un nuovo approccio al modellamento che riuniva componenti consce e inconsce:

- *Comportamento esterno, ovvero ciò che la gente fa esteriormente*: si presta attenzione al linguaggio corporeo, ivi comprese respirazione e postura (molto importante nel modellamento degli sportivi)
- *Processo interiore, ovvero la strategia che le persone attuano*: dà impulso al comportamento esteriore; è formato dalla sequenza di eventi che compongono l'attività
- *Stato emotivo interno, ovvero ciò che la persona crede riguardo all'attività e l'importanza che le attribuisce*: questo è il settore trascurato del modellamento, e fornisce la ragione per cui qualcuno fa qualcosa

Processo, non contenuto

I principi e metodi generali del modellamento sono indipendenti dalla serie di attività che viene modellata o dall'ambiente in cui si opera. Ciò avviene perché il modellamento si basa sul processo adottato e non sul contenuto. Bandler e Grinder parlavano del comportamento governato da regole. In realtà, Grinder affermava che "nel comportamento umano gli schemi di eccellenza sono governati da regole".

Quindi, la domanda da porsi è: "Quale serie di regole giustifica il comportamento che stiamo osservando?". In tal caso l'approccio può essere applicato a quasi tutte le circostanze, e viene già ampiamente utilizzato nel business, nell'istruzione, nell'ambito della salute, in quello sportivo e dello sviluppo personale, oltre che in altri settori di applicazione. Inoltre, la PNL parte dall'idea che tutti gli uomini sono eguali in termini di capacità fisiche e mentali. Le uniche differenze sono date dai problemi della motivazione: valori, convinzioni, attitudini che stimolano qualcuno a raggiungere l'eccellenza.

Fasi di un progetto di modellamento

Preparazione

Individua l'abilità che vuoi modellare. Per gli scopi di questa sezione, consideriamo uno stile di leadership che ti piacerebbe poter replicare in te stesso. Per esempio, potresti voler modellare un leader che:

- è in grado di costruire un eccellente rapport
- garantisce i migliori risultati nell'organizzazione
- ottiene e mantiene l'attenzione dell'uditorio durante le sue presentazioni

- può costruire una visione motivazionale che i suoi dipendenti si sentono obbligati a seguire
- può fornire feedback eccellenti per il suo staff
- riesce ad affrontare simultaneamente una gamma di complicati problemi
- è molto creativo

Qualunque sia l'abilità, scegli qualcosa che per te sarebbe di grande valore nel tuo sviluppo come leader. Individua una o più persone che mettono in risalto l'abilità che vuoi modellare a un livello di eccellenza, di prim'ordine. Devi essere certo del significato che ha per te il termine "eccellenza". Spesso è utile definire l'eccellenza nei termini dei risultati misurabili raggiunti dal tuo modello. Secondo la prospettiva PNL, definisci l'eccellenza nei termini di ciò che vedi, ascolti e senti quando questo straordinario individuo mostra la propria abilità. Ecco alcuni punti da prendere in considerazione:

- Puoi modellare diverse abilità da leader differenti. Per esempio, mentre uno può presentare in maniera ineguagliabile, un altro potrebbe eccellere nel presiedere le riunioni.
- Il modellamento implica il fatto di distinguere ciò che è essenziale da ciò che è caratteristico. Ciò significa che vi saranno attività o convinzioni che non contribuiscono al modello, pur essendo comunque presenti. Per esempio, un atleta potrebbe avere un rituale da eseguire prima della sua prestazione, ma che non risulta essenziale alla sua strategia. Possiamo scoprire queste cose soltanto iniziando coscientemente a scartare ciò che non è essenziale per trovare ciò che lo è.
- È probabile che tu debba scomporre un comportamento

complesso nelle sue funzioni individuali. Per esempio, modellare "la leadership" è un concetto troppo vasto. Quale parte specifica vuoi modellare?

- Non devi fisicamente intervistare il tuo modello, se ciò non è possibile. Per esempio, se vuoi modellare un leader di fama internazionale come Richard Branson, puoi leggere i suoi libri e guardarlo in TV, acquistare i suoi DVD e così via. Non è la stessa cosa di uno studio ravvicinato, ma è comunque un buon compromesso.

Esercizio di modellamento

Presumendo che tu debba studiare un soggetto da vicino, dovrai concordare un appuntamento o una serie di appuntamenti per incontrarlo. È importante che i tuoi progetti prevedano un certo margine di sicurezza, nel caso tu debba riesaminare alcune fasi. Fai del tuo meglio per "escludere" valori, convinzioni ed esperienze personali, mentre attui questo processo. È importante liberare la mente da ogni presunzione o giudizio sul mondo. Pensa a tutto ciò come a una sorta di estraniamento! Assumi un ruolo dissociato per ottenere i risultati migliori. Se non facessi questo, potresti finire per mettere in discussione le risposte che avrai dal soggetto del modellamento. Attenzione, perché questo è un indizio del fatto che i tuoi giudizi di valore si stanno intromettendo nel compito che ti sei dato.

Fase 1: Osserva il tuo modello in azione per individuare quanto segue.

(a) Nota come utilizza il linguaggio corporeo. Ovviamente, questo è molto importante se stai modellando uno sportivo. Tuttavia, il linguaggio del corpo può avere un ruolo chiave in ogni tipo di attività. Secondo quanto afferma Albert Mehrabian in *Silent Messages*, esso giustifica il 55 per cento dell'impatto della nostra comunicazione. Per esempio, se stai modellando l'abilità nella presentazione, come appare il tuo soggetto? Gesticola molto? Tende a sottolineare fisicamente gli argomenti? Quali altri comportamenti non verbali utilizza? Grinder affermava che questi ultimi sono molto più importanti di qualsiasi altra componente del modellamento.

(b) Successivamente, nota come il soggetto utilizza il linguaggio, sia nelle parole che usa che nel tono di voce. Mehrabian afferma che le parole giustificano il 7 per cento e il tono di voce il 38 per cento dell'impatto della comunicazione. Quindi, non è tanto ciò che diciamo, quanto come lo diciamo. Il soggetto mette in particolare risalto parole specifiche? E come utilizza il proprio timbro di voce? Si ferma oppure abbassa il tono in certi punti? Che cosa noti della sua respirazione? Ripete alcuni schemi di linguaggio o espressioni?

(c) Che cosa comunica dei propri valori e convinzioni? Da quale modello del mondo parte? Tutto questo concerne ciò in cui crede e che considera importante. Per esempio, il libro di Richard Branson *Il coraggio di rischiare* è pieno delle sue convinzioni. Nella prima pagina egli riassume quelle sul successo: "Abbi fiducia in te stesso, stabilisci degli obiettivi, vivi la vita fino in fondo, non arrenderti mai, lavora sodo, sfida te stesso, aiuta gli altri e lascia che ti aiutino". Ciò dice moltissimo sul suo modello del mondo, che possiamo cominciare a replicare.

Fase 2: **Fai domande al tuo modello**

Innanzitutto, porta il tuo modello a immaginare di esercitare l'abilità che stai modellando. Nella PNL parliamo di "associazione" all'attività, una cosa che lo coinvolge nel processo. Poni le tue domande usando il tempo presente, in modo da mantenerlo associato. Poi esamina con lui ciascuna delle tre componenti essenziali che abbiamo trattato in precedenza. Ciò che vuoi scoprire è il "cosa" e il "come", non il "perché".

Comportamento esteriore

Spesso è più facile iniziare con la parte conscia della sua strategia, vale a dire il comportamento esteriore oppure ciò che fa ed è osservabile.

Chiedigli "che cosa fa e dice". Poi confronta le sue parole con ciò che hai osservato personalmente. Controlla gli elementi osservati che il soggetto non ha menzionato. Potrebbe trattarsi di elementi inconsci e/o caratteristici. Chiedigli di aiutarti a studiare il modo in cui usa la postura e la respirazione. Una domanda eccellente per escludere i comportamenti caratteristici è: "Funzionerebbe lo stesso se non facessi 'x'?".

Processo interiore

Quindi esamina passo per passo ciò che fa. Ciò porterà in luce la sequenza di eventi o la strategia che dà forma a quell'attività.

Chiedigli "qual è la prima cosa che deve accadere", poi "qual è la cosa successiva" e così via. Fagli ripetere la strategia molte volte fino ad avere tutte le componenti essenziali. Inoltre, elimina gli elementi caratteristici.

Stato emotivo interno

Infine, esplora il suo stato emotivo, che probabilmente rappresenta la parte più inconscia della sua attività.

Fai domande come "che cosa è importante per te in questa fase o a proposito di questa attività?" per capire quali sono i suoi valori. Poi chiedi "che cosa pensi di te stesso/di altri/della situazione in rapporto a questa attività?". Fai in modo di comprendere il suo modello del mondo provandolo su te stesso, per vedere se ha senso.

Fase 3: Conduci un'analisi di sensibilità

Ciò determinerà che cosa è essenziale per ottenere gli stessi risultati del modello. Comincia a cambiare le cose per scoprire se c'è differenza. Tutto questo contribuirà anche a eliminare gli elementi caratteristici. Scopri se tale eliminazione comporta differenze in termini di risultati. In caso affermativo, escludili, altrimenti mantienili. La vera arte del modellamento consiste nel semplificare il modello nelle sue componenti minime, mantenendo però i risultati.

Fase 4: Impianta il modello in te stesso

Questa è la fase in cui tu replichi il modello prescelto. Ottieni gli stessi risultati degli esperti? Se è così, benissimo. Altrimenti, fai un passo indietro e controlla se hai tutte le componenti essenziali nel giusto ordine. Continua a praticare fino a quando non replicherai esattamente gli stessi risultati del modello.

Fase 5: Progetto di formazione universale

Una volta padroneggiato alla perfezione il modello, puoi insegnarlo ad altri. Seleziona un gruppo di persone "normali" e fai una valutazione delle loro prestazioni. Quindi insegna loro il modello e misura il miglioramento dei loro risultati. Il modello potrà poi essere perfezionato e documentato.

Puoi anche utilizzare il modello per produrre un profilo di eccellenza da usare nell'ambito del processo di assunzione e selezione del personale dell'organizzazione (e addestrare chi si occupa della selezione ad assumere sulla base di esso).

Sommario

Dedica un tempo sufficiente a ciascuno dei modelli nel contesto in cui utilizzano le loro abilità e ai colloqui susseguenti. Analogamente, a fini di confronto, sarà necessario studiare nello stesso contesto persone dal rendimento medio. Questo approccio al modellamento offre un metodo verificato per scoprire cosa rende tanto straordinari questi individui. Una volta esaurito il compito, altri membri dell'organizzazione potranno imparare a replicare il comportamento e le strategie più efficaci per migliorare il loro rendimento.

Aneddoto – L'arrosto di manzo "ristretto"

Una coppia appena sposata stava cucinando per la prima volta l'arrosto della domenica. Il marito osservava incuriosito la moglie che tagliava l'estremità di un succulento arrosto di manzo prima di legarlo, metterlo in teglia e cuocerlo. Quando le chiese il perché, lei rispose che la madre aveva sempre fatto così per cucinare un arrosto perfetto. Dal momento che avevano invitato a pranzo la madre, la donna suggerì al marito di chiedere a lei il motivo di quella procedura. Quando la suocera arrivò, l'uomo glielo chiese. La suocera parve sorpresa, e rispose che anche sua madre aveva sempre fatto così. E poiché anche sua madre era invitata a pranzo, consigliò al genero di chiederglielo direttamente. Così fece l'uomo. La madre della suocera parve a sua volta molto sorpresa e rispose che aveva sempre fatto così perché era l'unico modo per far entrare l'arrosto nella sua teglia da forno!

Esercizio 12: Intraprendi un progetto di modellamento nel contesto della leadership

Seguendo l'approccio graduale in precedenza esposto, elabora il tuo personale progetto. Chiedi a te stesso quali abilità sarebbe più utile sviluppare nel tuo ruolo di leadership. Poi scegli un soggetto da modellare e inizia. È più facile se questo modello si trova già nella tua azienda, ma può darsi che tu debba guardare altrove per trovare un esempio di livello eccezionale. Nella mia esperienza, se dici a qualcuno che lo ammiri e vorresti imparare da lui, è difficile che ti mandi via. Scrivi qui di seguito i risultati del progetto e considera come puoi utilizzare al meglio queste preziose lezioni nel più ampio contesto della tua azienda. Un valore aggiunto potrebbe venire dal fatto di addestrare altri allo stesso processo.

Fase 1: Osserva il tuo modello in azione

Fase 2: Fai domande al tuo modello

1. Comportamento esterno:

2. Processo interiore:

3. Stato interiore:

Fase 3: Conduci un'analisi di sensibilità

Punti importanti di apprendimento:

Fase 4: Impianta il modello in te stesso

Punti importanti di apprendimento:

Fase 5: Altre applicazioni nel mio business

Sommario

1. Qual è la cosa più importante che hai imparato?

2. Quanto sono migliorati i tuoi risultati dal momento in cui hai adottato il modello?

3. Quanto tempo hai risparmiato in conseguenza del progetto di modellamento?

Modellamento per la trasformazione personale

Quelle che seguono sono le storie di due mie allieve, che hanno formulato un progetto di modellamento nell'ambito del programma del corso di Master PNL.

Marie – Imparare a fare ciò che è necessario

Marie è proprietaria di una piccola azienda che tiene corsi di formazione per l'assunzione di alti dirigenti. Ha scelto una donna, amministratore delegato di una società di formazione, come soggetto per il suo modellamento, perché si trattava di un'attività simile alla sua e voleva alcuni consigli per far sopravvivere la sua azienda alla dura recessione.

Marie ha realizzato il suo studio attraverso una serie di colloqui diretti. Ha scoperto che un processo iterativo avrebbe funzionato bene: esso implicava la raccolta di dati, il riesame e il controllo di eventuali altri elementi necessari.

Dei tre settori essenziali del modellamento, Marie ha capito che lo "stato emotivo interiore" offriva le informazioni per lei più importanti, perché il suo soggetto possedeva valori e convinzioni molto diversi dai suoi. Questa è stata per lei una cosa assai stimolante. Più importante ancora era il fatto che Marie era venuta a sapere che, a differenza di lei che per molti anni aveva lottato con la sua autoimmagine, la donna aveva sempre creduto tenacemente in se stessa fin dalla più tenera età. Era sempre stata pronta a "fare tutto quello che era necessario" per far crescere il suo business (fin dove ciò fosse in linea con i suoi valori e convinzioni). Aveva anche creato molte diverse fonti di reddito per riuscire a proteggere la propria azienda in tempi difficili. È stata chiara anche sull'esigenza della flessibilità: se qualcosa nella sua strategia non funzionava, si adattava rapidamente, e Marie si è resa conto di dovere essere più aperta al cambiamento, se voleva avere lo stesso successo.

Di conseguenza, Marie ha modellato le convinzioni e i valori chiave del soggetto, soprattutto quel "fare ciò che è necessario" per mantenere l'azienda in vita e nel frattempo "mantenersi flessibile". Dal canto suo, Marie si è resa conto di avere puntato tutto su una carta sola. La sua azienda aveva una sola fonte di reddito e il rischio si concentrava tutto in un'unica direzione. In precedenza aveva anche rifiutato un'offerta di lavoro, perché non le sembrava corretto rappresentare il marchio di un'altra azienda. Di conseguenza, aveva allontanato opportunità di entrate preziose per il suo business. Marie ha cominciato a diversificare e a collaborare con altre aziende di formazione, offrendo i suoi servigi come consulente freelance ogni volta che era possibile, e ben presto l'azienda e le risorse finanziarie utilizzabili sono tornate in ottima salute.

Katie – Usare il modellamento per migliorare la pratica nel settore delle risorse umane

Katie è una responsabile delle risorse umane che lavora presso un'azienda farmaceutica. Ha scelto una donna ex capo di un consiglio di amministrazione comunale, che attualmente detiene un ruolo importante nell'Ente delle arti figurative e dello spettacolo. Per Katie l'obiettivo era scoprire le strategie di successo del suo modello. L'esercizio di modellamento è stato effettuato nel corso di due incontri, uno dei quali telefonico, perché la donna presa a modello si trovava a Londra nella Camera dei Comuni. Anche in questo caso, le distinzioni fondamentali riguardavano il settore dello "stato emotivo". Katie è venuta a sapere che, secondo il suo convincimento, per la donna non era necessario essere la migliore in assoluto, bensì operare al meglio delle proprie possibilità. La sua ferma convinzione dell'intrinseca bontà delle persone faceva sì che in generale si aspettasse e ottenesse reciproco sostegno e prestazioni eccellenti. Inoltre, era sempre molto concentrata e non perdeva mai di vista l'obiettivo finale.

Katie ha modellato queste convinzioni modificando il suo approccio, delegando di più, concentrandosi sulla costruzione di solidi rapporti e consentendo ad altri di fare un'ottima figura. Ciò le permette di rimanere concentrata sul risultato finale, curando migliori rapporti di lavoro e godendo in ultima analisi di maggiori opportunità di successo.

Per fare un esempio specifico, Katie lavora in un piccolo team di cinque addetti alle risorse umane. Nell'aprile 2009 il suo Direttore ha lasciato l'ufficio e al suo posto è stata nominata un'altra persona. Circa nello stesso periodo, anche due colleghi hanno lasciato l'azienda. Con il 60 per cento della squadra composto di nuovi individui, era essenziale fornire ai nuovi membri un forte supporto e una guida efficace per far sì che entrassero pienamente e rapidamente nel loro ruolo. Katie ha lavorato duramente per comprendere i punti di forza dei suoi nuovi colleghi e costruire con loro rapporti solidi così da riuscire a renderli operativamente efficienti. Nell'agosto 2009 i suoi sforzi sono stati premiati dalla società con un aumento di stipendio e una gratifica extra.

Questi due casi esemplari dimostrano come il modellamento possa essere applicato nel mondo "reale" con grandi risultati. Marie ha intrapreso un'azione mirata a salvare la sua azienda e Katie ha adattato il suo ruolo di leadership in un modo che è stato riconosciuto dalla sua organizzazione con una promozione e una gratifica. I due esempi hanno trovato le distinzioni chiave nella componente dello "stato interiore" del modello. Marie e Katie hanno scoperto che le convinzioni su di sé e ciò che consideravano importante del loro ruolo di leadership assicurava ai soggetti grandi intuizioni. In un altro progetto di modellamento, potrebbero essere egualmente importanti il comportamento esterno o il processo interiore.

L'elemento chiave del modellamento è portare l'abilità a un livello di competenza conscia, così da poterla insegnare ad altri. Una volta compreso il processo, puoi adottare il modellamento come un'essenziale strategia di leadership. È un metodo per generare eccellenza in tutto ciò che fai in quanto leader e nell'ambito di un team e di un'azienda. Il modellamento è una tecnica potente perché funziona e, come dimostrano i due casi precedenti, fa davvero la differenza.

In sintesi

Riflettiamo per un attimo sul viaggio di leadership che hai compiuto nella prima parte di questo libro e riuniamo le molte sfaccettature del tuo modello personale.

Nel capitolo 1, "Costruire strategie per il successo", hai sviluppato la tua visione di leadership e i tuoi personali obiettivi. Nel capitolo 2, "Un atteggiamento vincente", hai spostato la tua leadership dal lato della "causa" dello spettro e hai cominciato ad assumerti la responsabilità di creare ciò che vuoi e di modificare le convinzioni limitanti sul tuo potenziale che ti trattenevano. Nel capitolo 3 hai modellato uno o più esempi di leadership di livello eccezionale per promuovere rapidamente il tuo sviluppo. Ora mettiamo tutto insieme nel tuo futuro modello di leadership. Che tipo di leader vuoi essere per far sì che gli altri modellino te?

Ci accingiamo ora a sviluppare il tuo modello utilizzando le tre componenti chiave: comportamento esteriore, processo e stato interiore.

Esercizio 13: Qual è il mio modello di leadership?

Fase 1: Comportamento esteriore

Che cosa noteranno le persone di te?

- Come vesti?
- Come parli?
- Come utilizzi il linguaggio corporeo? Per esempio, vuoi risultare convincente come leader motivato? Come leader deciso? Oppure vuoi essere una presenza autorevole sullo sfondo?
- Come ti comporterai con il tuo team? Per dirne una, vuoi che l'umorismo sia una caratteristica del tuo stile?
- Intendi essere un leader ben visibile e sempre presente in mezzo alla squadra oppure preferisci operare dalla tua torre d'avorio?
- cosa è più importante per te?

Fase 2: Processo interiore

Come guiderai il tuo team?

- Qual è la tua strategia di leadership? Per esempio, qual è il tuo approccio graduale a una normale giornata?
- Come comunichi con il tuo staff?
- Qual è il tuo stile di leadership? Per esempio, sei un leader

direttivo, collaborativo oppure flessibile a seconda delle circostanze?

- Come gestisci le cose da fare?
- Come ricompensi il tuo staff?
- Come gestisci il feedback?
- Quali strutture predisponi per gli incontri: individuali o altro?
- Che cosa è più importante per te?

Fase 3: Stato interiore

Che cosa vuoi che pensino di te come leader? Che cosa è più importante per te?

- Quali sono le convinzioni positive che vorresti avere come leader? Qualcosa come "posso trovare una soluzione a ogni problema" oppure "sono un grande motivatore"?
- In quale stato emotivo ti trovi come leader? Per esempio, vuoi essere energizzato o motivato, o preferisci essere calmo e rilassato?
- Che cosa è più importante per te come leader? Magari vuoi concentrarti sullo sviluppo degli altri, o sul fatto di arrivare a un sostanzioso stipendio?

Ben fatto. Questo potrebbe essere il compito più importante svolto durante la tua carriera di leader. Potresti trovare un'occasione per praticare simultaneamente tutti questi elementi. È normale. Scegli un elemento del tuo modello e concentrati su di esso finché sarai soddisfatto dei risultati. Seleziona opportunità per praticare le nuove strategie. Attendi che coloro che hai intorno notino che stai agendo in modo diverso. Altri potrebbero chiedere di ispirarsi a te, quando ammireranno i cambiamenti che hai apportato al tuo modello di leadership!

Nella Parte II di questo libro avrai l'opportunità di utilizzare il tuo modello di leadership nel contesto della creazione di un team di grande efficienza. I leader di prim'ordine sanno bene di poter conseguire dei risultati soltanto attraverso gli altri. Comprendono che maggiore è il rendimento del loro team, più grande sarà il loro successo personale. Il tuo ruolo di leader consiste nel creare una visione condivisa dal tuo team e mantenere le persone concentrate, motivate e ispirate a soddisfare le aspettative. La prossima parte del libro ti mostrerà come fare.

"Il controllo non è leadership; la gestione non è leadership; la leadership è leadership. Se cerchi di dirigere, investi almeno il 50 per cento del tuo tempo dirigendo te stesso: il tuo scopo, l'etica, i principi, la motivazione, la condotta. Investi almeno il 20 per cento nella guida di quanti hanno autorità su di te e il 15 per cento nella guida dei tuoi pari".

Dee Hock, fondatore e amministratore delegato emerito di Visa

Parte II

TRASFORMARE I TEAM CON LA PNL

Capitolo 4

Costruire team di grande efficienza

"Il team medio raggiunge soltanto il 63 per cento degli obiettivi del piano strategico".

Questa fu l'illuminante cifra statistica messa in risalto dalla *Harvard Business Review* in un articolo intitolato "Trasformare la strategia in grande efficienza". Questo è precisamente l'oggetto del presente capitolo, che ti mostrerà come fare utilizzando la PNL. Documenterò un certo numero di esempi di applicazioni pratiche in una gamma di ambienti diversi. Il mio scopo è far sì che tu possa applicare con sicurezza tali tecniche al tuo o ai tuoi team. Questi principi possono essere utilizzati in tutti i livelli del business, dalla dirigenza alla gestione media, fino ai team operativi.

Iniziamo esplorando quali fattori assicurano alte prestazioni a un team, ed esaminiamo come utilizzare la PNL per svilupparli nella tua squadra.

Che cosa assicura il successo a un team?

Naturalmente, potremmo elencare le conoscenze e le abilità che fanno funzionare un team di successo. Tuttavia, ciò non risponde esaurientemente alla domanda. Quel che è davvero importante è concentrarsi sul modo in cui i singoli componenti del team operano insieme come unità di ottimo livello. Come si comportano, che cosa è importante per loro e quali sono le "regole" informali adottate? L'elenco degli attributi che segue è stato modellato da team che assicurano alta produttività e ottimo rendimento.

1. **Visione condivisa.** Una visione condivisa riunisce tutta l'azienda intorno a un tema comune. Coinvolgere i membri della squadra nel processo di pianificazione mostra chiaramente come essi siano meno inclini a distruggere ciò che hanno contribuito a creare. Team come questi comprendono il loro scopo, i ruoli individuali, percepiscono il lavoro come una cosa propria e riescono a vedere come possono fare la differenza, sia singolarmente che come squadra. Qualunque sia la collocazione del team nell'ambito dell'organizzazione, i suoi membri sanno di essere collegati alla direzione strategica del business. Gli obiettivi individuali e di squadra sono allineati con la strategia e con il piano aziendale. C'è un "filo d'oro" che corre dal livello più alto a quello più basso dell'azienda, come quando si collegano la strategia e il piano aziendale ai progetti di modello di servizio operativo.
2. **Impegno.** I singoli si considerano appartenenti a una squadra. Si impegnano in obiettivi di gruppo che riconoscono essere al di sopra e oltre i loro personali fini e programmi. Sono consapevoli delle reciproche finalità e del ruolo che rivestono all'interno del quadro più ampio.
3. **Fiducia.** Per creare fiducia, i membri della squadra devono avere valori condivisi. Essi comprendono non solo ciò che è importante per i singoli, ma anche le priorità del team. Conoscono le "regole del gioco", sia formali che informali, e le rispettano. Si sostengono reciprocamente e in genere si comportano in modo prevedibile e coerente.

4. **Comunicazione.** Le squadre efficienti sono consapevoli del modo migliore di comunicare tra membri e con i soggetti interessati al di fuori della squadra. Sono flessibili e i membri capiscono come influenzarsi a vicenda affinché il team produca risultati. Inoltre, essi sono aperti e onesti l'uno verso l'altro e inclini a fornire a vicenda feedback preziosi.

5. **Coinvolgimento.** Ognuno ha un ruolo all'interno del team. Malgrado le differenze di ruolo, prospettive ed esperienza, i membri sono reciprocamente solidali. I contributi sono attesi e rispettati. Quando appropriato, si raggiunge un unanime e sincero consenso.

6. **Strutture di sviluppo.** Senge affermava che la struttura influenza il comportamento. Le squadre efficienti hanno strutture che stimolano il rendimento. Esiste una disciplina relativa a tali strutture che garantisce il risultato, qualunque sia. Esse comprendono riunioni regolari del team, incontri individuali, valutazioni e metodi collaudati per affrontare i problemi. Secondo la mia esperienza, molti team non hanno queste strutture in ordine, oppure nel corso del tempo lasciano che si esauriscano. Laddove esistono scopo e direzione comuni, le strutture vengono mantenute.

7. **Continuo miglioramento.** È una questione di buon senso, ma si verifica di rado. Consiste nel riesaminare ciò che è accaduto in passato per apprendere da ciò che è stato fatto. Il team possiede gli strumenti, le conoscenze e il tempo necessari ad apportare sostanziali e continui miglioramenti. Tutti gli sforzi mirano a sostenere l'apprendimento e a migliorare scopi e obiettivi del business.

Se sei già leader di un team, sai bene che il viaggio verso un alto rendimento non finisce mai. È raro che una squadra vi arrivi e vi rimanga a lungo. Nel corso della mia vita professionale, sia che io abbia diretto un team all'interno di un'organizzazione oppure, come ora, la mia stessa azienda, è insolito tenere insieme lo stesso team per più di un anno. I membri della squadra vanno e vengono, mossi dalle esigenze dell'organizzazione e dai loro obiettivi di carriera. E ogni volta che cambia un membro di una squadra, quest'ultima deve riunirsi e concentrarsi di nuovo sulle mete da raggiungere.

Esercizio 14: Qual è il team migliore che tu abbia mai sperimentato?

Ripensa per un momento alle squadre nelle quali hai lavorato, che hai diretto oppure osservato. Quali, secondo te, eccellevano e perché? Che cosa le differenziava? Che cosa hai appreso dalle loro strategie, convinzioni, valori, comportamenti e così via? Elenca qui di seguito gli attributi. Prendi nota delle sovrapposizioni con i punti elencati in precedenza. Potresti anche scoprire nuove distinzioni.

Costruire la forza del team

Lo sviluppo di una squadra efficiente è come la costruzione della forza muscolare: se sai cosa fare e pratichi regolarmente, otterrai risultati sicuri. Ti aiuterò a costruire la forza del tuo team fino al punto in cui potrai utilizzare automaticamente le tecniche che seguono, non solo per te, ma anche per i tuoi collaboratori. Ora esplorerai il potenziale dei metaprogrammi e dei metavalori, argomenti che tradizionalmente fanno parte del corso di Master di PNL, per costruire una squadra di massima efficienza e soddisfare gli attributi descritti all'inizio di questo capitolo.

Partiamo dai metaprogrammi. Che ne pensi di poter prevedere come si comporterà un membro del tuo team in una certa situazione sulla semplice base di ciò che è stato detto, oppure di poter migliorare la comprensione tra te e un membro della squadra, o tra l'uno e l'altro di essi? E soprattutto, che ne pensi di poter influenzare il comportamento di un'altra persona per mezzo della tua risposta?

Uno dei modi in cui è possibile influenzare il comportamento degli individui è quello di formulare le nostre comunicazioni in modo che corrispondano al loro stile di pensiero cognitivo. In base al capitolo 3 risulta chiaro che, per dare un senso al mondo, noi cancelliamo, deformiamo e generalizziamo gran parte delle informazioni che ci arrivano attraverso i sensi, perché non possiamo tenere insieme molte idee in una volta sola. Ciò che cancelliamo e ciò a cui prestiamo attenzione può essere collocato al più alto livello del nostro modo di assorbire le informazioni. Vi sono schemi cognitivi che si sviluppano a ogni età, attraverso l'influsso dei genitori, degli insegnanti e delle nostre diverse esperienze. Dal momento che essi si radicano nel pensiero, raramente li notiamo in noi stessi o in altri che condividono i nostri stessi schemi. Tuttavia, spesso consideriamo ostinate o difficili da capire le persone con schemi cognitivi diversi dai nostri.

I metaprogrammi sono programmi o schemi mentali profondamente radicati che automaticamente filtrano la nostra esperienza e guidano e dirigono i nostri schemi cognitivi, producendo differenze significative del comportamento da persona a persona. Essi definiscono gli schemi tipici nelle strategie o negli stili di pensiero di un individuo, un gruppo, un'azienda o una cultura.

Leslie Cameron-Bandler (ex moglie di Richard Bandler) ipotizzava che ciascuno di noi compie un tipo specifico di cancellazioni, deformazioni e generalizzazioni, che si evidenziano nel comportamento. Ella individuò approssimativamente 60 schemi che definì "metaprogrammi". Nel suo libro *Le parole della mente*, Shelle Rose Carvet descrive così i metaprogrammi:

> "...come una porta attraverso la quale interagiamo con il mondo. Questa porta ha una forma particolare, e detiene il potere di lasciar entrare soltanto certe cose. Potrebbe sembrare parte della nostra natura individuale, quindi permanente; in realtà, quella porta può modificarsi in risposta ai cambiamenti che si producono in noi stessi e nell'ambiente circostante".

Ella prosegue affermando che i metaprogrammi descrivono la forma della nostra porta, ciò che specificamente lasciamo entrare o escludiamo in una particolare situazione. Roger Bailey, un allievo di Leslie, ridusse il numero degli schemi da 60 a 14, tutti documentati nel libro di Shelle. Nella Terapia della Linea del Tempo, Tad James e Wyatt Woodsmall distillano i 60 programmi originari in quattro metaprogrammi di base e ventuno metaprogrammi complessi. Tra l'una e l'altra serie di versioni sintetiche esistono molte similitudini.

Ci sono alcune cose da tenere a mente a proposito dei metaprogrammi:

- Mentre leggi le descrizioni dei metaprogrammi, se trovi difficile credere che un individuo possa vivere in questo modo o non tolleri che qualcuno lo faccia, con ogni probabilità ti collochi all'estremità opposta dello spettro rispetto a questa persona.
- Trovarsi a un'estremità o al centro dello spettro non è una collocazione migliore rispetto ad altre. Ciascuna presenta aspetti positivi e negativi.
- I tuoi metaprogrammi possono cambiare nel corso del tempo, quando apprendi nuove informazioni o sperimenti eventi significativi.

- Puoi individuare i metaprogrammi di una persona dal linguaggio che usa e/o dal suo comportamento.

Le organizzazioni tendono ad assumere persone che giudicano adatte ai loro scopi, cioè che hanno metaprogrammi simili, e a formare team di persone "affini". Tuttavia, in questi ambiti spesso i singoli operano con maggiore efficacia all'interno di unità operative diversificate, che fondono tra loro punti di vista, motivazioni e capacità differenti.

Ho scelto e adattato cinque dei metaprogrammi della Terapia della Linea del Tempo e della Base della Personalità, che risultano particolarmente pertinenti al mondo del business. Hanno a che fare con la motivazione, il processo decisionale, la percezione dei rapporti, la quantità di informazioni elaborate dal pensiero e la reazione alle influenze esterne. Per ciascun metaprogramma vi sono due principali stili di comportamento. Ti mostrerò come formulare le tue comunicazioni con le persone che vuoi influenzare secondo i loro programmi, cosa che ti assicurerà un vantaggio in più.

È giunto il momento di scoprire i tuoi personali metaprogrammi. Ho elaborato un questionario che non solo ti aiuterà a scoprire il tuo stile, ma sarà anche un prezioso strumento da utilizzare con la tua squadra.

Esercizio 15: Qual è il tuo stile?

Elabora le domande che seguono. Ecco cosa devi fare: per ciascun metaprogramma ci sono cinque domande, ciascuna delle quali prevede la scelta tra due affermazioni. Per ciascuna domanda, spunta (a) o (b) nella griglia delle risposte, a seconda di quale affermazione ritieni più consona a te. Registra poi il numero di (a) e (b) che hai totalizzato e sottrai il punteggio più basso dal più alto.

Otterrai così il tuo totale per quella categoria. L'esempio seguente mostra 4 (a) per Globale e 1 (b) per Specifico nell'ambito del Filtro della quantità di informazioni, quindi il punteggio totale per quella categoria sarebbe 3 Globale (4-1).

Per ciascun metaprogramma otterrai un punteggio di 1, 3 o 5. Più alto è il tuo punteggio, maggiori sono le probabilità che tu mostri caratteristiche di quello stile. Al contrario, un punteggio basso indica che puoi evidenziare caratteristiche minori di quello stesso stile.

Ecco una tabella riassuntiva per registrare i tuoi punteggi, con una serie di esempi di punteggi per aiutarti.

Metaprogramma		**Punteggio**		**Punteggio**	**Punteggio finale**
Esempi di punteggi					
Filtro della quantità di informazioni	Globale	4	Specifico	1	3 Globale
Filtro della risposta adattiva	Necessità	4	Possibilità	1	3 Necessità
Filtro del quadro di riferimento	Referenza interna	0	Referenza esterna	5	5 Referenza esterna
Filtro relazionale	Adeguante	5	Disadeguante	0	5 Adeguante
Filtro della direzione	Avvicinamento	1	Allontanamento	4	3 Allontanamento

Metaprogramma		Punteggio		Punteggio	Punteggio finale
I tuoi punteggi					
Filtro della quantità di informazioni	Globale		Specifico		
Filtro della risposta adattiva	Necessità		Possibilità		
Filtro del quadro di riferimento	Referenza interna		Referenza esterna		
Filtro relazionale	Adeguante		Disadeguante		
Filtro della direzione	Avvicinamento		Allontanamento		

Dopo ogni questionario troverai una descrizione di ciascun programma, oltre a una selezione di parole chiave alle quali ci si aspetta che ogni stile risponda adeguatamente. Puoi utilizzare queste descrizioni non solo per saperne di più sul tuo stile, ma anche per condividere informazioni tra i membri del tuo team. Non curarti troppo dei titoli dei programmi: li ho elaborati soltanto a scopo di riferimento e nel caso tu voglia approfondire la ricerca.

Metaprogramma: Filtro della quantità di informazioni

1a. Se qualcuno mi chiede di fare qualcosa, ho bisogno di pochissime istruzioni.
1b. Prima di fare qualcosa, devo avere il maggiore numero possibile di dettagli.
2a. Preferisco vedere il quadro completo.

2b. Preferisco entrare nel dettaglio.
3a. Tendo ad ascoltare gli altri senza commenti.
3b. Tendo a correggere gli altri o a porre domande su punti specifici.
4a. Quando devo affrontare una sfida, sono aperto a tutte le possibilità.
4b. Quando devo affrontare una sfida, vaglio le possibilità con spirito pratico.
5a. Quando ho un compito da assolvere, parto dall'idea generale di ciò che va fatto.
5b. Quando ho un compito da assolvere, compilo un elenco dettagliato delle cose in agenda.

Griglia delle risposte relative al filtro della quantità di informazioni	**a**	**b**
1		
2		
3		
4		
5		
Totale →	(Globale)	(Specifico)
Punteggio più alto – punteggio più basso =		

Globale

Le persone che usano uno stile "globale" ti forniscono il quadro completo senza dettagli. Descrivono una situazione in ordine casuale, senza usare nomi propri o altri modificatori. Si trovano a loro agio con informazioni di carattere generale. Per loro il mondo ha senso in termini di cornice complessiva di una situazione, e in genere vedono il progetto intero. Possono concepire ed elaborare, se necessario, le singole parti, ma in genere le considerano come frammenti casuali di un quadro più ampio. Tendono a parlare usando frasi semplici con pochi sintagmi preposizionali. Se presenti loro troppi dettagli, te ne chiederanno il significato oppure ti inviteranno a procedere oltre. Devi comunque aspettarti che inseriscano i dettagli in un modo diverso dal tuo.

Con questo stile la cosa migliore è presentare il quadro generale evitando i minuti dettagli. Evita le frasi collegate e utilizza concetti generici.

Le parole e le espressioni chiave in grado di influenzare comprendono: generalmente, panoramica, quadro generale, contesto.

Specifico

Le persone che utilizzano questo metaprogramma ti forniscono tutti i più piccoli dettagli e suddividono in vari livelli le loro spiegazioni. Sono in grado di comprendere singoli dati e si sentono a loro agio con questo metodo. Parlano per frasi collegate, e preferiscono che le cose siano organizzate in sequenza. Quando descrivono qualcosa, illustrano le varie fasi. Se vengono interrotte, spesso tornano all'inizio. Non sono in grado di dare un senso al quadro completo e spesso trovano arduo assegnare delle priorità.

Con questo stile è meglio scomporre le cose in punti specifici e sottolineare i dettagli. Utilizza molti modificatori e nomi propri. Presenta i concetti in sequenza. Evita i concetti vaghi e generici. Non aspettarti che l'interlocutore veda il quadro più ampio.

Le parole e le espressioni chiave in grado di influenzare comprendono: esattamente, specificamente, precisamente, in primo luogo, in secondo luogo, quindi, poi.

Metaprogramma: Filtro della risposta adattiva

1a. Preferisco un approccio al lavoro pianificato per gradi.
1b. Preferisco mantenere opzioni aperte più a lungo possibile.
2a. Quando prenoto una vacanza, pianifico ogni dettaglio.
2b. Quando prenoto una vacanza, prendo ogni giorno come viene.
3a. So sempre che c'è un modo giusto e uno sbagliato per fare tutto.
3b. Credo che in ogni cosa ci sia sempre qualche zona "grigia".
4a. Preferisco procedure dettagliate.
4b. Preferisco un approccio flessibile.
5a. In genere arrivo in anticipo agli appuntamenti.
5b. Mi sforzo di arrivare in tempo agli appuntamenti e ho sempre una scusa pronta.

Griglia delle risposte relative al filtro della risposta adattiva	**a**	**b**
1		
2		
3		
4		
5		
Totale →	(Necessità)	(Possibilità)
Punteggio più alto – punteggio più basso =		

Necessità

Le persone con questo stile preferiscono vivere in modo disciplinato, pianificato, e vogliono una vita regolata e ordinata. Prendono facilmente le decisioni, le attuano e vanno avanti. Il loro stile di vita è strutturato, organizzato e metodico; amano avere ogni cosa al suo posto. L'adesione a un progetto o a un programma è molto importante per questi individui, onde evitare lo stress dell'ultimo minuto. Arrivano sempre in tempo alle riunioni e agli appuntamenti.

Per costoro è preferibile avere istruzioni e linee guida chiare, preferibilmente organizzate in un piano metodico. Vogliono sapere in anticipo cosa aspettarsi, e non amano le sorprese.

Parole ed espressioni chiave in grado di influenzare: ordinato, decisione, fare adesso, pianificare in anticipo, comprendere ciò che accade, per essere chiari, certo, pietre miliari, compiti e attività, definito.

Possibilità

Coloro che seguono questo metaprogramma preferiscono vivere in modo flessibile e spontaneo, cercando di sperimentare e comprendere la vita. Rendono di più quando possono mantenersi adattabili e svincolati. Considerano limitanti piani e decisioni; preferiscono "mantenere tutte le opzioni" fino all'ultimo minuto. Si affidano volentieri alla loro capacità di adattarsi a qualsiasi situazione e si sentono energizzati dalla pressione dell'ultimo minuto. Finché non sussiste la minaccia di una scadenza, è difficile mantenerli vincolati. Anche in questo caso, un individuo con un punteggio pari a 5 controllerà che si tratti di una "vera" scadenza! Spesso arrivano tardi a riunioni e appuntamenti.

Con questi soggetti è preferibile mantenere fluide le cose. Possono rispondere al momento e non vengono disturbate dall'ambiguità allo stesso modo di chi segue lo stile della Necessità.

Parole ed espressioni chiave in grado di influenzare: possibilità, cambiamento, diverso, tutto procede, sii aperto, segui il flusso, forse.

Quando è necessario prendere una decisione: urgente, fissa una scadenza.

Metaprogramma: Filtro del quadro di riferimento

1a. Sono più a mio agio quando lavoro da solo.
1b. Sono più a mio agio quando lavoro con altre persone.
2a. Quando si tratta di prendere decisioni, stabilisco da solo cosa è necessario fare.
2b. Quando si tratta di prendere decisioni, mi affido all'opinione e all'aiuto di altri.
3a. Al lavoro mi occupo personalmente delle varie cose.
3b. Lavoro servendomi di altri per produrre risultati.
4a. Quando penso al lavoro, credo di averlo svolto a modo mio.
4b. Quando penso al lavoro, penso di aver fatto del mio meglio per tutte le persone interessate.
5a. Nelle attività di gruppo faccio in modo di ottenere ciò che voglio.
5b. Nelle attività di gruppo procedo insieme agli altri.

Griglia delle risposte relative al filtro del quadro di riferimento	a	b
1		
2		
3		
4		
5		
Totale →	(Referenza interna)	(Referenza esterna)
Punteggio più alto – punteggio più basso =		

Referenza interna

I referenziali interni valutano le cose sulla base di ciò che ritengono appropriato. Forniscono le loro motivazioni e prendono autonomamente le decisioni. Decidono ciò che vogliono fare e come procedere. Acquistano un capo di vestiario perché sono convinti che stia loro bene, non perché consigliato dalle riviste di moda. Hanno difficoltà ad accettare direttive e feedback di altri. Possono chiedere informazioni, ma poi decidono cosa farne. È utile mettere in risalto come i tuoi obiettivi siano allineati con i loro.

È bene sottolineare che questi individui "sapranno interiormente" che cosa è meglio. Insisti sul fatto che devono essere loro a decidere. Evita di suggerire ciò che pensano altre persone; preferisci parlare di ciò che pensano loro, aiutandoli a chiarirsi le idee. Chiedi come puoi assisterli nelle loro decisioni.

Le parole e le espressioni chiave in grado di influenzare comprendono: solo tu puoi decidere, decidi tu, sta a te.

Referenza esterna

I referenziali esterni ti diranno di sapere qualcosa perché altri o fonti esterne lo hanno comunicato loro. Altre fonti forniscono le informazioni che queste persone poi accettano. Possono descrivere quell'informazione recepita come se fosse già una decisione presa. Hanno bisogno di feedback e standard esterni a loro.

Queste persone devono essere gestite. Hanno bisogno di sapere cosa fare e come farlo. Richiedono feedback e approvazione per il loro sviluppo. Coloro che riportano punteggi estremi (vale a dire 5) tendono a essere stressati se non ottengono quel feedback.

Con questi individui è estremamente utile sottolineare ciò che pensano gli altri. Fornisci loro statistiche e dati. Comunica loro ciò che pensate tu e altre persone importanti, oltre a quello devono decidere e quando. Offri loro feedback e dati continui. Rassicurali sul fatto che stanno facendo la cosa giusta. Sottolinea ciò che altri pensano dei progetti e delle soluzioni.

Le parole e le espressioni chiave in grado di influenzare comprendono: altre persone pensano, i fatti dimostrano, è così che, ecco alcuni feedback, ti farò sapere.

Metaprogramma: Filtro relazionale

1a. Preferirei che mi fossero assegnati compiti ripetitivi.
1b. Preferirei che mi fossero assegnati compiti nuovi e stimolanti.
2a. Quando mangio nei ristoranti, tendo a frequentare gli stessi posti e a chiedere gli stessi piatti.
2b. Quando mangio nei ristoranti, cerco posti nuovi e provo diversi tipi di cucina.
3a. Se posso scegliere, faccio le cose nel modo che ritengo più sicuro.
3b. Se posso scegliere, creo un nuovo approccio.
4a. Per le mie vacanze scelgo ogni anno lo stesso posto.
4b. Per le mie vacanze scelgo luoghi sempre nuovi e diversi.
5a. Nelle riunioni ragiono con argomentazioni prevedibili.
5b. Nelle riunioni sostengo idee diverse.

Griglia delle risposte relative al filtro relazionale	**a**	**b**
1		
2		
3		
4		
5		
Totale →	(Adeguante)	(Disadeguante)
Punteggio più alto – punteggio più basso =		

Adeguante

Le persone che usano questo metaprogramma noteranno innanzitutto le similitudini, poi le differenze. Possono far rilevare come le cose siano gradualmente cambiate nel corso del tempo, e vorrebbero che rimanessero relativamente identiche. Il cambiamento non le mette a loro agio, a meno che non si verifichi lentamente e per gradi. Parlano della somiglianza tra le situazioni. Discutono di cose o caratteristiche comuni o identiche che non hanno subito cambiamenti. Tendono a usare comparativi come "più", "meno" e "meglio".

Con questi individui è bene enfatizzare la continuità, i miglioramenti graduali. Rispondono meglio quando sottolinei i punti di mutuo consenso e le similitudini tra la situazione attuale e quelle precedenti. Concentrati sui punti comuni. Inquadra tutte le differenze come miglioramenti graduali o evolutivi, evitando di sottolinearne la diversità. Risponderanno meglio a cose che siano "migliorate, migliori o leggermente più avanzate", ma resisteranno a qualsiasi novità.

Le parole e le espressioni chiave in grado di influenzare comprendono: stesso, lo stesso di, in comune, mantieni lo stesso, mantieni, meglio, lo stesso tranne che per, evoluto, graduale, evolutivo.

Disadeguante

Coloro che utilizzano questo stile notano le cose diverse o sfasate rispetto a ciò che avevano visto in precedenza. Amano il cambiamento e la varietà. Non gradiscono situazioni statiche o stabili. Il cambiamento non dev'essere rivoluzionario, ma deve avvenire comunque. Spesso sono in continua riorganizzazione. Quasi tutti noteranno prima le differenze, poi le similitudini.

Nella conversazione, parleranno delle differenze tra le cose o le situazioni. Spesso usano parole come "nuovo, cambiato, diverso, rivoluzionario".

È utilissimo sottolineare i miglioramenti e solo in seguito menzionare punti di continuità. Aspettati che richiedano qualche modifica. Minimizza le similitudini. Tendono a reagire meglio quando inizi sottolineando le differenze, lasciando per ultime le somiglianze. Concentrati su soluzioni nuove e creative. Enfatizza tutto ciò che è cambiato.

Le parole e le espressioni chiave in grado di influenzare comprendono: nuovo, diverso, cambiato, insolito.

Metaprogramma: Filtro della direzione

1a. Preferisco assumermi dei rischi allo scopo di vincere.
1b. Preferisco evitare di rischiare di perdere.
2a. Quando devo fare qualcosa di sgradevole, mi affretto a farlo per lasciare spazio ad altre cose.
2b. Quando devo fare qualcosa di sgradevole, rimando fino all'ultimo minuto.
3a. Per quanto riguarda le attività, mi lascio coinvolgere e mi diverto.
3b. Per quanto riguarda le attività, evito di partecipare temendo le possibili conseguenze.
4a. Nelle situazioni sociali mi piace incontrare nuove persone.
4b. Nelle situazioni sociali evito di incontrare nuove persone, a meno che non si avvicinino per prime.
5a. Le persone mi ritengono possibilista.
5b. Le persone mi considerano avverso al rischio.

Griglia delle risposte relative al filtro della direzione	**a**	**b**
1		
2		
3		
4		
5		
Totale →	(Avvicinamento)	(Allontanamento)
Punteggio più alto – punteggio più basso =		

Avvicinamento

Ci sono due ragioni fondamentali per cui qualcuno fa qualcosa: avvicinarsi a essa (sia che si tratti di risultati o di obiettivi, o di ottenere certe cose), o allontanarsene (disagio, dolore, pericolo, insicurezza). Le persone che tendono ad avvicinarsi sono motivate ad avere, raggiungere, ottenere o conseguire. Parlano di ciò che vogliono, di cose, persone e situazioni a cui vogliono arrivare. Tendono a stabilire delle priorità e riescono a mantenerle. A volte hanno difficoltà nel riconoscere cosa va evitato e spesso sono ignare di ciò che non funziona o che va male. Rispondono meglio a offerte allettanti e incentivi.

Con questi individui è meglio sottolineare gli obiettivi e ciò che possono ottenere o raggiungere. Tuttavia, è importante essere consapevoli del fatto che possono non vedere o trascurare potenziali problemi. La cosa migliore è presentare progetti e soluzioni in un modo che evidenzi come possono aiutarli a ottenere ciò che vogliono. Queste persone vogliono sapere cosa quel particolare progetto farà per loro. Rispondono meglio quando tu sottolinei ciò che puoi fare per aiutarle a raggiungere i loro risultati, soprattutto se affermi che è interesse di entrambe le parti cercare di ottenere le stesse cose.

Le parole e le espressioni chiave in grado di influenzare comprendono: ottenere, conseguire, avere, raggiungere, attrarre, comprendere.

Allontanamento

Le persone che usano questo metaprogramma sono motivate dall'idea di allontanarsi, tenersi alla larga o sbarazzarsi di qualcosa. Parlano di ciò che non vogliono o che vogliono evitare o tenere a distanza. Spesso hanno difficoltà nel mantenere la concentrazione e gestire le priorità. Si lasciano distrarre facilmente da situazioni negative. Rispondono meglio a minacce e critiche.

Con questi individui la cosa migliore è enfatizzare le minacce e i problemi, che devono comunque essere reali e credibili. Questo è il loro territorio, quindi sono abbastanza esperti nel valutare la serietà di una minaccia.

Rispondono meglio quando spieghi loro come puoi aiutarli a evitare ciò che non vogliono, presentando progetti e soluzioni in un modo che sottolinei quanto li aiuteranno a evitare seccature. Anticipa i potenziali problemi e rassicurali che saranno minimizzati o evitati. Assicurati di avere molte risposte pronte a domande su ciò che può andare storto. Nelle discussioni, è spesso necessario controllarli tenendo sempre presenti i loro problemi.

Le parole e le espressioni chiave in grado di influenzare comprendono: evitare, respinto da, tenerci alla larga, stare lontani da, escludere, sbarazzarsi di, non avere.

Che cosa hai imparato?

Hai avuto sorprese con i tuoi punteggi, leggendo le descrizioni? Qual è stato per te l'insegnamento più importante? Forse avrai sperimentato alcuni momenti illuminanti, quando i punteggi ti hanno consentito di capire perché alcuni dei tuoi rapporti al lavoro risultano più facili con le persone simili a te e più ardui con quelle molto diverse da te. Le parole e le espressioni chiave in grado di influenzare sono preziose per cominciare a elaborare consapevolmente cosa dire a qualcuno della tua squadra oppure al capo! Per esempio, cosa faresti se scoprissi di avere un alto punteggio nell'ambito della Necessità mentre devi gestire un possibilista assoluto? Potresti iniziare evidenziando tutti i vantaggi di un nuovo progetto, per motivare un membro del tuo staff e indurlo a impegnarsi. Tuttavia, quando devi portare a termine un lavoro, dovrai dargli una scadenza vicina, perché questo è l'unico modo per fargli prendere una decisione e finalizzare le cose. Se sei un manager che rientra nella categoria della Necessità e non capisci cosa sta succedendo, questa potrebbe rivelarsi una situazione alquanto frustrante.

Nell'esempio fornito nella tabella dei punteggi alle pp. 119 e 120, come gestiresti un individuo simile per trarne il meglio? Il suo alto punteggio come persona che tende ad adeguarsi (5) e ad allontanarsi (3) indica la preferenza per un lavoro ripetitivo e a basso rischio. Qualunque improvviso cambiamento di routine comporterebbe serie difficoltà. Anche il punteggio relativo alla Necessità (3) evidenzia una spiccata inclinazione alla struttura e al processo. Sarebbe importante assegnargli un giusto ruolo che lo metta in condizione di sfruttare i suoi punti di forza, per esempio un incarico che abbia a che fare con l'aspetto economico o con il sistema informatico. Inoltre, il punteggio di Referenza esterna (5) ci dice che avrà bisogno di molti feedback da te come suo capo, per essere certo di percorrere la strada giusta. Questa persona dev'essere gestita con attenzione durante un periodo di cambiamento. Sarebbe importante concentrarsi su ciò che permane immutato, prima di far notare che qualcosa sta cambiando.

Puoi cominciare a vedere come i metaprogrammi ti offrano istruzioni non solo per mettere in evidenza i tuoi punti di forza, ma anche per trarre il meglio dai membri del tuo team e da altre importanti persone coinvolte.

Come utilizzare i metaprogrammi con le tue squadre

Utilizza il questionario con la tua squadra, in modo che ciascuno possa costruire la propria flessibilità nella comunicazione con i colleghi. Se ciò non è possibile, avrai comunque sufficienti informazioni sulla base delle descrizioni per elaborare la combinazione di programmi che ogni persona del tuo team segue. È probabile che gli individui dai quali trai il meglio siano quelli che hanno schemi simili ai tuoi, mentre quasi sicuramente avrai le maggiori difficoltà con chi ha uno stile radicalmente diverso dal tuo. Per esempio, se sei un leader che ama collaborare perché rientra nello schema della "Referenza esterna", potresti essere messo a dura prova da un membro della tua squadra estremamente "interno" che mira a difendere strenuamente le sue vedute e resiste alle tue idee. Oppure, se sei un capo "globale", potresti essere frustrato da un individuo "specifico" che vuole farti spiegare ogni cosa con minuziosi dettagli.

Per creare una squadra di grande efficienza, è essenziale che tutti i suoi componenti conoscano i reciproci profili e possano costruire la loro flessibilità nel rapportarsi a vicenda. Se riesci a influenzare un'altra persona parlando con il suo linguaggio, sarà molto probabile che ascolti le tue idee e suggerimenti, e che in ultima analisi realizzi il proprio potenziale. Molto tempo viene sprecato dai componenti di team che non si ascoltano a vicenda e non comprendono il background dell'altra persona. Negli esempi che precedono, immagina quanto sarebbe utile sapere esattamente come indurre il membro "interno" della squadra ad ascoltare e accettare idee o essere in grado di comunicare con lo "specifico" in un modo da ottenere da lui esattamente ciò che è necessario, invece di perdere tempo con molte inutili reiterazioni del processo.

Il grafico umano

Nella Change Corporation abbiamo utilizzato questo esercizio in molte situazioni diverse, dai programmi di sviluppo della leadership agli eventi di costruzione dei team. Funziona veramente bene con gruppi di 12 o più persone. Se hai un team più piccolo, tira direttamente le somme dai questionari completati. È stato più volte dimostrato che questo è un momento chiarificatore per lo staff, che all'improvviso capisce perché in precedenza non è stato possibile comunicare efficacemente tra i singoli membri, o addirittura con il capo. Per esempio, noi gestiamo un programma di "inizio supervisione" all'interno di un grande consiglio comunale. Si tratta di un programma di sviluppo per nuovi manager che dirigono per la prima volta uno staff. Abbiamo utilizzato questo esercizio con più di 300 dipendenti. È quello che ottiene il migliore feedback dell'intero evento, in quanto fornisce ai nuovi manager la "chiave" per scoprire i diversi schemi comportamentali all'interno del loro team.

Ci vuole un'ora per ultimare questo esercizio e tirare compiutamente le somme. Ciascun individuo riempie il questionario. Ci serviamo di una grande aula nella quale c'è spazio per collocarsi vicino alle pareti. Ai lati opposti dell'aula vengono appesi sei fogli, sui quali abbiamo scritto due 5, due 3 e due 1. Sono disposti in modo da essere chiaramente visibili in quest'ordine: "5, 3, 1, 1, 3, 5".

Quando il gruppo ha completato il questionario, scorro i loro punteggi, concentrandomi su un metaprogramma alla volta. Per esempio, con il Filtro della Quantità di Informazioni, che prevede le risposte globale/specifico, chiedo a tutti coloro che hanno un punteggio di globale 5/3/1 di collocarsi vicino al rispettivo numero su un lato della stanza, poi faccio sistemare sul lato opposto le persone con gli stessi punteggi di specifico.

Una volta posizionati tutti, procedo con le seguenti domande:

- Che cosa notate a proposito della distribuzione del gruppo? Per esempio, c'è un'alta percentuale di persone in una particolare categoria? Che cosa significa questo per il gruppo?
- Ci sono persone con il massimo dei punteggi, vale a dire 5? In che modo il loro comportamento si evidenzierà nella squadra?
- Quali altri problemi di comunicazione potrebbe trovarsi di fronte questo team?
- In che modo specificamente i "globali" possono lavorare più efficacemente insieme agli "specifici" e viceversa? (fai riferimento alle parole ed espressioni in grado di influenzare)
- Che cos'altro abbiamo di interessante?

Quindi tratto gli altri quattro programmi nell'identico modo. Inoltre, ciascun individuo pianifica le proprie azioni personali in base a ciò che ha appreso. Naturalmente, è importante che ognuno realizzi che non avrà sempre l'opportunità di far riempire un questionario a un'altra persona! Tutti imparano che, osservando comportamento e linguaggio, potranno ben presto diventare "esperti" nell'individuare i metaprogrammi di altri. Per esempio, se qualcuno appare ostinato, inflessibile, non amante dei feedback e non disposto ad accettare un punto di vista diverso dal suo, è probabile che stia seguendo un filtro di "Referenza interna".

Altre applicazioni dei metaprogrammi

- Impiego di individui ad alto rendimento

  Funziona su due livelli: comprensione del profilo di metaprogramma "ideale" per un ruolo vacante e nomina della persona che meglio si adatta a quel profilo (tenendo conto anche di altri requisiti essenziali); comprensione di un'eventuale lacuna nel profilo del team e impegno per colmare quel vuoto.

- Sviluppo della formazione dello staff

  Quando lavori individualmente con un membro della squadra, conoscere il suo profilo ti consentirà di aiutarlo a realizzare più rapidamente possibile il suo potenziale.

- Consulenza per la carriera

  Conoscere il profilo di qualcuno ti aiuterà a indirizzarlo verso la carriera più adatta, nell'ambito della quale possa rendere al meglio delle proprie possibilità.

- Diagnosi della cultura aziendale e gestione del cambiamento

  Dal momento che le persone tendono ad assumere individui

simili a loro, le organizzazioni tendono a evidenziare la prevalenza di un programma o dell'altro. Potrebbero dover modificare i propri schemi per operare con maggiore efficacia.

- Negoziati

  I metaprogrammi possono essere utilizzati per comprendere le esigenze e lo stile di comunicazione di tutte le parti. Inoltre, ti permettono di presentare le tue proposte in modo da aumentare la probabilità che i tuoi partner nel negoziato possano accettarle.

- Apprendimento e sviluppo

  Conoscere i metaprogrammi dei partecipanti ti permetterà anche in questo caso di presentare l'insegnamento nel modo che meglio possono comprendere e utilizzare.

- Vendite e marketing

  La valutazione dei metaprogrammi dei tuoi clienti ti consentirà di presentare i prodotti e le proposte in un modo che sarà valutato e apprezzato.

Usare i metaprogrammi per ottenere risultati migliori

Una multinazionale di dispositivi elettronici conduce da cinque anni il suo programma di sviluppo per aspiranti leader. Lo scopo del progetto è preparare i giovani manager al loro primo ruolo di leadership e trarre beneficio dalle opportunità offerte da una rete globale. La maggior parte dei partecipanti è inserita in ruoli altamente tecnici, e molti hanno un background ingegneristico o scientifico. Pur essendo molto intelligenti, quasi tutti hanno poca esperienza nell'affrontare i problemi quotidiani di un team molto impegnato. Ci è stato chiesto di stilare dei moduli sulle abilità di comunicazione e leadership, allo scopo di costruire la flessibilità dei partecipanti e la loro capacità di gestire lo staff. I moduli contengono un ampio segmento di PNL, che comprende i metaprogrammi.

Ecco alcuni esempi specifici nei quali lo staff ha utilizzato i metaprogrammi con le persone vicine, con risultati impressionanti.

- In Sudafrica, un manager ha spiegato come ha potuto utilizzare "Globale-Specifico" e "Adeguante-Disadeguante" nelle discussioni strategiche per facilitare il consenso e la comprensione degli argomenti sul tappeto.
- In Europa, un giovane manager ha scoperto che molti dei colleghi e dei membri del team erano estremamente "interni". Essendo un "esterno", questa scoperta lo ha aiutato a capire perché ha sempre trovato difficile far ascoltare le sue idee sul miglioramento della gestione dell'ufficio. Ha capito di poterli influenzare più facilmente per mezzo di colloqui individuali, soprattutto utilizzando espressioni come "soltanto tu puoi decidere se ha senso", "prova e fammi sapere" e "che cosa ne pensi?".
- In Asia, una donna manager ha sfruttato i metaprogrammi per influenzare più efficacemente il suo capo. Lei è molto specifica, lui molto globale. Prima si sentiva frustrata, perché preparava numerosi dettagli da esporgli, ma il capo mostrava scarsa considerazione per ciò che lei aveva fatto. Ora la donna predispone un quadro generale in cui riassume i punti chiave, e si è resa conto di ottenere sia la sua attenzione che il risultato auspicato.
- In Europa orientale, un leader tiene un modulo dei metaprogrammi per ciascuno dei membri del suo team. Quando scopre altre informazioni, le registra sul modulo. Ciò lo aiuta a comunicare molto più efficacemente ed empaticamente con ciascuno di loro, e ha scoperto che sono molto più motivati a

> gliorare i risultati dell'intera squadra. A quanto afferma, ciò gli ricorda che un dettaglio "ininfluente" per lui come manager "globale" può essere invece estremamente importante per un membro "specifico" del suo team. Utilizza inoltre questo strumento per comunicare alla squadra le sue preferenze, in modo che sappiano come lavorare con lui. Mi ha detto che la PNL ha enormemente aumentato la sua autoconsapevolezza.

Utilizzando i metaprogrammi, noterai come e quanto facciano la differenza per le persone con cui lavori (e anche per i tuoi familiari). Le possibilità di comunicare nel modo "giusto" sono virtualmente infinite. Puoi davvero incidere notevolmente sui risultati del tuo team, perché tutti saranno motivati a riuscire e più capaci di ottenere per la prima volta risultati migliori.

Passiamo ora all'esplorazione del modo di allineare i valori del tuo team e far aumentare vertiginosamente il suo rendimento.

Il potere dei valori della squadra

I nostri valori ci vengono instillati fin dalla più tenera infanzia, per lo più prima dei sette anni. A questa età ciò che ti circonda ti rimane impresso ed è ben poco filtrato. Per esempio, i tuoi valori saranno influenzati da quelli dei tuoi genitori, dei parenti stretti, dell'ambiente in cui vivi, della scuola, e di tutto ciò e chiunque venga a contatto con la tua vita. Se vuoi scoprire quali sono i tuoi valori, chiedi a te stesso che cosa era importante per le persone che ti circondavano mentre crescevi: è probabile che tu abbia adottato molti dei loro standard.

I valori sono importanti nel contesto di un team ad alto rendimento, perché determinano il motivo per cui fai ciò che fai. Essi condizionano il tuo modo di pensare e comportarti. Sono la ragione che ti spinge a operare in un certo modo. Ti motivano ad agire, sono i mezzi attraverso i quali valuti te stesso dopo l'evento, e decidono se hai fatto un buon lavoro o, in ogni caso, la cosa giusta. I tuoi valori ti danno anche un codice morale, quindi, se ti senti a disagio a proposito di qualcosa che hai fatto, probabilmente ciò è dovuto a un conflitto di valori.

In altre parole, i valori sono la tua cosa più importante, eppure in gran parte sono inconsci. Sai che esistono, però, perché ogni volta che cominci ad avvertire disagio a proposito di qualcosa, ciò è dovuto a un conflitto di valori dentro di te. Per esempio, se sei infelice al lavoro c'è una forte possibilità che tu stia sperimentando un conflitto di valori in qualche punto della tua attività. Il guaio è che, essendo in gran parte inconsci, tu non sai quali siano questi valori. Di conseguenza, è possibile che tu finisca per vagare tra carriere e team che non sono con essi allineati. Spesso lo scopri a posteriori, quando si verifica uno scontro tra quanto accade nella squadra intorno a te e come ti senti. Il disagio si manifesta nella forma di conflitto interiore che può renderti infelice o perfino farti ammalare, spesso senza che tu sappia il perché. Immagina semplicemente, allora, di poter decidere e allineare i valori della tua squadra. Avresti un team motivato e assolutamente concentrato nella medesima direzione. I membri sarebbero pronti a collaborare perché risulterebbe loro chiaro come ciò che fanno sia in linea con i valori della squadra. Si eviterebbero molte discussioni e conflitti, e ci sarebbe tutto lo spazio necessario per fare aumentare moltissimo il rendimento.

Scelta dei valori del team

Ti mostrerò ora come lavorare con i componenti del tuo team per decidere, condividere e allineare i loro valori e ottenere il massimo rendimento. Si tratta di un processo molto potente, sebbene lungo, e andrebbe completato in una sola volta. Necessita anche di un energico facilitatore, perché i valori sono un argomento emotivo. Non è insolito che i membri di un team si trovino in reciproco disaccordo durante la prima parte di questo processo.

È importante fissare chiaramente alcune regole di base. I principi o presupposizioni della PNL rappresentano un buon punto di partenza, in quanto riconoscono e rispettano differenti modelli del mondo. Tutti i membri della squadra devono impegnarsi in vista del risultato e assumersi la responsabilità di raggiungerlo.

Esercizio 16: Allineare i valori della squadra

Fase 1: Scelta individuale dei valori della squadra

Uno alla volta, i membri della squadra devono individualmente scegliere i valori del team. Ciò andrebbe fatto alla presenza dell'intera squadra, in modo che gli altri abbiano un'idea di ciò che motiva il singolo membro. È opportuno che tutti comprendano che all'interno del team sussistono molti diversi modelli del mondo. Può essere un momento molto illuminante, analogo all'individuazione dei metaprogrammi, quando le persone realizzano "Oh, ecco perché reagisci in quel modo...". Se hai un team molto numeroso, è preferibile preparare i valori individuali con i singoli, per poi raccoglierli insieme durante una riunione del gruppo.

Comincia chiedendo a ciascun membro della squadra: "Che cosa è importante per te del lavoro in questo gruppo?". Scrivi le parole pronunciate dalla persona e non suggerire risposte, perché queste ultime finirebbero per rispecchiare i tuoi valori. Nella PNL, le parole che vengono espresse si chiamano "nominalizzazioni". La nominalizzazione è un verbo (un termine che esprime un processo) che è stato trasformato in un sostantivo statico o astratto. Per esempio, comunicare è diventato comunicazione, rapportarsi è diventato relazione. Inoltre, fai attenzione a risposte come "lavorare con persone intelligenti". Questa non è una nominalizzazione. In questo caso il facilitatore dovrebbe chiedere: "A cosa ti serve lavorare con persone intelligenti?". La risposta potrebbe essere: "Mi ispira nel lavoro". Il valore è l'ispirazione.

Continua con il questionario, anche quando le risposte cominciano a esaurirsi. Ciò accade perché i valori consci vengono per primi, trovandosi a livello superficiale. I valori inconsci sono quelli di cui siamo meno consapevoli, ed è probabile che affiorino solo in seguito e dimostrino di essere i più importanti tra tutti quelli individuati.

Un esempio di elenco di valori di un membro della squadra potrebbe apparire così:

- ispirazione
- integrità
- riconoscimento
- successo
- creatività
- comunicazione
- sicurezza
- divertimento
- onestà
- ricompensa
- apprezzamento
- apprendimento

Fase 2: Gerarchia dei valori

Chiedi al membro della squadra di scegliere gli otto valori più importanti, elencandoli in ordine di priorità. Quindi riscrivi l'elenco su una lavagna a fogli mobili.

Fase 3: Scopri il significato dei valori

Ora, esplora che cosa significa ciascun valore per quell'individuo. Ben presto sarà chiaro che lo stesso valore riveste significati differenti da persona a persona. Anche questo è molto illuminante. Per esempio, per un individuo l'ispirazione che riceve dalla squadra lo spinge a creare nuovi modi di lavorare, mentre per un altro vuol dire avere a disposizione tutta la tecnologia più recente per operare all'interno del team. Anche la discussione sui vari significati può diventare una parte molto vivace dell'esercizio. In definitiva, tutte le risposte sono giuste. Tuttavia, il consenso sui significati dev'essere raggiunto nella fase 5. È altresì importante stabilire i criteri di riferimento per sapere se il valore è stato rispettato. Per esempio, puoi chiedere: "Che cosa deve accadere per ispirarti?".

Fase 4: Passare ai valori del team

Quando tutti hanno espresso i loro valori individuali, è il momento di passare ai valori della squadra. È fondamentale che all'inizio ognuno abbia accettato di concordare tali valori attraverso un processo democratico. A questo punto dovresti avere tutto intorno alla stanza le lavagne di tutti. Cancella i valori duplicati, in modo che compaiano una volta sola. Assegna a ogni membro della squadra 8 voti, e poi ciascuno segnerà i propri valori più importanti con un punto. Ciò ti faciliterà il conteggio dei punti assegnati a ciascun valore. Gli 8 valori vengono poi scritti su una nuova lavagna, in ordine dal più al meno votato. Se ci sono due valori con lo stesso punteggio sarà il team a scegliere l'ordine.

Fase 5: Concordare significati e criteri di riferimento

Riesamina poi ciascun valore e sollecita un accordo su ciò che significa per la squadra e su come sapranno di averlo. A questo punto la squadra sta iniziando ad autoregolamentarsi, dal momento che riconosce valori comuni che sono presenti nelle discussioni.

Fase finale: Assegnare un punteggio al rendimento attuale

Quindi, il team assegna un punteggio a ciascuno degli 8 valori in rapporto al rendimento attuale, in questo modo: ogni persona vota da 1 a 10 ciascun valore. Per esempio, se la squadra ha sull'elenco l'apertura, e tu credi che al momento i suoi non siano aperti, darai un punteggio basso, diciamo 4. Poi si calcola la media per ogni valore.

0-4	zona di alto rischio per il team
5-7	zona di medio rischio per il team
8-10	zona di basso rischio per il team

Si concorda quindi un piano d'azione per raggiungere un punteggio di 10 per ogni valore.

Una grande organizzazione internazionale di servizi in appalto che opera nel settore della sanità

Questa compagnia ha 710 impiegati e opera nel settore della sanità. Nel 2009, alla Change Corporation era stato chiesto di condurre un corso per Praticanti di PNL nel Business per il loro team di leader delle risorse umane, composto da otto persone. Elaborammo un seminario di 4 giorni che comprendeva la scelta dei valori per la squadra. Quest'ultima venne effettuata secondo le regole dell'esercizio che precede, e contribuì ad aprire gli occhi ai membri della squadra stessa. Innanzitutto, ciascuno di loro presentò il proprio elenco di valori. Per fortuna, c'erano molte sovrapposizioni tra i valori individuali, e quindi il compito di elaborare quelli della squadra fu relativamente semplice e rapido. La lista finale di valori e dei significati concordati fu la seguente:

- OPPORTUNITÀ: di crescita professionale, nonché sfida intellettuale per i singoli e il team
- COMUNICAZIONE: aperta, trasparente, tempestiva, chiara, sincera, usando una modalità efficace con forti capacità interpersonali
- COLLABORAZIONE: lavorare insieme sostenendosi a vicenda in vista del fine comune
- SUPPORTO: accettazione delle differenze e assistenza reciproca
- FIDUCIA: credere negli altri
- SUCCESSO: un lavoro ben fatto e ben riuscito
- RICONOSCIMENTO: essere apprezzati
- RISPETTO: reciproco apprezzamento delle capacità e dei valori che gli insegnamenti apportano alla squadra

Ecco cosa disse uno dei componenti della squadra valutando l'impatto di questo esercizio:

> "L'impatto di questo esercizio ha elevato la consapevolezza e la considerazione delle nostre differenze e somiglianze. Inoltre, il processo di negoziazione per arrivare a valori condivisi ha creato un senso condiviso di spirito di squadra e una visione uniforme del modo in cui il team voleva interagire ed essere percepito all'interno dell'organizzazione più ampia. Collegato a obiettivi strategici e individuali, l'esercizio ha fatto moltissimo per migliorare il nostro modo di lavorare in squadra. Ciò è stato dimostrato da un approccio più collaborativo e da rapporti migliori".
>
> Karen, Manager delle Risorse Umane

In sintesi

Qual è la differenza tra un team ad alto rendimento e uno medio? Spesso i componenti di entrambi possiedono le capacità tecniche per svolgere il loro lavoro. È relativamente facile insegnare le conoscenze e le abilità richieste per adempiere a un ruolo. Tutto ciò presuppone che sia qualcos'altro a fare la differenza: a questo livello, ciò è dato dal comportamento e dalle capacità interpersonali dei singoli membri. Secondo Marshall Goldsmith, questi sono i cambiamenti più significativi che puoi fare come leader. I capi esperti sono molto attenti nell'aiutare i componenti del loro team ad acquisire la consapevolezza delle differenze e delle similitudini all'interno del team, in modo che quest'ultimo possa sfruttare i suoi punti di forza. Inoltre, contribuiscono a costruire consapevolezza e flessibilità di comportamento, e allineamento di obiettivi e impegni. Metaprogrammi e allineamento di valori rappresentano gli strumenti chiave a disposizione del leader di un team per realizzare gli obiettivi. Ricordiamo gli attributi di una squadra ad alto rendimento che abbiamo trattato all'inizio di questo capitolo:

- visione condivisa
- impegno
- fiducia
- comunicazione
- coinvolgimento
- strutture di sviluppo
- continuo miglioramento

Certamente, l'allineamento dei valori offrirà un importante contributo a una visione condivisa, perché il team si accorda su ciò che è più importante per ottenere risultati. Il lavoro con i valori fa moltissimo anche per costruire impegno e fiducia all'interno della squadra. La fiducia, in particolare, è una qualità elusiva da creare. Tu, come leader, non puoi costringere la squadra a essere collaborativa e fiduciosa: questo è un risultato naturale della condivisione di idee e del consenso su ciò che più conta per il team.

Una migliore comunicazione si sviluppa attraverso la flessibilità e una più intensa consapevolezza degli altri. Essa deriva dalla comprensione dei motivi per cui le persone hanno diversi modelli del mondo e per cui fanno ciò che fanno. I comunicatori flessibili possono ottenere il meglio da tutti coloro che hanno intorno. I buoni comunicatori riusciranno a coinvolgere al massimo gli altri, perché sanno come sfruttare i punti di forza del team. Entrambi questi attributi si sviluppano attraverso la consapevolezza e l'utilizzo dei metaprogrammi.

Le strutture di sviluppo sopravvivranno e prospereranno nel lungo termine, se sono considerate importanti per la squadra e questa è disposta a impegnarsi nel merito. Non funzioneranno, invece, se i singoli membri del team le trovano utili, ma il loro leader è troppo occupato per dedicare a esse il tempo necessario. Ciò deve rientrare nei valori definiti all'inizio dalla squadra. In questo modo, se alcuni componenti non rispettano il loro impegno, saranno richiamati all'ordine dagli altri. Una squadra motivata è anche quella in cui l'apprendimento e il miglioramento sono assicurati, poiché ogni membro è fiero degli ottimi risultati e desidera mantenere tale stato di cose. Anche in questo caso sono importanti feedback aperti e onesti, un argomento che affronteremo nel prossimo capitolo.

Costruire una squadra efficiente non è un compito facile. Tuttavia, se sei un leader disposto ad accettare la sfida, devi concentrarti consciamente sullo sviluppo di questi attributi attraverso la comprensione dei metaprogrammi nell'ambito del team e l'allineamento dei valori. Rivedi regolarmente questi impegni per verificare gli esiti. Ti garantisco miglioramenti costanti.

Prendi una persona del tuo team alla volta e concentrati sul riconoscimento dei suoi metaprogrammi. Ti assicuro che ben presto lo farai automaticamente.

Capitolo 5

Incoraggiare la creatività nel tuo team

Perché la creatività è importante nei team efficienti?

"Non c'è nulla di più potente di una nuova idea. Un'idea può essere creata unicamente da una mente ispirata. Un'idea non pesa nulla, ma può essere trasferita a miliardi di persone in tutto il mondo alla velocità della luce, senza alcun costo virtuale. E un'idea, quando viene ricevuta da una mente preparata, può esercitare un impatto straordinario. Può rimodellare la visione del mondo di quella mente. Può modificare enormemente il comportamento di chi la riceve. Può far sì che la mente passi da quell'idea ad altre. In realtà, l'unico modo in cui l'umanità si sia mai sviluppata è stato attraverso la comunicazione e l'adozione di un'idea migliore".
(www.ted.com)

La creatività è la linfa vitale di un team efficiente, perché consente a quel team di differenziarsi dagli altri e costruisce una cultura di continuo miglioramento. Un team che non crea alla fine diventerà un dinosauro e scomparirà. Creatività non significa necessariamente enormi cambiamenti; in alcune squadre potrebbe essere una semplice efficienza di elaborazione che fa la differenza sia per lo staff che per i clienti. La questione importante è sviluppare un ambiente all'interno della squadra in cui possa germogliare la creatività, qualunque sia la scala e la finalità del progetto. Il presente capitolo ti mostrerà come sviluppare questo ambiente per mezzo della PNL. Esploreremo anche due famosi progetti di modellamento con Walt Disney e con i Metallica, così potrai imparare a sfruttare i loro segreti nella tua squadra.

La creatività sta diventando sempre più importante, dal momento che le aziende di tutto il mondo si sforzano di rispondere ai cambiamenti dell'industria e alle nuove sfide competitive. Ed è sempre più importante nei governi, che subiscono alte pressioni per produrre risparmi efficienti. Soprattutto, la creatività contribuisce alla capacità di un'azienda di raggiungere i suoi obiettivi. Essa implica l'introduzione deliberata di nuovi metodi, strutture, processi o prodotti per migliorare la capacità di condurre il business. Ciò significa produrre miglioramenti creativi e quindi introdurli nell'azienda per assicurarne l'attuazione.

Imparare ad attingere alla nostra creatività

Molte persone trovano difficile entrare in uno stato di creatività, inteso come lo stato mentale che ti consente di essere libero di innovare. Forse è così anche per te. Tuttavia, nonostante la creatività possa apparire magica, puoi imparare a migliorarla. Ovviamente, alcuni hanno una maggiore predisposizione e abilità, ma essa non è data altro che dal tempo che si impiega a sviluppare questa abilità. Hai imparato dalla PNL che i risultati derivano dallo stato, quindi per realizzare questa finalità devi essere nello stato creativo "giusto". L'esercizio che segue ti mostrerà come. Puoi utilizzarlo da solo o insieme alla tua squadra ogni volta che hai un problema da risolvere.

Esercizio 17: Accedere agli stati creativi

Fase 1: Imparare a entrare in un completo stato di rilassamento

Il rilassamento ti aiuta a entrare nello stato "alfa", nel quale predominano le onde cerebrali di questo tipo, che ti permettono di accedere a un'intera gamma di diverse capacità, creatività compresa. Imparando a rilassarti, apprenderai a esprimere il meglio di te stesso.

Fase 2: Ancoraggio

Ci sono persone che normalmente non si considerano creative, pur potendo ricordare un periodo nel passato in cui lo erano. Nella PNL si ritiene che sia possibile accedere a potenti stati positivi del passato, come la creatività, e utilizzarli nel presente. Questa procedura viene definita ancoraggio. È possibile risalire a un momento del passato in cui eri creativo e riaccedervi ora. Ricollegandoti a quella remota esperienza, invii letteralmente il tuo sistema nervoso alla ricerca di quel percorso, riattivandolo e generando un più alto livello di familiarità con esso. È come allenare un muscolo: più lo utilizzi, più si sviluppa! A tal fine è importante ricordare un periodo specifico in cui eri creativo. Se fai l'esercizio insieme alla tua squadra, ciascun componente dovrebbe pensare a un ricordo specifico. Immagina di rivivere quel periodo, di vedere ciò che vedevi, di udire ciò che udivi e di sentire ciò che sentivi. È assolutamente fondamentale intensificare le sensazioni associate con quell'esperienza. Mentre lo fai, noterai che ti associ di nuovo pienamente a quello stato di creatività. Quando sarai riuscito ad accedervi di nuovo, potrai utilizzare questo stato per qualsiasi scopo tu debba raggiungere. Puoi farlo sia individualmente che con tutto il tuo team all'inizio di una seduta, quando ti serve che tutti siano il più possibile creativi!

Alla fine di questo esercizio troverai una traccia per un esercizio di rilassamento creativo che prevede l'ancoraggio a un precedente stato di creatività. Puoi scaricare la versione audio in mp3 dal mio sito www.thechangecorporation.com.

Fase 3: Creare un atteggiamento mentale di "polarizzazione"

Pensare in modo polarizzato ti consente di allontanarti dalle risposte standard che le persone danno ai problemi, e ti aiuta ad accedere ad approcci innovativi e unici. Ecco un paio di tecniche per accedere alla polarizzazione. Non derivano direttamente dalla PNL, ma le ho ampiamente utilizzate in passato con i miei gruppi, ottenendo risultati straordinari.

- **Il modo sbagliato.** Invece di generare buone idee, il gruppo cerca deliberatamente di produrne di cattive, oppure di discutere modi per peggiorare il problema. Per esempio, se stai cercando di risolvere la questione delle ricorrenti lamentele dei clienti sul servizio, chiedi: "Come potremmo fare infuriare ogni cliente che ci contatta? Cosa potremmo fare per assicurarci che nessun nuovo cliente torni da noi una seconda volta?". Concentrandoti su un servizio di assistenza carente, il focus saranno i problemi del servizio che più interessano i clienti, e questi a loro volta genereranno idee più equilibrate per risolvere il problema.
- **Opzioni rischiose.** I componenti del gruppo potrebbero esitare nel suggerire soluzioni ai problemi insolite o potenzialmente "rischiose". Per infondere una certa leggerezza al processo, offri un premio al membro del team che propone l'opzione più rischiosa in assoluto. Dopo un breve momento di silenzio e qualche mormorio, potrebbero emergere idee sorprendenti!
- **La sfida.** Qui il problema viene deliberatamente aggravato rispetto a come è realmente, il che costringe a considerarlo secondo una prospettiva diversa. Per esempio, stai cercando di ridurre il tempo di elaborazione degli ordini da sei a tre giorni lavorativi. Per affrontare in modo più aggressivo la questione, chiedi al gruppo di considerare cosa accadrebbe se il volume degli ordini aumentasse del 1000 per cento. Quali nuovi sistemi dovrebbero essere approntati per risolvere il problema? Esagerare costringe il gruppo a concepire soluzioni creative.

Traccia per un esercizio di rilassamento creativo

"Siediti comodo in poltrona. Bene. Riesci a sentire il peso dei tuoi piedi sul pavimento? Puoi sentire il suono della mia voce? Vai avanti ora, e chiudi gli occhi. Sii consapevole del peso delle palpebre. Lascia che le palpebre si rilassino a un punto tale che potresti sorprenderti scoprendo di non riuscire a sollevarle nonostante tutti i tuoi tentativi. Ancora, sii consapevole del peso dei tuoi piedi sul pavimento. E mentre ascolti la mia voce, voglio che tu noti che ogni volta che faccio una pausa tu hai l'opportunità di rilassarti ancora di più. Voglio che ti lasci andare fino alla profondità di rilassamento che è giusta per te. Non troppo profonda, non troppo leggera, ma profonda abbastanza da garantirti i risultati migliori.

Mentre siedi nella tua poltrona, voglio che ricordi un tempo in cui eri davvero creativo, un tempo preciso. Immagina di tornare a essere come eri allora, guardando attraverso i tuoi occhi. Osserva ciò che vedevi, ascolta ciò che sentivi e riprendi saldamente il contatto con le sensazioni che ti dava il fatto di essere creativo. Intensifica la luminosità, i suoni e specialmente le sensazioni di quell'intera esperienza. Voglio che tu sappia che la tua creatività è qui per essere usata ogni volta che ti occorre. Puoi facilmente ricollegarti alle capacità che possiedi semplicemente risalendo a un momento del passato in cui eri creativo.

E poi, voglio che tu sappia che ora puoi utilizzare questa creatività per raggiungere nuove vette, vincere nuove sfide e ottenere nuovi risultati che si concretizzeranno con assoluta facilità. E quando sarai pronto, torna nella stanza e apri gli occhi. Bentornato!".

Imparare dai creatori di livello eccezionale

Nel capitolo 3 hai imparato a modellare. Ora voglio esplorare i risultati di due famosi studi per il modellamento di Walt Disney e dei Metallica per scoprire cos'altro c'è da imparare da due fonti creative molto diverse tra loro.

Walt Disney

Robert Dilts, che collabora nell'ambito della PNL, ha scritto del suo progetto di modellamento di Disney nel primo volume del libro *Strategie del Genio*. Egli ritiene che la capacità di Walt Disney di collegare un'innovativa creatività con una strategia di business ben indovinata e un'assoluta popolarità ne abbiano fatto un autentico genio nel campo dell'intrattenimento.

Dilts ha scoperto che uno degli elementi principali dello straordinario genio di Disney era la sua capacità di esplorare qualcosa partendo da un certo numero di ruoli diversi, che operavano in reciproco coordinamento. Egli individuò tre ruoli che divennero noti con i nomi di Sognatore, Realista e Critico. Ciascun ruolo implicava un diverso stile di pensiero e di comportamento. Dilts scrive:

> "La creatività come processo totale implica la coordinazione di questi tre sotto-processi: sognatore, realista e critico. Il sognatore senza il realista non può trasformare le idee in espressioni tangibili. Il critico e il sognatore senza un realista rimarrebbero prigionieri di un perpetuo conflitto. Il sognatore e il realista possono creare delle cose, ma senza un critico potrebbero non raggiungere un alto livello qualitativo. Il critico aiuta a valutare e raffinare i prodotti della creatività".

Il Sognatore

Disney il Sognatore poteva visualizzare scenari incredibili, per nuovi progetti di business quanto per i suoi film di animazione. Nella modalità Sognatore, Disney aveva la capacità di immergersi nella propria immaginazione, lasciando fuori chiunque altro. Quando Walt era profondamente immerso nei suoi pensieri, guardava fissamente un punto dello spazio per lunghi periodi di tempo. Chiunque conosca l'ipnotismo avrebbe riconosciuto in lui diversi indicatori classici dello stato di trance. È qualcosa di simile al processo che hai sperimentato nell'esercizio 17.

Domande da porre al tuo Sognatore:

- Che cosa vuoi modificare?
- Che cosa vuoi ottenere?
- Che cosa nella tua idea ti stimola e ti ispira?
- Se potessi fare ciò che vuoi, che cosa creeresti? Che aspetto/suono/sensazione produrrebbe? Che cosa significherebbe per te, il tuo team e i tuoi clienti?

Il Realista

Disney non era soltanto un pensatore creativo. Impegnandosi come Realista, faceva vivere le cose. Possedeva la straordinaria abilità di motivare e coordinare squadre di lavoratori diversi per realizzare i suoi sogni. Senza il pensiero pratico e l'energica attività del Realista, i grandi successi di Disney non sarebbero stati altro che un battito di ciglia dell'occhio del Sognatore.

Domande da porre al tuo Realista:

- Di quali risorse – persone, denaro, materiali e tecnologie – hai bisogno per realizzare tutto questo?
- Qual è l'esito auspicato?
- Qual è il tuo progetto?
- Quali ostacoli affronterai?
- Come li supererai?

Il Critico

Disney il Critico sottoponeva ogni lavoro a un esame rigoroso. Per esempio, ogni spezzone di film animato veniva proiettato sullo schermo e analizzato, e poi scritto e riscritto ancora fino a diventare il migliore possibile. Nel processo creativo il Critico offriva un feedback continuo e prezioso.

Domande da porre al tuo Critico:

- Cos'ha di diverso questa idea?
- È efficace in termini di costi?
- Chi sono i nostri concorrenti?
- Come reagiranno i nostri clienti?
- È il meglio che possiamo fare?
- Che cosa potrebbe migliorarlo?

Come utilizzare la strategia di creatività di Disney

L'approccio di Disney alla creatività non è limitato ai film di animazione: è una strategia che consente di avere successo in ogni impresa creativa. Ogni progetto creativo deve incorporare i tre aspetti dell'immaginazione creativa, dell'azione pratica e del perfezionamento critico. Come individuo, hai sicuramente qualche capacità in tutti e tre i ruoli, oppure hai intorno a te persone che possono rivestire i ruoli che meno ti si addicono. La maggior parte di noi è naturalmente abile in uno o due ruoli, e decisamente debole in un terzo. Il primo passo consiste nel riconoscimento di questo fatto, mentre il successivo significa impegnarsi a sviluppare le capacità necessarie per quel ruolo oppure chiedere aiuto ad altri che possono assumerlo.

Per esempio, per natura io mi trovo molto a mio agio nelle vesti di Sognatrice e Realista. Sono una scrittrice, una pensatrice creativa e una pianificatrice. Non sono così brava, però, nel gestire i rischi correlati ai miei progetti. Mi lascio trasportare e ho bisogno di un Critico che mi rimetta sulla strada giusta. Per ciascun progetto al quale lavori, fai in modo di avere qualcuno a disposizione per coprire tutti e tre i ruoli. Anche il tempo è importante. Permetti al Sognatore di ultimare il primo abbozzo o prototipo prima di introdurre il Critico, altrimenti quest'ultimo farà a pezzi il lavoro ancor prima che sia assemblato! Un altro problema classico è quello del Sognatore che può vantare un pensiero creativo straordinario, ma manca della necessaria concentrazione sulle azioni da compiere, propria del Realista. E così via. La chiave è raggiungere un equilibrio dinamico tra i differenti ruoli. Cercando di impersonarli tutti, puoi arrivare solo fino a un certo punto, ma puoi ottenere molto di più associandoti con persone i cui naturali punti di forza siano complementari ai tuoi. Se sei un Realista testardo, fai squadra con Sognatori e Critici.

Esercizio 18: Quale ruolo hai?

Riconosci in te stesso il Sognatore, il Realista o il Critico? Poni a te stesso le domande che seguono.

In quale ruolo ti senti più a tuo agio?

Quale ruolo trovi più impegnativo?

Come sono rappresentati questi tre ruoli nella tua attuale squadra?

Quali ruoli potrebbero essere sviluppati all'interno della squadra?

(adattato da *The Secret of Walt Disney's Creativity* di Mark McGuinness, poeta, coach creativo e cofondatore di lateralaction.com)

La creatività dei Metallica

Nel 2006, Sylvia Hartmann modellò il gruppo rock dei Metallica, che ha venduto più di 100 milioni di album.

Questo è, in sostanza, ciò che facevano. Si riunivano e improvvisavano insieme musica e parole, e registravano tutto, al fine di scegliere i pezzi che per loro avevano una qualità "straordinaria", anche se si trattava soltanto di qualcosa preso a casaccio dalla jam session. Sylvia descrive questi eventi come "un rock che spunta fuori da un fluido flusso di nulla… un momento POW! ZAP! WOW!". Sono questi eventi che creano la reazione fisiologica nel corpo e si collegano alle nostre emozioni.

Poi il gruppo riesaminava tutto ciò che era accaduto, cercando gli eventi straordinari che ritenevano migliori, che avevano avuto un impatto reale sui componenti della band. Isolavano quegli eventi e li praticavano ripetutamente. La fase finale consisteva nel legarli insieme in un unico pezzo. Una volta isolato un numero sufficiente di eventi eccezionali, il resto era relativamente semplice.

La Hartmann afferma:

> "È come mettere insieme un numero sufficiente di tessere di un puzzle che sai raffigurare un volto; puoi riconoscerlo anche se manca ancora più della metà delle tessere. Sai anche quali sono quelle mancanti, e quindi è facile trovarle e aggiungerle alle altre".

In sostanza, questo è il processo utilizzato dai Metallica:

- generare la maggior quantità possibile di materiale
- riesaminare il materiale e individuare gli eventi eccezionali
- isolare e fissare tali eventi
- utilizzare gli eventi trovati come un nuovo trampolino di secondo livello per generare altro materiale
- riesaminare, individuare, isolare e fissare altri eventi eccezionali
- raggruppare gli eventi secondo il tipo energetico e i rapporti di corrispondenza
- utilizzare il gruppo di eventi per comprendere il prodotto finito, e di conseguenza riempire i vuoti

La scoperta interessante fatta dalla Hartmann fu che, nonostante l'esistenza di metodi più semplici per essere creativi, l'unico vero talento richiesto era la capacità di individuare gli eventi eccezionali, avere un dispositivo di feedback ed essere sufficientemente consapevoli da sapere che era avvenuto qualcosa di notevole. È un'osservazione straordinaria: in effetti, perfino queste abilità fondamentali sono piuttosto rare nel grande pubblico, o forse la maggior parte di noi semplicemente non apprezza il potere delle risposte che provengono dalla nostra energia emotiva, ovvero dall'istinto, al di fuori degli eventi che ci guidano nella giusta direzione.

Come puoi utilizzare la strategia dei Metallica

Mentre leggevo, lo studio sui Metallica mi ha ricordato le tecniche di brainstorming. Ciò che conta è che il team si trovi in uno stato creativo e libero di procedere in modo casuale su tutto ciò che viene in mente a chiunque. Gran parte del "prodotto" sarà da gettare via, eppure ci saranno quei momenti strani in cui qualcuno del gruppo avrà un momento di "flusso" che il resto della squadra può elaborare. Ciò che conta è il focus sulla creatività e sulla generazione di idee, e un'atmosfera acritica. Ecco qualche tecnica di brainstorming, alcune tradizionali e altre meno.

- **Brainstorming classico.** Utilizzando il brainstorming classico, il gruppo concentra tutta l'attenzione su un problema per un periodo limitato di tempo, di solito fra i 30 e i 90 minuti. L'idea è quella di generare più soluzioni possibile al problema, mentre qualcuno si occupa di scriverle tutte. Ciò che conta è la quantità, non la qualità, delle idee, e la critica non è permessa in questa fase. Successivamente, le idee di "flusso" potranno essere individuate e sviluppate.
- **E se...?** Utilizzando questa tecnica, a ciascun membro del gruppo viene chiesto di porre almeno tre domande che inizino con "e se...?" sull'argomento in esame. Supponiamo che l'obiettivo sia ridurre gli avvicendamenti del personale. "E se a ogni impiegato venisse accordata una gratifica una volta raggiunti i tre anni?" oppure "E se fosse istituito l'orario flessibile?", o ancora "E se facessimo un sondaggio tra gli impiegati per scoprire cosa va o non va nel loro lavoro?". La tecnica "e se...?" consente di considerare prospettive ipotetiche che non fanno parte del pensiero attuale. Anche in questo caso, vengono elaborate le idee migliori.
- **Metafore.** La metafora è una parola o un'espressione che simboleggia qualcosa di diverso dal suo significato letterale. Per esempio, se stai cercando modi per energizzare il reparto vendite, visualizzalo come una squadra di football: come miglioreresti la sua performance? Applicando le metafore ai processi attuali, sarà possibile avere una visione nuova dei problemi.

- **Associazioni di parole.** Invece di tentare di generare soluzioni concrete o idee, qui il gruppo genera semplicemente parole o espressioni che vengono in mente di fronte a un problema. Se si stanno discutendo modi per migliorare il servizio assistenza alla clientela, il gruppo potrebbe generare espressioni come "sorrisi", "premi", "colorato", "orari di apertura", "centralino" e così via. In seguito, queste espressioni chiave potranno essere usate per sviluppare nuove idee e strategie.
- **Il cacciatore.** Con questa tecnica, i membri del gruppo studiano le pagine di giornali, riviste, discorsi, saggi e prodotti alla ricerca di idee casuali che potrebbero avere rilevanza per il problema in esame. Questa tecnica può essere usata egualmente bene con individui e piccoli gruppi.

Il flusso aziendale

Come consulente del cambiamento, avevo tra i miei clienti una grande azienda internazionale produttrice di dispositivi elettronici, alle prese con molte difficoltà dovute al clima economico. Avevano bisogno di concludere rapidamente nuovi contratti e di aumentare l'efficienza complessiva dell'azienda. Io gestii il progetto di un team che avrebbe a sua volta addestrato in 10 settimane un esercito di 1000 responsabili di progetto, onde aiutarli ad attuare una vasta gamma di interventi per aumentare l'efficienza. Progettammo e facilitammo alcuni "Laboratori di Generazione di Idee" ai quali tutta l'azienda fu chiamata a partecipare per elaborare idee sull'efficienza. Lo scopo dei laboratori era far sì che il personale di contatto escogitasse idee per ridurre i costi. Le sedute erano rapide, della durata di sole due ore. La partecipazione era volontaria, il che ci assicurava rappresentanti motivati. Non c'era alcun limite alle idee che potevano generare: l'unico principio era che ogni idea doveva portare a un risparmio di denaro. Durante le sedute utilizzammo una varietà di tecniche di brainstorming. Una volta terminato, le idee venivano vagliate per individuare i possibili "momenti di flusso" che offrivano il potenziale maggiore. Poi tutto passava ai responsabili di progetto per essere sviluppato in un esauriente studio di sostenibilità, e infine si concordavano le più opportune aree di investimento.

Strategie PNL per il pensiero laterale

Nel contesto della creatività si parla spesso di "pensiero laterale". Edward de Bono ha scritto vari libri sull'argomento, e da molti viene considerato una vera autorità nel campo del pensiero creativo, dell'innovazione e dell'insegnamento diretto del pensiero come abilità. Il pensiero laterale si usa quando vuoi procedere da un'idea nota alla creazione di idee nuove. Si tratta di pensare fuori dagli schemi e di escogitare idee peculiari.

Nella PNL, la "Gerarchia delle Idee" è uno strumento linguistico che permette all'utilizzatore di muoversi attraverso diversi livelli di astrazione (e tra l'uno e l'altro di essi), dal vago e ambiguo fino al concreto e specifico. Albert Einstein dichiarava: "I problemi non possono essere risolti allo stesso livello di consapevolezza che li ha creati".

La "Gerarchia delle Idee" ti aiuta a muoverti all'interno di diversi livelli di consapevolezza allo scopo di risolvere i problemi. Il principio di base è che, rendendo sempre più astratto il linguaggio e i concetti, hai a che fare con frammenti di dati (chunk) sempre più grandi. Quando invece entri nel concreto, hai a che fare con frammenti di dati sempre più piccoli. Immagina una gerarchia di idee o concetti in cui i più astratti e onnicomprensivi siano al vertice, e i più concreti alla base. Il processo di passaggio dal concreto all'astratto nella gerarchia delle idee si chiama "chunk-up", il contrario "chunk-down".

La "Gerarchia delle Idee"

Prendiamo l'esempio dell'automobile. La parola "automobile" è a un particolare livello di astrazione. Se vuoi maggiori informazioni sul tipo di auto, sul prezzo, sull'affidabilità eccetera, devi cominciare a concretizzare ("chunk down") la parola "automobile", scendendo a un livello di astrazione inferiore, quindi a qualcosa di più definito e specifico. Puoi farlo ponendo domande come:

- Quali esempi abbiamo di questo?
- Quale specificamente?

Quindi, se l'argomento della comunicazione era "automobile" potresti chiedere "Quale tipo di auto, specificamente?". E concretizzi fino alla Ford. Se ti servono ulteriori dettagli, puoi concretizzare a un altro livello chiedendo qualcosa come "Quale specifico modello di Ford?", e potresti avere la risposta "Capri" nell'esempio alla pagina seguente (che purtroppo rivela la mia età!).

In questo particolare esempio noi concretizziamo la classe o categoria del soggetto in questione. Un'alternativa disponibile consiste nel concretizzarne le singole parti, vale a dire invece di passare da "automobile" a "produttore" e a "modello", puoi anche passare da "automobile" a "motore" e quindi a "candela d'accensione". Aumentando il livello di specificità scendi attraverso la gerarchia delle idee, allontanandoti dai livelli di astrazione. Dettagli e specificità risultano utili in certe circostanze e per alcune applicazioni.

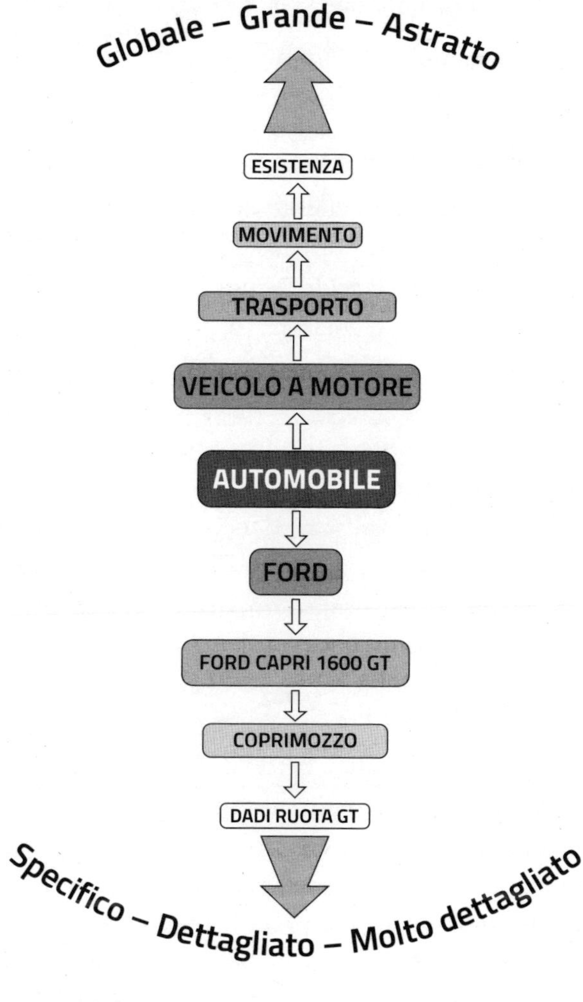

GERARCHIA DELLE IDEE

All'altra estremità dello spettro vi sono circostanze e applicazioni che si prestano meglio all'adozione di una visione di insieme, ovvero di un "quadro generale". Quando sei "immerso nei dettagli" e vuoi osservare il "quadro generale" o, se preferisci, rivolgere alle cose uno sguardo "a volo d'uccello", devi astrarre ("chunk up").

Le domande da porre per agevolare l'astrazione comprendono:

- Di che cosa può essere un esempio?
- A quale scopo?
- Qual è il tuo obiettivo?

Tornando all'esempio precedente dell'"automobile" e ponendo la domanda "Di che cosa può essere un esempio?", puoi astrarre di un livello fino a "veicolo a motore". Salendo di un altro livello con una nuova domanda, si arriva a "veicolo". Astrai di nuovo e arriverai a "trasporto" e alla fine a "movimento" o perfino a "esistenza". Ogni volta che sali di un livello aumenta l'astrazione, e certamente "esistenza" è un concetto molto più astratto di "automobile".

Potresti chiederti: e allora? Bene, il chunking è un buon concetto da comprendere per un leader, perché molte difficoltà nella comunicazione implicano chunk di dimensioni male abbinate tra loro. Come leader, probabilmente devi elaborare chunk più grandi rispetto ai tuoi impiegati, e più piccoli rispetto al tuo manager. Idealmente, i tuoi impiegati dovrebbero sapere che non vuoi ascoltare tutti i dettagli del loro lavoro, e tu imparerai la stessa cosa rispetto al tuo capo.

È particolarmente utile riuscire ad astrarre e concretizzare quando devi migliorare la comunicazione. Quando parli con qualcuno che usa chunk più grandi, puoi chiedere "Che cosa, specificamente?" per ottenere maggiori dettagli. A chi invece utilizza chunk più piccoli, puoi chiedere "Qual è lo scopo di questo?" oppure "Di che cosa può essere un esempio?" per incoraggiare chunk più grandi. Se ci pensi, i manager di alto livello hanno quei ruoli grazie alla loro abilità di operare a tutti i livelli della gerarchia. Quindi, più flessibile diventerai, più aumenterà il tuo potenziale rendimento.

Puoi utilizzare questa tecnica anche per vincere la noia. Perché le persone si annoiano? Spesso perché ciò che stanno facendo non le stimola. Sono impantanate nei dettagli. Se hai un risultato che non ti emoziona, chiedi a te stesso "Che scopo aveva questo risultato?", vale a dire devi astrarre per avere una più ampia prospettiva o il quadro generale. Ottenere dei risultati e non conoscere lo scopo più ampio può demotivare.

Questo processo può essere utilizzato anche per affrontare particolari difficoltà. Ciò può accadere se la dimensione dei chunk è troppo grande. Qui è necessario concretizzare ed essere più specifici, concentrarsi di più sui dettagli oppure essere più realistici. Dopotutto, come mangeresti un elefante? Un pezzetto per volta!

Se ti senti sopraffatto o non sai da dove cominciare quando pensi al tuo rendimento, concretizza per essere più specifico e individuare compiti gestibili.

Il pensiero laterale usando la Gerarchia delle Idee

Torniamo al pensiero laterale o fuori dagli schemi. Spesso veniamo incoraggiati a pensare in questo modo. Non sempre ciò è facile da attuare, ma lo diventa se usiamo il chunking. Per pensare lateralmente, innanzitutto devi astrarre, formulare alcune idee diverse e poi concretizzare soltanto quando avrai una potenziale nuova soluzione. Ciò è esattamente quel che intendeva Einstein dicendo che i problemi non possono essere risolti sullo stesso livello al quale sono stati creati. Per esempio, immagina di vivere in una comunità rurale. Il traffico sta diventando un vero problema per il tuo villaggio, e il consiglio comunale vuole trovare alcune idee uniche per risolverlo. È improbabile che tu possa risolverlo al livello delle "auto", perché in questo contesto tutte le auto sono un problema. Se però astrai a "trasporto", puoi porre la domanda "Quali sono i diversi esempi di trasporto che potrebbero aiutarci?". Un esempio potrebbe essere "parcheggio e spostamenti in bicicletta". Se questo è fattibile, puoi allora concretizzare per fissare i dettagli.

Esercizio 19: La sfida del chunking

Fase 1: Pensa a un problema che al momento ostacola il tuo team (per esempio, lo staff vorrebbe l'orario flessibile, ma non è possibile).

Fase 2: Usa le domande del "chunking up" per salire al successivo livello di astrazione.

- Di che cosa può essere un esempio?
- A quale scopo?
- Qual è il tuo obiettivo?

(Per esempio, di che cosa è un esempio l'orario flessibile? È un esempio di ricompensa)

Fase 3: Chiedi a te stesso come questo livello possa darti alcune nuove idee. Se necessario, sali a un altro livello (per esempio, quali ricompense alternative potrebbero essere più accettabili?)

Fase 4: Comincia a concretizzare soltanto quando hai una potenziale soluzione da esplorare ulteriormente.

In sintesi

Probabilmente leggendo questo capitolo ti sei sentito come in trance. Questo perché ho utilizzato una tecnica creativa chiamata insegnamento "induttivo" per presentarti i concetti. Questo approccio è noto anche come "apprendimento-scoperta", perché aiuta l'allievo a utilizzare di più la sua capacità cognitiva per formulare collegamenti tra una serie di idee e un'altra. L'insegnamento induttivo funziona efficacemente con gli allievi creativi estremamente motivati a "lanciarsi". La maggior parte delle nozioni "tradizionali" viene insegnata in modo deduttivo, cioè ti viene dato un argomento e tu ne concretizzi i dettagli. In questo capitolo ti ho deliberatamente presentato un certo numero di tecniche alternative da considerare senza giungere a conclusioni o confronti decisivi. Il vantaggio dell'approccio induttivo è nel fatto che l'apprendimento continua anche oltre i limiti della parola scritta.

Quindi, sperimenta con le diverse tecniche e stili, e trova ciò che funziona per te e il tuo team. Quel che è certo è che il team con la più grande abilità di creare e differenziarsi otterrà i risultati migliori. Buona fortuna!

> **Il processo creativo riguarda la resa, non il controllo.**
> Julia Cameron, scrittrice

Capitolo 6

Avere conversazioni coraggiose

> "Le valutazioni e gli incontri personali nella mia azienda sono considerati un'incombenza e un'assoluta perdita di tempo. La semplice menzione genera infiniti brontolii tra il personale e anche tra i manager. Si trascorrono ore inutili nella spunta di caselle e in conversazioni amichevoli e vaghe con lo staff. Vorrei trovare un modo per far sì che diventino un valore aggiunto per il mio team e che il personale li accolga come un'opportunità".
>
> — Manager regionale di un noto ente di beneficenza

In quanti di noi le parole "feedback", "a quattr'occhi", "supervisione" e "valutazione" provocano un senso di vuoto alla bocca dello stomaco? Ho lavorato con molte aziende nella mia carriera, e sembra che questa costituisca un problema chiave per quasi tutte, perché le persone non vogliono né avere né tanto meno dare feedback negativi. È facile comprenderne il motivo: non suscitano buone sensazioni, perché normalmente sono legati alla critica e a qualcosa che è andato storto. Il valore di un alto potenziale e l'efficienza nell'azienda vengono messi da parte, mentre lo staff cospira a tutti i livelli intorno alla questione dello scarso rendimento. In alternativa, una "conversazione coraggiosa" aiuterebbe te e il tuo staff a salire rapidamente al livello successivo, perché farebbe in modo che tutti voi adattiate le vostre azioni in tempo reale, piuttosto che a qualche arbitrario punto di "valutazione".

Questo capitolo ti mostrerà in che modo il feedback ottenuto attraverso "conversazioni coraggiose" costituisca l'anello mancante nella catena degli individui e dei team con alto rendimento. Ovviamente, il feedback è qualcosa di più di una semplice conversazione coraggiosa o "CC": ha a che fare con una valutazione olistica e non solo con ciò che dev'essere migliorato, ma anche con ciò che di positivo c'era nella prestazione. In questo capitolo ti concentrerai in particolare sui feedback evolutivi dati sotto forma di "CC" perché, come leader, costituiscono la migliore leva per il cambiamento.

Perché abbiamo paura di essere onesti?

Nella nostra cultura, il timore di essere onesti conduce spesso all'effetto "aureola", cioè a giocare sul "sicuro" a vicenda. Il risultato è che viene dato un feedback eccessivamente positivo perché non vogliamo urtare i sentimenti del ricevente, oppure non vogliamo agitare le acque. Io lo definisco spesso feedback "fasullo"! Spesso intere aziende condividono questo sistema perché consente di procedere senza scosse, anche se non necessariamente nel modo migliore.

Ero curiosa di scoprire perché ci comportiamo in questo modo. Ho trovato un articolo dal titolo "Il paradosso di Abilene" di Jerry B. Harvey, che sembrava spiegarlo esaurientemente secondo una prospettiva di conformità sociale. Esso implica un comune degrado della comunicazione di gruppo, in cui ciascun membro crede erroneamente che le proprie preferenze vadano contro quelle del gruppo, e quindi non solleva obiezioni. Harvey sostiene che non diciamo nulla o evitiamo di dare feedback negativi per le seguenti cause:

- Ansia di agire. Dare un feedback onesto crea un'intensa ansia nell'autore, se pensa di agire in accordo con ciò che sa essere giusto. Di conseguenza, agisce in modo incoerente rispetto alle proprie convinzioni.
- Fantasie negative. Chi fornisce il feedback sviluppa gradualmente le conseguenze negative del fatto di dire la verità, fino a essere completamente paralizzato dal pensiero.
- Paura della separazione. Probabilmente la ragione più frequente del feedback "fasullo", perché chi lo rilascia teme la separazione dalla norma o dal gruppo, se si assume il rischio di parlare. Temiamo di perdere un'amicizia alla quale teniamo o il rispetto del nostro capo.

E questa è una prima spiegazione del motivo per cui la mancanza di un feedback autentico è attualmente tanto diffusa nelle aziende.

Club o azienda?

Mi venne chiesto di rivedere i sistemi di gestione del rendimento per un cliente del settore pubblico. Il mio riesame consisteva in una verifica delle forme di valutazione dall'ultimo giro di revisioni e successivi colloqui. Ben presto divenne evidente l'estrema collusione tra i singoli membri dello staff. Le scarse prestazioni non erano giudicate onestamente e il personale veniva fin troppo facilmente tirato fuori dai guai dai rispettivi capi. Le ragioni chiave di questo comportamento erano due:

1. I dirigenti diretti pensavano che il sistema con cui le risorse umane affrontavano il problema dello scarso rendimento

fosse di gran lunga troppo complicato, e che favorisse la persona che riceveva il feedback. Inoltre, essi denunciavano una mancanza di sostegno a livello dirigenziale per "arrivare al licenziamento senza riserve". Utilizzavano tutto ciò come scusa per non "tentare" nemmeno di migliorare i livelli di rendimento del personale.

2. Inoltre, erano preoccupati per l'impatto sui loro rapporti con l'individuo, temendo che potessero deteriorarsi al punto da rendere ancor più difficile pretendere che il personale si comportasse in maniera adeguata (riferimento al paradosso di Abilene).

Inoltre, quasi tutti i colloqui individuali tenuti nel corso dell'anno erano informali e reattivi, e la qualità delle conversazioni e il grado di difficoltà erano discutibili.

Che cosa significa "conversazione coraggiosa"?

Si definiscono coraggiose quelle difficili conversazioni che ogni manager deve avere con il suo staff quando nota che il rendimento non è a livelli accettabili. Sistemi di gestione del rendimento molto sviluppati e costosi possono essere utili, ma senza conversazioni coraggiose manca l'elemento chiave per ottenere dai tuoi dipendenti ottime prestazioni. Tuttavia, l'ampia maggioranza dei manager non è in grado o non è disposto a tenere tali conversazioni. Ciò non influisce soltanto sul dirigente e sul singolo dipendente, ma comporta un effetto domino, diffondendo il malcontento tra tutti gli altri, in particolare i giovani capaci e ambiziosi che vedono passare inosservato un rendimento carente. Il risultato può essere soltanto un morale più basso e un maggiore avvicendamento del personale.

Una CC può assumere diverse forme, quali:

- conversazione quotidiana, informale, "sul momento". Questo è di gran lunga il modo migliore per una CC, in quanto ha luogo subito dopo l'episodio. Per esempio, hai appena sentito un membro del tuo team lamentarsi con un collega a proposito di un altro componente della squadra. Questo non è in linea con i comportamenti accettati dal team. Vai direttamente da lui e denunci il comportamento scorretto che hai notato, sottolineando come vuoi che sia modificato in futuro;
- colloquio individuale. Qui puoi utilizzare una CC per sottolineare uno schema di comportamento scorretto o un problema di rendimento, e anche in questo caso devi essere molto specifico su ciò che di diverso pretendi in futuro da quella persona;
- incontri annuali di valutazione. Anche se una CC può aver luogo in una riunione finalizzata alle valutazioni, questo è l'approccio meno valido, perché un qualsiasi feedback evolutivo dev'essere dato nel momento del verificarsi dell'episodio, non tenuto in serbo per una sessione che si riunisce una o due volte l'anno. Tuttavia, potresti utilizzare la valutazione per pianificare soluzioni per lo scarso rendimento del personale, per esempio un corso di formazione o aggiornamento.

Come posso sapere se è necessaria una conversazione coraggiosa?

Ecco alcune domande da porre a te stesso.

- La tua squadra rende quanto potrebbe?
- Stai ottenendo i risultati voluti?
- Come sono i rapporti all'interno del team?
- Come sono i tuoi rapporti specifici con i membri della squadra e con il tuo capo?

O magari potresti avere alcuni indizi molto più evidenti:

- sei adirato con qualcuno
- stai evitando qualcuno
- sei imbarazzato a proposito di qualcosa
- qualcosa ti disturba
- temi la reazione di qualcuno
- sei preoccupato per le possibili conseguenze della conversazione, e
- quando immagini la conversazione, ti senti a disagio

E poi l'indizio migliore in assoluto: *non vuoi assolutamente avere quella conversazione!* Questo è un segnale sicuro del fatto che stai evitando qualcosa. In parole povere, probabilmente finora hai eluso una simile incombenza perché ne temi l'esito: hai paura di perdere un'amicizia o di sentirti molto a disagio.

Perché dovrei avere questa conversazione coraggiosa?
Forse una domanda migliore è: che cosa accadrà se non lo fai? Nel caso proposto in precedenza, l'organizzazione si stava com-

portando come un club: tutti molto educati, reattivi e pronti a evitare qualsiasi difficile problema. Se vuoi sviluppare un team ad alto rendimento, devi incoraggiare al suo interno l'apertura e l'onestà, a cominciare da te. Un team che vive con "un elefante nella stanza" – cioè con un problema che tutti conoscono ma nessuno ha il coraggio di portare allo scoperto – non potrà mai assicurare ottime prestazioni. Per esempio, potrebbe trattarsi dello scarso rendimento di un componente della squadra. Tutti cercano di tenere la cosa nascosta, ma a nessuno piace farlo. Questo tipo di esempio genera facilmente, soprattutto da parte dei migliori della squadra, una mancanza di rispetto per te come leader che non affronta il problema.

Spesso il pensiero di affrontare una CC la rende nella nostra mente molto peggiore di quanto non sia in realtà. Ricordi cosa abbiamo appreso nel capitolo 2 a proposito del potere dei nostri pensieri? Se pensi che la tua CC andrà male, probabilmente sarà così. Se ti impegni ad ampliare sempre di più i tuoi limiti – infrangendo le barriere per diventare un leader di prim'ordine – allora pensa in positivo e affronta quella conversazione. Ti mostrerò come.

L'effetto sugli altri

Inoltre, l'effetto che ciò può avere sull'altra persona è sorprendente. Qualcuno giustifica il fatto di non affrontare la conversazione affermando "Non me ne curo e vado avanti", oppure "Basta che io lo sappia", o ancora "Potrei turbare questa persona". Secondo la mia esperienza, tenere la conversazione nella propria mente non basta (a meno che l'altro non sia morto). È la verbalizzazione che trasforma entrambi gli attori.

E un ulteriore beneficio: immagina quanto l'altro si sentirà sicuro constatando che hai dato l'esempio. Il tuo coraggio può innescare una reazione a catena e cambiare il mondo, o almeno il tuo team. Qualcuno mi ha detto: "Sai, dopo che mi hai chiamato ho cominciato a riflettere. E poi ho preso il telefono e ho chiamato...".

Ora, non posso garantirti che i risultati piaceranno a te o agli altri. Tuttavia, nella mia esperienza e in quella dei miei clienti, in un modo o nell'altro l'esito è sempre positivo. Spesso puoi scoprire che lo staff ti è grato per il feedback, perché non era consapevole dell'impatto dei rispettivi comportamenti o azioni sul resto della squadra. Tutti abbiamo momenti di cecità mentale, e spesso una CC è in grado di individuare uno di tali momenti per qualcuno della squadra. Immagina di sapere qualcosa di veramente importante per uno dei tuoi dipendenti e decidere di non dirglielo. Ciò potrebbe avere un impatto assolutamente negativo sul suo potenziale sviluppo. Che diritto hai di non dire nulla? Rifletti su questa interessante prospettiva.

Vero è che tu hai la responsabilità di parlare con compassione e onestà. È fondamentale mantenere sempre un'intenzione positiva nei confronti dell'altra persona e parlare con il cuore, non per rabbia o amarezza. Ciò aumenterà il tuo livello di empatia con l'altro e la sua situazione. D'altro canto, è vero anche che, a prescindere dalla compassione e dalla gentilezza che usi per dire la verità, il tuo interlocutore potrebbe soffrire. Secondo la mia esperienza, però, nel lungo termine tutto ciò procura più vantaggi che danni. È importante notare che è molto comune l'uso del "Potrei turbare questa persona" come scusa per eludere la CC in tutti i modi possibili.

Le cose vanno dette così come stanno!

La PNL ci aiuta a prepararci a una CC. Una delle cose che impari da praticante PNL è l'importanza di "dire le cose così come stanno", e anche di comunicare con chi è in grado di risolvere il problema. Ciò risulta controintuitivo in molte aziende in cui le persone perdono inutilmente molto tempo a lamentarsi delle prestazioni di qualcuno con tutti, tranne che con colui che può modificare quel comportamento! Ti suona familiare?

Imparerai l'atteggiamento giusto per risolvere il problema e alcuni procedimenti alternativi per prepararti a conversazioni ardue e spesso spiacevoli.

L'atteggiamento giusto per una conversazione coraggiosa

Nel capitolo 3 hai appreso i principi basilari della PNL. Uno degli elementi più importanti che ci aiutano a reinquadrare tutta la difficile questione del feedback è: "Non esistono fallimenti, solo feedback".

In altre parole, si tratta di continuo apprendimento. Ne ho parlato anche secondo la prospettiva del controllo della propria vita e dell'assunzione di responsabilità per il proprio sviluppo. Se abbracci sinceramente tali principi, allora il feedback diviene qualcosa da accogliere, non da temere, perché è fondamentale per te e il tuo staff al fine di salire al livello successivo. Io utilizzo sempre questo principio nell'ambito della formazione, perché aiuta le persone a essere meno dure con se stesse sulle cose che non vanno subito secondo i piani.

Ci sono altri principi che supportano la nostra abilità di dare e ricevere feedback.

> "Ciascuno di noi ha un diverso modello del mondo, e questa percezione rappresenta la verità personale".

Sebbene tu possa non essere d'accordo sul feedback che hai ricevuto, esso risponde a verità per chi in quella situazione lo ha fornito. La percezione di ogni persona è unica, e rappresenta il suo modello del mondo. Ciò non la rende giusta o sbagliata: è semplicemente vera per quella persona. Accettando il feedback di qualcuno, accetti quella parte di te stesso per come l'altro la sperimenta. Se però ricevi feedback simili da molte fonti, allora è molto probabile che tu debba riflettere su qualcosa.

"Se puoi individuarlo, ce l'hai", affermava la formatrice Sue Knight alla conferenza annuale PNL. In altre parole, ciò che riconosciamo negli altri è vero anche per noi stessi. Le caratteristiche altrui che ci toccano emotivamente sono indicatori di quegli aspetti di noi stessi che non ci piacciono. Come puoi notare, tendi a dissociarti dalle caratteristiche che non ami negli altri. Ma queste in noi sono spesso "momenti di cecità mentale". Per vedere qualcosa negli altri, devi avere quella "struttura" anche nel tuo pensiero, altrimenti non la riconosceresti. Idea interessante, vero?

Assimilare queste idee ti aiuterà ad avviare la modifica del tuo atteggiamento mentale riguardo al feedback e a considerarlo veramente utile.

Come affrontare una conversazione coraggiosa

Hai mai cercato di dare un feedback a qualcuno, con l'unico risultato di farlo infuriare e chiudersi in difesa? O forse hai più esperienza del contrario, e vorresti strangolare il capo che con tutte le migliori intenzioni ti sta dando il feedback. Ecco due approcci basati sulla PNLper dare un feedback utilizzando una CC.

Il "feedback sandwich" della PNL

In genere il feedback viene dato in questo modo:

Manager: Mi piace molto il modo in cui hai seguito quel nuovo cliente e portato a termine la vendita, ma in realtà dovresti passare più tempo in ufficio a promuovere gli acquisti per telefono...

La persona che riceve il feedback si concentrerà sempre

sull'ultima affermazione. Inoltre, spesso non siamo consapevoli del fatto che il "ma" ha la funzione di negare quanto si è affermato prima. Quindi, normalmente il venditore finisce per mormorare tra sé e sé che per quanti miglioramenti possa fare, il capo noterà soltanto le cose negative, quindi non capirà perché dovrebbe fare lo sforzo di aumentare le vendite.

Il feedback sandwich della PNL funziona nel modo seguente, mantenendo sempre il contatto degli occhi e la concentrazione sulla persona.

Fase 1: Innanzitutto dai un riscontro positivo, vale a dire individua qualcosa di ben fatto recentemente dalla persona. Per esempio: "Mi piace molto il modo in cui hai seguito quel nuovo cliente e portato a termine la vendita. Sei stato molto tenace".

Fase 2: Formula le preoccupazioni (legando le fasi 1 e 2 con un "e", non con "ma"). Per esempio: "E sono un po' preoccupato per il tempo che passi in ufficio a promuovere gli acquisti per telefono. Hai qualche idea per migliorare questo servizio?".

Fase 3: Termina con una considerazione positiva che ricomprenda tutto, come "Apprezzo molto il tuo impegno nel team vendite e i tuoi sforzi per raggiungere i target di vendita" ecc.

Questo è un approccio che funziona bene sul momento ed è probabile che non induca il ricevente a mettersi sulla difensiva. Il feedback veloce viene inserito nella routine quotidiana, idealmente nel momento in cui l'evento si verifica o al termine di un incontro a fine giornata. La cosa importante è dare il feedback così com'è. Sii più diretto possibile: non lasciare spazio al malinteso e offri tutti gli esempi specifici che puoi. Un feedback vago o generiche allusioni nella speranza che l'altro capisca sono privi di significato.

È importante concentrarsi su ciò che la persona potrebbe fare diversamente, non su ciò che ha sbagliato. Come abbiamo appreso in precedenza, la mente inconscia non riesce a elaborare pensieri negativi. Ricorda il "non pensare a un elefante azzurro"! Per non pensare a un elefante azzurro devi innanzitutto averlo in mente. Pertanto, se ti concentri su ciò che non devi fare, attiri a te proprio quella cosa.

Un approccio PNL alternativo: preparazione di un "prospetto del coraggio"

Puoi escogitare il tuo personale "prospetto del coraggio" da preparare per la conversazione. Utilizzalo per scrivere ciò di cui vuoi parlare con la persona seguendo queste otto fasi.

Fase 1: Sii specifico sulla questione da discutere. Per esempio, prendiamo il problema di un addetto alle vendite che non riesce a raggiungere il suo target: "Mi preoccupa il fatto che questo mese forse non riuscirai a raggiungere il tuo target di vendite".

Fase 2: Scegli un esempio specifico che illustri ciò che vuoi che l'individuo modifichi: "Ho osservato che non passi mai molto tempo al telefono con i clienti per promuovere le vendite, come fanno i tuoi colleghi".

Fase 3: Descrivi la sensazione che provi: "Mi sento molto frustrato per questo motivo, perché ne avevamo già parlato e sono convinto che tu abbia il potenziale per essere un venditore eccellente".

Fase 4: Offri una motivazione per cambiare: "Questo è importante, non solo per i tuoi obiettivi di vendita, ma anche perché il tuo rendimento riduce quello di tutta la squadra".

Fase 5: Controlla di non aver dimenticato nulla: "C'è qualcos'altro che dovrei sapere su questa situazione?".

Fase 6: Chiedi alla persona se ha qualche idea per risolvere la questione: "Hai dei suggerimenti per migliorare? Che cosa ti ha impedito di farlo finora?".

Fase 7: Verifica se puoi fare qualcosa per aiutare: "Come posso aiutarti affinché tu riesca a fare quelle telefonate? Hai bisogno di una maggiore preparazione? Dimmi cosa posso fare. Voglio davvero che risolviamo prima possibile questo problema".

Fase 8: Controlla il livello di volontà di uscire dall'impasse: "Su una scala da 1 a 10 (10 è un punteggio alto), quanto sei disposto a collaborare per sistemare questa faccenda?".

Questo metodo richiede grande preparazione, e quindi è più idoneo per colloqui personali, sedute di pianificazione dello sviluppo personale, incontri annuali per le valutazioni e così via. È un elenco di controllo molto utile per ripassare mentalmente e visualizzare una conversazione andata a buon fine. E ti aiuterà a elaborare uno stile molto più peculiare di una discussione di coaching.

Esercizio 20: Affrontare una conversazione coraggiosa

Scorri le domande che seguono e decidi con chi vuoi affrontare questo tipo di conversazione, a quale scopo e quale procedimento utilizzerai. Questo ti permetterà di pianificare l'evento. Ricorda di tenere presente anche come la controparte si sente in questa circostanza.

- La persona con cui voglio affrontare una CC è:

- Il risultato che voglio ottenere per mezzo di questa CC è:

- Questo è il procedimento (vale a dire feedback sandwich oppure prospetto del coraggio) che ho scelto e il motivo:

- Riporta qui di seguito ciò che hai appreso da questa CC:

Il coaching per il successo

> "Non finisco mai di sorprendermi per il potere che ha il processo di formazione di portare alla luce le abilità o i talenti in precedenza nascosti in un individuo, il che conduce invariabilmente a risolvere un problema prima ritenuto insolubile".
>
> — John Russell, amministratore delegato della Harley-Davidson, Europa

Il collegamento tra una conversazione coraggiosa e un rendimento migliorato è costituito dalla formazione o coaching, un'efficace e moderna tecnica di gestione che mira a trarre il meglio dai membri della tua squadra. Secondo l'Hays Group, una società internazionale per la consulenza sulle risorse umane, tra il 20 e il 40 per cento delle grandi imprese societarie presenti nell'elenco annuale Fortune 500 utilizza coach professionisti.

Cos'è il coaching?

Molti sono i miti e i malintesi sul coaching, quindi ecco uno schema per verificarne l'ambito. Leggilo per capire se si adatta alla tua idea di formazione.

Coaching non significa...	Coaching significa...
Dire a qualcuno cosa fare	Porre domande a chi viene formato ("coachee") affinché trovi da sé le risposte
Dimostrare la tua perizia	Credere nel potenziale di crescita del tuo gruppo
Porre domande tendenziose	Incoraggiare la responsabilità nel coachee
Costringere qualcuno a fare ciò che tu hai deciso debba essere fatto	Permettere al coachee di decidere il miglior corso d'azione
Tirare fuori dai guai il coachee	Tenere in considerazione il coachee
Addestrare, guidare o consigliare	Trovare modi per facilitare una modifica nel comportamento allo scopo di produrre risultati positivi e a lungo termine

Un modello di coaching basato sulla PNL

Le sessioni di formazione variano molto in termini di dinamica e argomenti trattati, quindi non ne esiste una forma "tipica". Tuttavia, ti propongo un modello basato sulla PNL che è stato sviluppato e perfezionato dalla Change Corporation. Si chiama Modello FPCA (Futuro/Presente/Convinzione/Azione), perché si concentra non solo sul punto nel quale si trova il coachee in relazione ai suoi obiettivi, ma anche su ciò che ritiene possibile ottenere. Molti altri modelli di formazione non comprendono la fase delle "Convinzioni", in assenza della quale c'è il rischio di concordare una serie di azioni, ma se poi coloro che vengono addestrati non sono assolutamente convinti di poterle compiere, le loro finalità non potranno realizzarsi. Henry Ford diceva: "Sia che pensi di potere, sia che pensi di non potere, in entrambi i casi hai ragione".

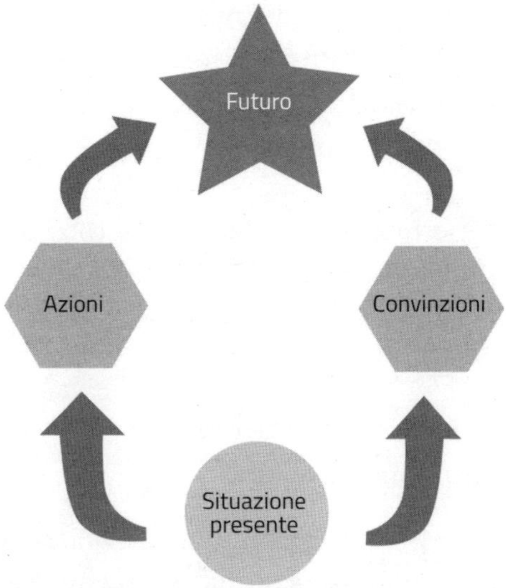

Modello di coaching FPCA

Ecco il processo FPCA nei dettagli.

Fase 1: Individua lo stato Futuro auspicato, vale a dire: dove vuole arrivare il tuo coachee? Identifica gli obiettivi a breve e lungo termine, e la finalità della seduta di formazione. Verifica che siano obiettivi SMART (vedi capitolo 1).

Fase 2: Identifica la situazione Presente, vale a dire cosa sta succedendo ora? A che punto è il tuo coachee in relazione ai suoi obiettivi? Concentrati sulla situazione attuale: sfide, rendimento e strategie correnti.

Fase 3: Individua le Convinzioni che il tuo coachee ha su se stesso in rapporto ai suoi obiettivi. Quali sono le idee positive che possono supportare i suoi sforzi? Quali convinzioni limitanti lo trattengono? (fai riferimento alla trasformazione delle convinzioni limitanti nel capitolo 2) Cosa può fare per modificare tali convinzioni negative? Come puoi aiutarlo con la formazione eccetera?

Fase 4: Quali Azioni intende impegnarsi a intraprendere per avvicinarsi allo stato futuro? È fondamentale che tali azioni scaturiscano dal coachee, che in tal modo sarà pienamente motivato a portarle a buon fine.

Poni domande aperte e non tendenziose al tuo coachee. Questa pratica deve rafforzarlo, non suggerirgli cosa fare!

In linea di massima, ecco alcuni suggerimenti per una seduta di coaching.

- Il coach non deve parlare per più del 40 per cento del tempo, idealmente molto meno!
- I silenzi sono previsti: se fai una domanda, l'altra persona deve avere il tempo di pensare. Non cedere alla tentazione di riempire il silenzio con altre domande.
- Spesso il formatore dovrà riportare la discussione sull'argomento trattato: il tuo ruolo consiste nel tenere presente il programma dell'altra persona e fare in modo di non divagare.
- Il risultato dev'essere costituito da azioni chiare e specifiche.
- Sfide e blocchi personali vanno evidenziati, così da aiutare il coachee a comprenderli e superarli.
- Rapport e fiducia sono necessari ai fini di un dialogo aperto.
- Puoi seguire spesso un modello come l'FPCA, ma non sempre.
- A volte è opportuno che la seduta sia breve e implichi soltanto una o due domande.

- Un'attenzione continua e completa assicura solo vantaggi.
- Impegnati ad ascoltare attivamente, a riflettere molto e a sintetizzare.

Cose da osservare durante le sedute di coaching

Una formazione efficace implica un'attenta osservazione di ogni particolare. Nota tutto ciò che viene comunicato e ricerca la coerenza, l'allineamento tra quello che viene detto e tutti i segnali non verbali (vedi capitolo 10, "Influenzare con integrità" per altri modelli PNL sulla costruzione del rapport).

Ecco alcune cose specifiche da osservare durante una seduta di coaching.

- Il coachee si sta assumendo le sue responsabilità?
- Si impegna durante la seduta di formazione?
- Si pronuncia sulle azioni concordate?
- Riflette sul proprio rendimento?
- Accetta i feedback?

Se le risposte alle domande sono negative, dovrai affrontare questi argomenti, se necessario, alla fine delle sedute di formazione. Se il coaching è iniziato a seguito di una conversazione coraggiosa, potresti dover considerare provvedimenti disciplinari.

Esercizio 21: Come tenere una sessione di coaching

Lavora con la persona che hai scelto per la tua conversazione coraggiosa. Utilizza il Modello FPCA per prepararti. Prendi nota qui di seguito dei risultati e di ciò che hai appreso e sfrutterai la prossima volta.

- Il mio risultato per la sessione di coaching:

- A fronte di tali risultati, quanto successo ha avuto la sessione di coaching?

- Che cosa ho imparato da questa sessione?

- Cosa farò di diverso la prossima volta?

In sintesi

Riflettiamo su tutti gli strumenti PNL che ti consentono di avere una conversazione coraggiosa.

1. Il feedback più efficace è quello dato nel momento del verificarsi dell'evento. Quando viene dato immediatamente è più facile da ricordare per la persona e più prontamente afferrato dalla mente inconscia. Dal momento che ogni modifica del comportamento viene attuata a livello inconscio,

ciò significa che il feedback ha la migliore opportunità di esercitare un impatto, specialmente se legato a uno dei modelli qui forniti.

2. Nella PNL si mette in risalto un particolare atteggiamento mentale, che nel corso del tempo porta lo staff ad apprezzare il feedback come un dono e non come qualcosa da temere. Questo atteggiamento incoraggia altresì i membri della squadra a essere più reciprocamente aperti.
3. Nella PNL il linguaggio si usa in modo volitivo, ed è specificamente strutturato per ottenere un risultato preciso. I due approcci qui suggeriti (il feedback sandwich e il prospetto del coraggio) fanno sì che il feedback venga dato con gentilezza, il che diminuisce la probabilità che l'altra persona si metta sulla difensiva e la rende più aperta all'influenza (per altri dettagli sugli schemi PNL del linguaggio, vedi capitolo 7).
4. Infine, utilizza un modello di formazione basato sulla PNL, come per esempio l'FPCA, per aiutare il tuo staff a progredire fino al livello successivo.

La combinazione di questi strumenti PNL non solo ti aiuterà nel processo e aumenterà la tua sicurezza nel dare i feedback, ma favorirà anche una maturità dei membri del tuo staff, al punto di potersi scambiare i feedback tra loro. Incorporare le CC e il coaching nella cultura del tuo team promuoverà rapidamente il rendimento di ciascuno. I componenti della squadra seguiranno il tuo modello di comportamento, se CC e coaching entreranno a far parte del tuo modo di agire. Ciò, inoltre, li incoraggerà anche a utilizzare le CC tra loro e con te! Vedrai migliorare i rapporti all'interno del tuo team, che diventeranno man mano più profondi e significativi quando la coerenza, l'apertura mentale e l'onestà assumeranno un ruolo centrale, sostituendosi all'elusione. Se sei un alto dirigente, inserendo questo modello di comportamento all'interno della tua azienda noterai che manager e leader diventeranno più sicuri di sé e più capaci di affrontare situazioni difficili, saranno in grado di comunicare in modo più aperto e onesto, e diffonderanno una cultura di alto rendimento in tutta l'azienda.

Le chiavi del successo di una conversazione coraggiosa sono costituite da preparazione e visualizzazione.

Parte III

TRASFORMARE LE ORGANIZZAZIONI CON LA PNL

Capitolo 7

Gestire il cambiamento in maniera efficace

Cosa significa gestione del cambiamento? In sintesi, la risposta è: cambiare sia le persone che le cose. La domanda realmente interessante è: perché alcuni progetti di cambiamento falliscono, al contrario di altri? Quale vantaggio possiamo trarre imparando dall'esperienza, e come entra la PNL in tutto ciò? Sono le domande chiave alle quali il presente capitolo intende rispondere.

Esploriamo innanzitutto cosa intendiamo con "gestione del cambiamento" nel contesto di questo libro. In qualsiasi processo di cambiamento ci sono tre settori fondamentali: il procedimento, i sistemi e le persone. Nel presente capitolo, esploreremo la parte relativa alle persone, vale a dire come aiutare lo staff e i clienti nel corso del cambiamento. Tratteremo dei procedimenti, degli strumenti e delle tecniche per modificare in senso propositivo il pensiero e il comportamento delle persone al fine di realizzare i previsti benefici del programma di trasformazione.

Secondo l'edizione 2009 del rapporto di Prosci *Best Practices in Change Management*, che raccoglieva gli studi su 575 imprese in 65 Paesi, i maggiori ostacoli alla buona riuscita del cambiamento sono:

- inefficace sostegno al processo di cambiamento da parte

degli alti dirigenti

- resistenza al cambiamento da parte degli impiegati
- risorse e finanziamenti insufficienti
- resistenza da parte dei dirigenti di medio livello
- gestione inefficiente del progetto
- comunicazioni inefficaci
- cultura aziendale resistente al cambiamento

La mancata gestione della parte del cambiamento relativa alle persone ha effetto sui risultati e introduce in un progetto il fattore di rischio. La concentrazione su questo aspetto, al contrario, è in grado non solo di mitigare i rischi dell'azienda, ma in molti casi di evitarli del tutto. I leader aziendali detengono la chiave per far sì che ciò accada, eppure spesso non riconoscono il proprio ruolo nel gestire l'aspetto delle risorse umane nell'ambito di una trasformazione fino a quando la resistenza non provoca gravi rischi per i benefici previsti. Come consulente del "cambiamento del personale", spesso vengo chiamata dopo sei mesi o giù di lì dall'inizio del progetto, cioè solo quando tali rischi sono stati finalmente individuati. Al contrario, sarebbe molto più semplice ed economicamente sostenibile evitarli fin dal principio. I leader commettono spesso due errori fondamentali: innanzitutto credono che cambiare il pensiero e il comportamento rientri nelle responsabilità di qualcun altro (in genere dei dirigenti delle risorse umane), e in secondo luogo non reagiscono con sufficiente prontezza quando la resistenza comincia a emergere.

Quindi, quali sono i fattori che più degli altri contribuiscono al successo? Il rapporto *Best Practices* di Prosci ne elenca cinque:

1. Sostegno attivo e visibile da parte della dirigenza
2. Frequente e aperta comunicazione circa l'esigenza del cambiamento
3. Approccio strutturato alla gestione del cambiamento
4. Risorse e finanziamenti dedicati
5. Impegno e partecipazione dei dipendenti

Credo che l'impegno dei manager di medio livello e la chiarezza sui benefici per l'azienda siano anch'essi importanti. Prosci ha dimostrato come i progetti che portano in primo piano gli aspetti del cambiamento relativi alle persone abbiano una probabilità sei volte maggiore di realizzare i benefici previsti rispetto alle squadre che non considerano affatto o non mettono in sufficiente risalto questo aspetto (rispettivamente il 95 e il 16 per cento). Un efficace risalto dato alle persone, inoltre, è correlato con il mantenimento del budget e del programma.

Nel presente capitolo scoprirai come utilizzare la PNL per costruire la tua competenza di leadership in tutte e tre questi settori essenziali per il successo.

Il contributo della PNL

Sono molti gli strumenti PNL che possono aiutare in questo settore. Ho scelto e raggruppato i seguenti, che mi hanno dato risultati straordinari.

- Definire risultati chiari e benefici certi per il progetto.
- Modellare la stessa organizzazione per capire come ha gestito in precedenza altre transizioni.
- Utilizzare il linguaggio del successo per influenzare gli al-

tri, avvalendosi:

   – in primo luogo, del metamodello, un perfetto esempio di tecniche di domande e risposte;
   – in secondo luogo, del modello Milton per gestire la resistenza.

- Costruire il sostegno e gestire i soggetti coinvolti sfruttando le "posizioni percettive" o la tecnica di "mettersi nei panni dell'altro".
- Utilizzare il sistema di riferimento dei "livelli logici di cambiamento" per raggiungere risultati sostenibili.

Esploreremo ora ciascuno di questi strumenti.

Definire risultati chiari e benefici certi per il progetto

> "Nel corso del 2002, meno del 25 per cento dei progetti di applicazione procurerà concreti benefici monetari che eccedano i costi di implementazione". — Ricerca Gartner

Realizzare il valore significa assicurarsi che i progetti apportino i benefici previsti e dichiarati nel rispettivo documento di progetto. I vantaggi del fissare benefici chiari e misurabili per l'azienda comprendono obiettivi precisi che possano essere comunicati allo staff, costi e rischi noti, e un ritorno sugli investimenti definito fin dall'inizio. Al contrario, benefici indeterminati per l'azienda portano a una mancanza di concentrazione, a un dispendio di sforzi e di denaro, oltre a frustrare e demotivare lo staff. Non è necessario essere dei geni per capirlo, eppure, come mostra la ricerca Gartner, molte aziende trascurano del tutto questi principi.

Nel capitolo 1, "Trasformare i leader con la PNL", abbiamo appreso l'importanza di avere una visione personale della leadership, e di fissare obiettivi chiari per realizzarla. Ora dobbiamo applicare quegli stessi principi alla formulazione e comunicazione della visione strategica, e all'articolazione dei benefici associati. Sappiamo che gran parte della resistenza del personale è dovuta all'incomprensione dei motivi della transizione e degli eventuali vantaggi o svantaggi per il singolo. Le preoccupazioni principali sono "avrò ancora un lavoro?" e "possiedo le necessarie capacità e conoscenze per sopravvivere nel nuovo ambiente?". In realtà, in alcuni programmi di cambiamento la nuova terminologia ha a che fare con i "mancati benefici", che si hanno quando l'organizzazione ha dei vantaggi, ma a danno di uno o più singoli o gruppi. Un mancato beneficio comprende conseguenze come perdita del lavoro o assegnazione di nuove funzioni.

Uno dei più grandi errori commessi da chi gestisce il cambiamento consiste nel definire i benefici soltanto per gli alti dirigenti, gli azionisti e i clienti, escludendo il personale di medio livello e di contatto. I mancati benefici per questi livelli dello staff sono spesso elusi o mal comunicati. In molti casi, se non in tutti, il vero impatto sui singoli dipendenti dell'organizzazione viene ignorato oppure scarsamente riconosciuto. I programmi più efficaci definiscono i benefici per tutti indistintamente i livelli interessati, i quali poi attivano la strategia e il piano di comunicazione per il programma. Per esempio, prendiamo i benefici della transizione da un centro di servizi condiviso a una gestione regionalizzata:

- Il beneficio per alti dirigenti e azionisti consiste nei minori costi operativi.
- Il beneficio per i clienti è dato da livelli di servizio migliorati.
- Il beneficio per il personale di medio livello e di contatto è l'apprendimento di nuove abilità e una struttura che favorisce una nuova carriera e promozioni.

Il mancato beneficio per il personale di medio livello e di contatto è costituito dalla perdita del lavoro o dal trasferimento in una diversa zona geografica. Se il programma di cambiamento viene "venduto" allo staff sulla sola base dei costi ridotti e di livelli di servizio migliorati, è probabile che incontri una resistenza maggiore rispetto al caso in cui il personale ha la facoltà di vedere il quadro completo, cioè sia i benefici che i potenziali svantaggi.

Esercizio 22: Realizzare i benefici per l'azienda

Scegli un cambiamento organizzativo che stai gestendo tu o di cui hai notizia nell'ambito della tua azienda.

Fase 1: Qual è la visione per questo programma di cambiamento? Riesci a esprimerla in 50 parole o meno? Prova!

Fase 2: Definisci i benefici e i potenziali mancati benefici secondo la prospettiva di questi livelli:

- Alti dirigenti e azionisti:
- Clienti:
- Manager di medio livello e personale di contatto:

Com'è andata? Cos'hai trovato più impegnativo? Forse i manager di medio livello e personale di contatto? Questo è il gruppo al quale normalmente si presta minore attenzione all'inizio di un progetto di cambiamento, quindi non c'è da meravigliarsi della loro eventuale resistenza.

Usare la PNL per garantire benefici sicuri all'azienda

Il cliente è una società di Londra che si occupa di servizi di gestione dei documenti legali, con 20 dipendenti e un fatturato medio di 1,5 milioni di sterline. Il problema che ci è stato proposto nel mese di marzo 2009 (casualmente, lo stesso mese che segnò l'inizio della peggiore recessione che abbia mai colpito le aziende in Gran Bretagna) riguardava una mancanza di motivazione degli addetti alle vendite. Il target mirava a incrementare il fatturato dell'azienda del 33 per cento, malgrado il periodo storico sfavorevole. Un programma di coaching e formazione basato sulla PNL per il team e i dirigenti delle vendite fu progettato come segue:

1. Profilo del personale di vendita e dei dirigenti
2. Proposta di un Metaprogramma e rapporto basato sul test MBTI (sul tipo psicologico) per il consiglio aziendale e il team delle vendite, per spiegare le implicazioni per loro in quanto dirigenti dell'azienda
3. Per ciascun componente del team delle vendite e del consiglio, frequenza di un corso di 4 giorni con conseguente Diploma in PNL per le Aziende
4. Coaching individuale e conseguenti giornate dedicate alla formazione

Il punto centrale del lavoro era cambiare i comportamenti inflessibili e le convinzioni limitanti. Adesso lo staff riconosce che non esistono fallimenti, ma soltanto risultati. Se questi ultimi non sono quelli auspicati, le persone devono continuare a modificare i propri comportamenti fino a trovare il modello che funziona.

I risultati sono stati impressionanti:

- Acquisizione di nuovi clienti incrementata del 200 per cento
- Aumento delle riunioni aziendali da una media di 16 al mese all'attuale media di 40

"Lo scopo originario era aumentare il fatturato medio di vendite mensili da 18.000 a 24.000 sterline. Dopo soli 10 mesi dall'inizio del progetto, il fatturato medio è già arrivato a 36.000 sterline mensili, e la tendenza è in ulteriore aumento. Il ritorno sull'investimento è di circa due mesi".

David Key, amministratore delegato, Auspicium

Modellare l'organizzazione su se stessa

Nel capitolo 3 hai imparato a modellare le performance di livello eccezionale. Ora userai questo processo per scoprire se la tua organizzazione è pronta a trasformarsi. Lo scopo di questo modellamento è sapere come un'azienda ha gestito in passato iniziative simili, e quanto è pronta ad attuare una riuscita transizione ora. In altre parole, puoi utilizzare questo procedimento all'inizio di un programma di trasformazione per raccogliere informazioni da tutti i partecipanti e comprendere le prime azioni necessarie a gestire i rischi correlati e porre le basi più opportune per assicurare il successo del programma.

Esercizio 23: Quanto è pronta la tua azienda a trasformarsi?

Utilizza la seguente tabella di Valutazione della Disponibilità al Cambiamento per misurare un processo di transizione in corso d'opera o che sta per iniziare nella tua azienda.

Valutazione della Disponibilità al Cambiamento
Punteggio: 1 = inadeguato; 2 = adeguato; 3 = buono; 4 = ottimo

	Benefici del cambiamento	**Punti**
1	Per questo programma di cambiamento esiste un documento di progetto standard	
2	I benefici per l'azienda sono stati chiaramente definiti e ci sono progetti per misurare la loro realizzazione	
3	Esistono argomenti convincenti sull'urgenza di cambiamento che sono stati ben compresi e accettati da tutti i livelli dello staff	
	Punteggio parziale:	
	Leadership del cambiamento	**Punti**
4	Il programma di cambiamento ha il sostegno di un alto dirigente che ha la facoltà di autorizzarlo e finanziarlo	
5	L'alto dirigente è disposto a difendere il cambiamento e a gestire la resistenza da parte degli altri manager e dello staff	
6	L'alto dirigente è disposto a dimostrare il suo impegno personale nei confronti del cambiamento attraverso azioni e comportamenti	
	Punteggio parziale:	
	Visione del cambiamento	**Punti**
7	Lo staff comprende ciò che il cambiamento significherà per l'azienda	
8	Lo staff comprende i vantaggi per i singoli	
9	I dirigenti di linea si occupano di spiegare il processo di cambiamento ai loro dipendenti diretti	
	Punteggio parziale:	

	Approccio al cambiamento	Punti
10	A questo progetto viene applicato un approccio strutturato alla gestione del cambiamento	
11	Sono state individuate le previste aree di resistenza e si sono sviluppate strategie per superarle	
12	Sono state nominate e addestrate risorse umane idonee alla gestione del cambiamento	
	Punteggio parziale:	
	Impegno nei confronti del cambiamento	**Punti**
13	Lo staff crede che questa trasformazione avrà successo	
14	Lo staff vuole che questa trasformazione abbia successo	
15	Si costruisce l'impegno attraverso una comunicazione efficace e non forzata	
	Punteggio parziale:	
	Potenzialità per il cambiamento	**Punti**
16	I manager possiedono le capacità necessarie per questo processo di cambiamento	
17	Lo staff viene addestrato a sviluppare nuove attitudini, abilità e conoscenze	
18	Le politiche delle Risorse Umane premiano nuove attitudini, abilità e conoscenze	
	Punteggio parziale:	
	Cambiamento della cultura aziendale	**Punti**
19	I nuovi valori dell'azienda sono chiari e lo staff li accetta in pieno	
20	La cultura esistente è allineata con la nuova direzione dell'azienda, oppure viene modificata per allinearsi	
21	I leader modellano i nuovi valori e comportamenti	
	Punteggio parziale:	

	Storia del cambiamento	Punti
22	Quest'azienda ha fama di completare puntualmente i progetti di cambiamento e di realizzarne i benefici	
23	Quest'azienda ha costruito in passato buoni livelli di impegno dello staff	
24	I progetti collegati sono stati ben coordinati	
	Punteggio parziale:	

Riesamina i punteggi parziali. Quali settori hanno i risultati migliori in grado di assicurare sostegno al progetto di cambiamento, e quali aree presentano rischi per il progetto stesso, tanto da richiedere attenzione? Annotali qui di seguito:

Esploriamo ora come utilizzare la PNL per costruire l'impegno e il sostegno al tuo progetto.

Utilizzare il linguaggio del successo

La "L" di PNL significa "linguistica", e ci sono due potenti modelli di linguaggio che applicheremo all'ambito della gestione del cambiamento. Il primo è il metamodello, che consiste in tecniche di domande e risposte. Il secondo è il modello Milton, egualmente straordinario per impegnare lo staff, costruire il sostegno e gestire le resistenze.

Jeffrey M. Hiatt e Timothy J. Creasey, autori di *Change Management, The People Side of Change*, sostengono che la reazione naturale e normale al cambiamento è la resistenza. Ciascun singolo membro dello staff ha una soglia di assorbimento di una trasformazione, basata su:

- la sua storia personale

- gli eventi che sta vivendo in questo periodo della sua vita
- i cambiamenti attuali al lavoro
- il numero di altri cambiamenti che si stanno verificando

Ciò avrà un impatto sul punto fino al quale i dipendenti si spingeranno nel rifiuto all'inizio di un processo di transizione, e sul livello di resistenza che mostreranno. Come leader del cambiamento, devi pertanto aspettarti delle resistenze e pianificarle. Il modo in cui utilizzi il linguaggio nella pianificazione e formulazione delle tue comunicazioni è un fattore essenziale per il successo.

Il metamodello

Ti è mai capitato di discorrere con qualcuno del tuo programma di cambiamento per poi chiederti di cosa stia parlando? Sembra che al suo linguaggio manchi qualche importante informazione o che stia facendo delle mere ipotesi. Per esempio, potrebbe dirti: "Attuare questo cambiamento nell'azienda non è una buona idea". E tu finisci per pensare: "Chi lo dice?". Oppure potrebbe dichiarare: "Ogni volta che attuiamo un cambiamento facciamo confusione". E tu cominci a chiederti che cosa significhi "ogni volta". Le persone distorcono, generalizzano e confondono continuamente l'uso del linguaggio. Ciò può rivelarsi particolarmente difficile quando si attua un cambiamento, perché lo staff cerca continuamente di indovinare cosa succede, attribuisce significati a cose non vere e cancella informazioni che non vuole udire.

Hiatt e Creasey affermavano: "Chi gestisce il cambiamento dev'essere consapevole del messaggio che viene inviato e dell'interpretazione del ricevente".

I leader del cambiamento commettono spesso l'errore di credere che lo staff attribuisca alla loro comunicazione il significato che intendevano darle. Sono convinti che dal momento che qualcosa è stato comunicato, è stato anche compreso. Spesso e volentieri non è così. Il metamodello ci consente di controllare e mettere alla prova ciò che il personale afferma usando una serie di potenti tecniche di domande e risposte. Praticheremo ora le domande del metamodello nel contesto di un processo di cambiamento, anche se questo modello può essere utilizzato in qualsiasi interazione relativa alla comunicazione.

Il metamodello fu il primo modello di linguaggio della PNL. Venne modellato e poi ulteriormente sviluppato da Bandler e Grinder sull'opera di Fritz Perls e Virginia Satir. I suoi schemi furono progettati all'espresso scopo di sfidare le limitazioni nelle mappe mentali degli altri. Grinder affermava che lo schema del metamodello era composto da due elementi: l'individuazione dello schema e le contestazioni che miravano ad aiutare la persona a espandere la sua mappa di possibilità. In parole semplici, il metamodello ha lo scopo di recuperare informazioni e nuove scelte che il ricevente non ha ancora notato a causa del modo in cui sperimenta il mondo. Per esempio, un membro dello staff che crede che il proprio lavoro sia a rischio probabilmente filtrerà qualsiasi comunicazione attraverso una mappa mentale ansiosa, diffidente e timorosa. Possiamo usare le domande del metamodello per aiutarlo a notare altre e più positive possibilità.

Gli schemi

Ecco gli schemi principali inseriti nel contesto di un programma di cambiamento. La tabella che segue mostra lo schema e il suo nome "formale", l'impatto che esercita, la contestazione che mira a espandere la consapevolezza del ricevente e l'impatto che vogliamo eserciti su quest'ultimo.

Schema di linguaggio	Impatto	Contestazione	Impatto
Deformazioni			
Io so che non vuoi dirci cosa sta succedendo davvero (Lettura della mente)	Pretende di sapere come qualcun altro si sente o di conoscere il suo stato interiore	*Come fai a saperlo?*	Contesta l'affermazione e recupera la fonte dell'informazione
Questo cambiamento non favorisce il nostro team (Performativo mancante)	La persona che esprime il giudizio viene esclusa	*Chi dice che è sfavorevole, o come fai a sapere che è sfavorevole?*	Recupera la fonte della convinzione, che quindi può essere modificata
Le idee del team di leadership mi fanno veramente arrabbiare (Causa ed effetto)	Qui la causa viene erroneamente esteriorizzata e si dà la colpa agli altri	*In che modo le idee del team di leadership ti inducono a decidere di arrabbiarti?*	Recupera la scelta personale
Questo cambiamento in atto significa che perderò il mio lavoro (Equivalenza complessa)	Qui le due esperienze sono considerate sinonimi	*In che modo il cambiamento in atto può significare che perderai il lavoro?*	Recupera la fonte della convinzione, che quindi può essere modificata
Generalizzazioni			
Non ci impegniamo mai con il nostro staff (Quantificatori universali)	Generalizza l'intera esperienza	*Mai?*	Recupera un controesempio che aiuta la persona a modificare la sua visione

Schema di linguaggio	**Impatto**	**Contestazione**	**Impatto**
Deformazioni			
Dovremmo/Dobbiamo lasciare le cose come stanno (Operatore modale di necessità)	Trasforma l'affermazione in una necessità	*Che succede se non lo facciamo? o cosa accadrebbe se non lo facessimo?*	Incoraggia la considerazione di risultati alternativi
Cancellazioni			
Qui non c'è comunicazione (Nominalizzazione)	Congela un verbo in un nome così da fissarlo	*Chi non comunica cosa a chi?*	Ritrasforma l'affermazione in un processo e rende possibile il recupero della cancellazione
Non ci ascoltano (Mancanza di un indice referenziale)	Fa un'affermazione senza specificare chi l'ha formulata	*Chi esattamente non ascolta?*	Recupera la cancellazione
Questa nuova idea è troppo costosa (Cancellazione comparativa)	Viene posto un confronto, ma senza specificare in confronto a cosa o chi	*In confronto a cosa?*	Recupera la fonte del confronto che può essere contestata
Sono a disagio (Verbo non specificato)	Lascia fuori i dati critici	*In che senso esattamente sei a disagio?*	Recupera i dati mancanti che possono essere contestati

Ci sono alcuni principi che è importante utilizzare con questo modello, che può essere sperimentato come molto diretto dal ricevente. Innanzitutto è fondamentale avere un buon rapporto con la persona (o il team) che formula questi commenti: in tal caso, il ricevente sarà molto più aperto alle tue domande. In secondo luogo, puoi mitigare il tuo approccio iniziando con "Mi chiedo se..." oppure "Sono curioso di sapere..." o ancora "Sarebbe interessante...". Per esempio, l'ultima contestazione diventerebbe: "È interessante. In che senso esattamente ti senti a disagio?".

Esercizio 24: Mettere in pratica il metamodello

Fase 1: Nella prossima settimana, presta attenzione al linguaggio usato dal tuo staff. Forse troverai più semplice concentrarti su uno schema alla volta. Per esempio, monitora innanzitutto le letture della mente.

Fase 2: Quando senti formulare lo schema, usa una contestazione per rispondere. Accertati di essere in rapport e di utilizzare anche un approccio mitigato.

Fase 3: Prendi nota qui di seguito dei risultati ottenuti:

Il metamodello è un'arma segreta per qualsiasi manager del cambiamento. Puoi utilizzarla con grande precisione per contestare ciò che qualcuno dice: arriverai rapidamente al punto e potrai davvero aiutare il tuo staff a riflettere su una situazione in modo diverso.

Il modello Milton

L'altro modello di linguaggio che esploreremo è il modello Milton, che deriva il suo nome da Milton Erickson, a suo tempo modellato da Bandler e Grinder. Divenne il terzo principale modello PNL (il secondo era costituito dai Sistemi Rappresentazionali che approfondiremo nel capitolo 10). Essi notarono che l'uso del linguaggio da parte di Erickson aveva una somiglianza con il metamodello, nel senso che utilizzava schemi analoghi, ma in modo inverso. Tosey e Mathison affermarono che "mentre il metamodello mirava a recuperare materiale cancellato... Erickson avrebbe deliberatamente introdotto le cancellazioni".

Erickson usava il linguaggio in modo da gestire la potenziale resistenza dei suoi clienti. Utilizzava le parole in modo artificiosamente vago, così che i clienti potessero adattare le loro mappe mentali a ciò che diceva. Ciò assicurava a Erickson il consenso del cliente di cui aveva bisogno per garantire a questi i migliori risultati. Si tratta chiaramente di qualcosa che ha anche implicazioni etiche, ma Erickson utilizzava tali tecniche come mezzo per sollecitare e facilitare un cambiamento in positivo del cliente, non per imporre la sua volontà. È importante tenere a mente tutto ciò, quando si usano simili strumenti in un ambiente aziendale. E naturalmente, ogni forma di comunicazione mira a influenzare un'altra persona. Come mi disse il mio istruttore di PNL, "Non possiamo non comunicare, anche quando non diciamo nulla!".

Gli schemi

Ecco gli schemi principali inseriti nel contest di un programma di cambiamento. La differenza è che questa volta usiamo noi stessi gli schemi per gestire potenziali livelli di resistenza del nostro staff e costruire motivazione e impegno. Il punto importante da tenere a mente è che gli schemi devono essere soltanto plausibili, non necessariamente veri!

Schema di linguaggio	Impatto	Risultato
So che rimarrai sorpreso dalle nuove abilità che apprenderai da questo processo di cambiamento (Lettura della mente)	Afferma di conoscere i benefici che qualcun altro otterrà dall'esperienza del cambiamento	Il personale concorda con l'affermazione e ha uno stato d'animo più positivo in relazione a ciò che accadrà
Sarà facile apportare questi cambiamenti (Performativo mancante)	La persona che formula il giudizio viene esclusa	Puoi formulare un giudizio generico anche senza pensarlo veramente – compensa una potenziale resistenza
Se decidi di impegnarti nei focus group, sarai in grado di influenzare quel che avverrà dopo (Causa ed effetto)	Implica una relazione diretta tra la frequenza del focus group e l'influenza esercitata. Pur essendo plausibile, potrebbe non essere effettivamente così	Rende più appetibili i focus group per incoraggiare il personale a impegnarsi in essi
La tua partecipazione a questo incontro indica che sei in grado di comprendere facilmente il processo di cambiamento (Equivalenza complessa)	Due esperienze vengono considerate sinonimi. Pur essendo plausibile, potrebbe non essere effettivamente così	Questo esempio viene utilizzato per incoraggiare lo staff a convincersi che imparerà rapidamente. Costruisce la loro sicurezza
Chiediamo sempre al nostro staff che cosa pensa delle nostre idee (Quantificatori universali)	Generalizza l'intera esperienza	Implica ampie consultazioni per costruire la motivazione

Schema di linguaggio	Impatto	Risultato
Dobbiamo trasformarci oppure perderemo la nostra quota di mercato (Operatore modale di necessità)	Trasforma l'affermazione in una necessità	Fa apparire il cambiamento veramente importante e necessario
Presto verrà presa una decisione (Nominalizzazione)	Congela un verbo in un nome così da fissarlo	Compensa qualsiasi resistenza e costruisce aspettative, senza dire chi prenderà la decisione e da quando
Molte persone sono entusiaste di questo cambiamento (Mancanza di un indice referenziale)	Un'affermazione in cui non è chiaro a chi si riferisca specificamente	Implica grande sostegno senza dover specificare esattamente quanto
Questo nuovo processo è molto migliore (Cancellazione comparativa)	Viene posto un confronto, ma senza specificare con cosa o chi	Implica un risultato positivo senza dover specificare a cosa viene paragonato
Sono soddisfatto (Verbo non specificato)	Lascia fuori i dati critici	Implica un buon risultato senza dover specificare troppo
Tu sai che tutto ciò ha un senso, vero? (Domanda retorica)	Domanda retorica posta alla fine di un'affermazione, che presuppone una risposta affermativa	Incoraggia il ricevente a essere d'accordo con te
Mentre siedi qui e mi ascolti, pensando al programma di cambiamento e chiedendoti che cosa significherà per te, io sono certo che troverai utile tutta questa esperienza (Ricalco dell'esperienza attuale)	Descrive in modo incontrovertibile l'esperienza interiore o esterna del cliente	Creando una serie di "sì" interiori, puoi aggiungere alla fine qualcosa con cui vuoi che il cliente sia d'accordo, in modo da rendere il consenso più probabile

Schema di linguaggio	Impatto	Risultato
Vuoi provare oggi o domani questo nuovo processo? (Doppio legame)	Si crea un'illusione di scelta, ma qualunque sia la scelta operata l'esito sarà il medesimo	Viene utilizzata per gestire potenziali resistenze, perché il ricevente pensa ancora di avere il controllo dei risultati
Ti rendi conto che si tratta di qualcosa che puoi realizzare facilmente? (Postulato di conversazione)	Domanda retorica, che crea la Rappresentazione Interiore di qualcosa che vuoi far fare al cliente. Permette a quest'ultimo di scegliere di rispondere o no, ed evita l'autoritarismo	Costruisce sicurezza e motivazione
So che puoi offrirti volontariamente di partecipare a questo tentativo (Comando innestato)	Una direttiva nascosta all'interno dell'affermazione, che esorta la persona a fare qualcosa	Qui abbiamo un doppio messaggio, uno alla mente conscia e l'istruzione al subconscio

Come con il metamodello, è importante avere una buona relazione o rapport con la persona (o il team) a cui rivolgi questi commenti: in tal caso, il ricevente sarà molto più aperto alle tue affermazioni. Usa gli schemi per ottenere consensi nelle riunioni e gestire livelli di potenziale resistenza al cambiamento. Ricorda che la bellezza del modello Milton è nel fatto di essere artificiosamente vago, in modo da consentire a tutti di adattarvi le loro mappe mentali. Potresti chiederti che posto abbia tutto ciò nel business, ma se ascolti le conversazioni che hanno luogo intorno a te, comincerai a notare che il linguaggio ambiguo viene continuamente usato e sortisce un sicuro effetto.

Esercizio 25: Mettere in pratica il modello Milton

Fase 1: Nella prossima settimana, usa gli schemi con il tuo staff. Come per il metamodello, forse troverai più semplice concentrarti su uno schema alla volta. Per esempio, monitora innanzitutto le letture della mente.

Fase 2: Nota l'impatto che la tua affermazione ha sul ricevente.

Fase 3: Prendi nota qui di seguito dei risultati ottenuti:

Il modello Milton è un'altra arma segreta per ogni manager del cambiamento. Questa volta si tratta di uno strumento utile per costruire l'impegno nello staff. Aiuta i tuoi dipendenti a essere più positivi e motivati nel corso della transizione, e incoraggiali a impegnarsi.

Costruire il sostegno e gestire i partecipanti

In questa sezione imparerai a gestire le situazioni difficili sfruttando uno strumento PNL definito "posizioni percettive". Quando ho a che fare con qualche team aziendale io chiamo questa tecnica "Mettersi nei panni dell'altro", perché è più facile da comprendere per i gruppi. Uno dei principi essenziali della PNL, che abbiamo trattato nel capitolo 2, è quello secondo cui "la persona più flessibile otterrà il massimo risultato". Come puoi diventare più flessibile? Be', le persone che sono capaci di sperimentare una situazione da molti punti di vista diversi possiedono probabilmente l'agilità mentale necessaria a ottenere i risultati migliori. Questa flessibilità e agilità è molto preziosa in uno scenario di gestione del cambiamento, al fine di influenzare i soggetti coinvolti. Immagina la sua utilità se potessi usare questo modello per creare consapevolezza e impegno tra i membri dello staff e costruire il sostegno da parte di chi gestisce il cambiamento.

In sostanza, lo scopo del modello è esaminare uno scenario esistente secondo un certo numero di prospettive diverse. È molto utile per esplorare scenari di transizione nei quali resistenze e blocchi impediscono a un progetto di andare avanti alla velocità richiesta.

Il modello consiste nel prendere una situazione che si vive con un altro individuo o un gruppo, ed esplorarla da tre diversi punti di vista, come segue.

1. Prima posizione. Questa è la tua Posizione Percettiva, il modo in cui tu sperimenti la situazione. Nella PNL la definiamo una posizione completamente associata. Vale a dire, sei immerso pienamente in essa e la vivi come se stesse accadendo proprio ora. In questa posizione sei del tutto capace di apprezzare ciò che specificamente per te è importante dello scenario.

2. Seconda posizione. Questa è la Posizione Percettiva di un "altro", che ti consente di capire meglio il background dell'altra persona o gruppo, e quale dev'essere il suo modello del mondo per comportarsi così come fa. Vivi la situazione come se fossi l'altro, e lo fai immaginando cosa significhi sperimentare il mondo dalla sua particolare prospettiva. Ovviamente ciò non è del tutto possibile, ma la prova può essere sorprendente. Ed è l'unica volta in cui la lettura della mente può rivelarsi particolarmente utile!

3. Terza posizione o posizione dell'osservatore. È la "visione

dall'elicottero", la posizione oggettiva, e comporta l'abilità di ritrarsi dalle emozioni dello scenario come osservatore distaccato. Chiedi a te stesso cosa puoi imparare dal comportamento delle parti.

Nelle posizioni 1 e 2, poni a te stesso la seguente serie di domande:

- Che cosa sta succedendo? (cioè come l'altra persona, quando sei nella seconda posizione)
- Come ti stai comportando?
- Che cosa provi?
- Che cosa pensi della situazione?
- Che cosa è importante per te?
- Che cosa vuoi che accada?
- Che cosa hai da apprendere da questa posizione?

Nella posizione 3, le domande sono queste:

- Che cosa sta succedendo?
- Come si comporta ciascuna delle parti?
- Che cosa prova ciascuna delle parti?
- Quali convinzioni ti sembra stiano utilizzando?
- Che cosa è importante per ciascuna delle parti?
- Che cosa vogliono che accada?
- Che cosa hai da apprendere da questa posizione?

Infine, rientra in te stesso, portando con te i nuovi insegnamenti e percezioni. Chiediti in che modo la situazione sia diversa ora. Quali nuove strategie puoi elaborare per costruire rapporti e portare dalla tua parte l'altra persona o squadra?

Esercizio 26: Mettersi nei panni di qualcun altro

Considera una situazione attuale in cui un individuo o un team resiste al cambiamento, o nella quale ti occorre un più forte sostegno da un leader. Completa l'esercizio e annota qui di seguito le nuove idee e azioni che puoi implementare come risultato.

Dove e quando puoi utilizzare questo approccio?

Funziona bene nelle situazioni a tu per tu (e possiamo imparare a praticarlo in tempo reale mentre conversiamo), ed è altrettanto valido in altre forme di comunicazione. Per esempio, possiamo applicare questo schema per prepararci in vista di telefonate, e-mail e presentazioni in modo da creare l'esito che davvero vogliamo per il nostro programma di cambiamento. È uno strumento che può essere utilizzato in qualsiasi situazione di business, come dimostra il caso che segue.

Mettersi nei panni di uno sponsor

Un manager ha imparato a "mettersi nei panni altrui" e ora utilizza questa tecnica per preparare i suoi incontri con una cliente. In base alla prima posizione ha scoperto di avere un approccio molto logico al suo lavoro. Ha bisogno del sostegno di questa cliente, in quanto principale sponsor e acquirente, ma finora non era mai riuscito a connettersi molto bene con lei. Usando questo esercizio, si è messo nei suoi panni e si è reso conto che ella è molto più concentrata di lui sulla necessità di stabilire un buon rapporto. Quando si sono incontrati di nuovo, egli ha sperimentato un approccio molto più "emotivo", illustrando la storia della sua organizzazione e l'etica aziendale, invece di arrivare subito ai dettagli contrattuali. Questo stile più cordiale ha contribuito a creare una migliore empatia con la cliente. Ora il rapporto si è notevolmente rafforzato e l'intesa commerciale procede molto bene.

Usare i "Livelli Logici di Cambiamento" per ottenere risultati sostenibili

Infine, esploriamo una delle più grandi sfide incontrate da qualsiasi programma di transizione: come assicurarsi che i cambiamenti apportati perdurino. Il modello dei "Livelli Logici di Cambiamento" di Robert Dilts è molto utile per esplorare perché il cambiamento può non durare e cosa fare in proposito. Fu originariamente pubblicato nel libro *Cambia le tue convinzioni con la PNL* (Dilts, 1990).

Livelli Logici di Cambiamento

Il modello è composto da sei livelli gerarchici. Il principio chiave è che ciascun livello ingloba contenuto e informazioni dal livello sottostante, e il cambiamento di un livello superiore influirà necessariamente sul contenuto di quelli inferiori. Al contrario, sebbene questi ultimi possano influenzare i livelli più alti, da soli non potranno mai cambiarli. Forse una descrizione migliore sarebbe "livelli di intervento". Per esempio, molti programmi di cambiamento falliscono perché ci si aspetta che una modifica a un livello più basso della gerarchia – diciamo a livello dell'ambiente, del comportamento o dell'abilità – sia a lungo termine. Invece, se non c'è allineamento con i valori o convinzioni delle persone coinvolte, è probabile che il processo di cambiamento ristagni: ecco perché l'aspetto personale del processo di cambiamento e la costruzione di strategie di coinvolgimento sono tanto importanti. Prima di adottare l'approccio della PNL ho avuto a che fare con numerosi programmi che prevedevano corsi di aggiornamento e sono rimasta molto delusa dal fatto che non riuscivano a produrre i cambiamenti a lungo termine richiesti dall'organizzazione. Ora ho capito perché: se le persone che seguono tali programmi non comprendono le ragioni urgenti del cambiamento e non lo considerano importante, è molto probabile che finiscano per scivolare di nuovo nei vecchi comportamenti. La tabella che segue mostra dove possono verificarsi potenziali problemi in un programma di cambiamento, se i vari livelli non sono in allineamento.

Tradurre i "livelli logici di cambiamento" in termini di business

Livello	Che cosa avviene a questo livello?	Cosa potrebbe accadere nel caso che i livelli non siano in allineamento con quello superiore
6 Spirito	Riguarda i legami con sistemi globali più ampi e la responsabilità sociale	
5 Identità	Visione, missione e scopo dell'azienda	Mancanza di connessione. Soggetto che viene considerato egoista, indipendente e isolato nel mondo degli affari.
4 Convinzioni/Valori	Riguarda i motivi per cui le persone scelgono di fare le cose, le regole e attitudini del business. Forniscono motivazione, permesso, ciò che è importante e i metodi di valutazione delle persone	Priorità e valori in conflitto. Lo staff è indeciso su cosa ritiene più importante. Molti potrebbero lasciare l'azienda.
3 Abilità	Riguarda il modo di fare le cose, per esempio le conoscenze, competenze e abilità richieste per svolgere il lavoro. Include molti programmi di formazione	Potrei ma non voglio... Lo staff è demotivato, annoiato dalla mancanza di stimoli. I dipendenti sanno che cosa è necessario cambiare, ma non capiscono perché dovrebbero impegnarsi. Tornano ai vecchi comportamenti.

2 Compor- tamento	Riguarda ciò che fanno le persone: le loro azioni/reazioni	Qui viene detto ai dipendenti di lavorare in modo diverso (comportamento) senza ricevere la necessaria preparazione (abilità/strategia). Purtroppo, è una cosa che accade fin troppo spesso. Quando il denaro scarseggia, la prima cosa che si elimina è il budget dedicato alla formazione! Anche in questo caso, è più che probabile che il cambiamento non duri a lungo. Il rischio è costituito da comportamenti e abitudini casuali. I dipendenti riprendono i vecchi comportamenti anche quando non lavorano.
1 Ambiente	Riguarda il dove e il quando le persone fanno qualcosa, l'ambiente in cui lavorano	Se c'è una modifica nella configurazione fisica dell'ufficio, non potrà che essere considerata vantaggiosa, se viene intesa come parte dell'implementazione del più ampio programma di cambiamento. Se ciò non avviene, l'impatto sarà quello di un ambiente vuoto in cui non si conclude nulla e i dipendenti sono demotivati, con il forte rischio che non seguano le regole.

Esercizio 27: Usare i livelli logici nel tuo programma di cambiamento

Quando progetti il tuo intervento nella gestione del cambiamento, la serie di domande che segue potrebbe aiutarti a fissare un contesto per ottenere modifiche a lungo termine.

- Qual è la missione ultima di questa azienda, e come intende collegarsi ai più ampi sistemi globali?
- Quale visione e scopo possono supportarla?
- Quali valori e convinzioni sostengono questa missione?
- Quali capacità sostengono singolarmente tali convinzioni e valori essenziali?
- Quali comportamenti sono a sostegno di ciascuna capacità?
- Quale ambiente supporta questi comportamenti?

Rimanere saldamente al vertice

La più grande banca olandese aveva investito in un costoso programma di formazione alle vendite, ma senza alcun miglioramento dei risultati. La formazione aveva assicurato l'acquisizione di conoscenze e capacità (vale a dire i livelli 2 e 3 del modello). Il personale sapeva cosa fare. Eppure, l'atteggiamento nei confronti delle vendite non era ancora quello giusto. L'anello mancante consisteva nel fatto che i responsabili del portafoglio clienti, consulenti e addetti alle vendite non avevano modificato i propri atteggiamenti e convinzioni riguardo alle vendite e all'acquisizione di nuovi clienti (livello 4 del modello). A noi fu affidato il compito di organizzare un programma di due giorni per modificare quegli atteggiamenti.

Utilizzammo il Modello di Comunicazione, i frame della PNL: causa ed effetto, percezione = proiezione, responsabilità del cambiamento e la presupposizione che qualsiasi impegno inferiore al 100 per cento equivalga a un sabotaggio. Spiegammo anche i livelli logici di cambiamento e l'allineamento dei valori del team. Infine, introducemmo il feedback sandwich per dare e ricevere feedback. Ciò consentì a tutti i partecipanti di sfruttare al massimo e nel modo più costruttivo il loro apprendimento.

Il programma in due giorni era un misto di attività in sede e all'aperto per cambiare le convinzioni dei partecipanti riguardo alle possibilità di vendita. Poi si passava alla formazione nel campo della pratica dei colloqui telefonici con i clienti. Due mesi dopo era prevista una seduta supplementare nella quale i partecipanti dovevano presentare i risultati ottenuti a partire dal programma di formazione.

Abbiamo condotto questo programma di formazione in più di 35 filiali. Tutte hanno migliorato il fatturato delle vendite e questo istituto è tuttora il n. 1 in Olanda.

– Eelco Wisman, amministratore delegato di OUTWISE Performance Improvement, Olanda

In sintesi

Spesso chi gestisce il cambiamento si sente frustrato quando i programmi non procurano i benefici promessi all'inizio. La PNL ci offre una gamma di strumenti che possono contribuire all'aspetto "personale" del cambiamento costruendo la fiducia e l'impegno. L'insegnamento più grande è che la condiscendenza nei programmi di cambiamento non funziona, o funziona bene soltanto a breve termine. Se vuoi un vero sostegno e impegno da parte dei leader e dei dipendenti, devi investire tempo ed energie aiutandoli a:

- comprendere l'urgenza del cambiamento
- chiarirsi le idee a proposito dei benefici per l'azienda e per i singoli
- individuare la prontezza e la capacità dell'azienda nell'affrontare i cambiamenti
- influenzare altri usando le comunicazioni con un fine preciso e determinazione
- risolvere situazioni e rapporti difficili
- allineare i cambiamenti con i loro valori e convinzioni, affinché si sentano parte dell'identità dell'azienda

È in questa fase che inizia la vera magia del cambiamento!

Nella gestione del cambiamento c'è sempre una scelta da operare: condiscendenza oppure impegno. La prima può funzionare a breve termine, ma soltanto l'impegno costruisce un cambiamento sostenibile.

Capitolo 8

Modificare le regole del gioco

Cambiare la cultura aziendale è un compito molto gravoso. Ho intitolato questo capitolo "Modificare le regole del gioco" perché è esattamente questo che va fatto. Non è il genere di sfida che si affronta perché "va di moda" farlo. Lo fai perché devi tentare di sopravvivere o, se sei abbastanza intelligente, lo fai prima che arrivi quel momento. Al contrario, la maggior parte delle aziende non ha la lungimiranza di cambiare la propria cultura prima che sia il mercato a imporlo. Ricordi cosa è successo a Marks & Spencer? Qualcuno inizia, ma poi non ha la determinazione sufficiente a continuare, mentre altri aggiustano alla meglio qualcosa e si chiedono perché non ottengono i risultati che avevano previsto.

Esploreremo ora in che modo la PNL può aiutarci a riscrivere tali regole e consentirti di ottenere modifiche notevoli in un breve lasso di tempo. Ecco i concetti PNL che utilizzeremo a tal fine:

- Rottura degli schemi
- Strategie

Cosa sono le "regole del gioco"?

In sostanza, si tratta delle regole inconsapevoli dell'organizzazione. Sono quelle che tutti imparano una volta assunti, anche se non vengono insegnate da nessuno. Sono tutto ciò che opera dietro le quinte e che governa i comportamenti all'interno dell'azienda. Normalmente non si tratta delle affermazioni sulla missione, dei valori e dei comportamenti coscienti che vengono premiati nel corso della valutazione annuale. Sono, invece, quello unanimemente inteso come il modo in cui le cose vanno effettivamente fatte (o non fatte). Questo concetto somiglia a un iceberg: la punta visibile rappresenta le aree della cultura aziendale che possiamo vedere in senso fisico. Questi elementi "visibili" comprendono cose come politiche e procedure, pratiche di ricompensa e valutazione del rendimento, struttura, ambiente, azioni di leadership, piano aziendale, affermazioni di missione dell'organizzazione, visione e valori, comportamenti e così via. Tutti questi elementi sono importanti per plasmare la cultura.

Tuttavia, nessuno degli elementi visibili può avere veramente un senso senza una comprensione di ciò che li determina e che è nascosto sotto la superficie del mare, nell'esempio dell'iceberg, o che è comunque invisibile. Tali elementi sono le cause di base di ciò che si manifesta nella parte visibile. Pertanto, quando pensiamo alla cultura, la parte dell'iceberg che è al di sotto del livello del mare comprende cose come i "veri" valori e convinzioni, il clima, i simboli della cultura e le norme. Per esempio, un nuovo comportamento identificato a livello visibile potrebbe essere per lo staff l'assunzione di maggiori rischi. Tuttavia, se a livello invisibile la dirigenza attribuisce al personale gli errori che vengono commessi, è improbabile che ciò accada. Spesso si verifica uno sfasamento tra ciò che alle persone viene detto di fare e le azioni dei leader o l'ambiente nel quale lavorano.

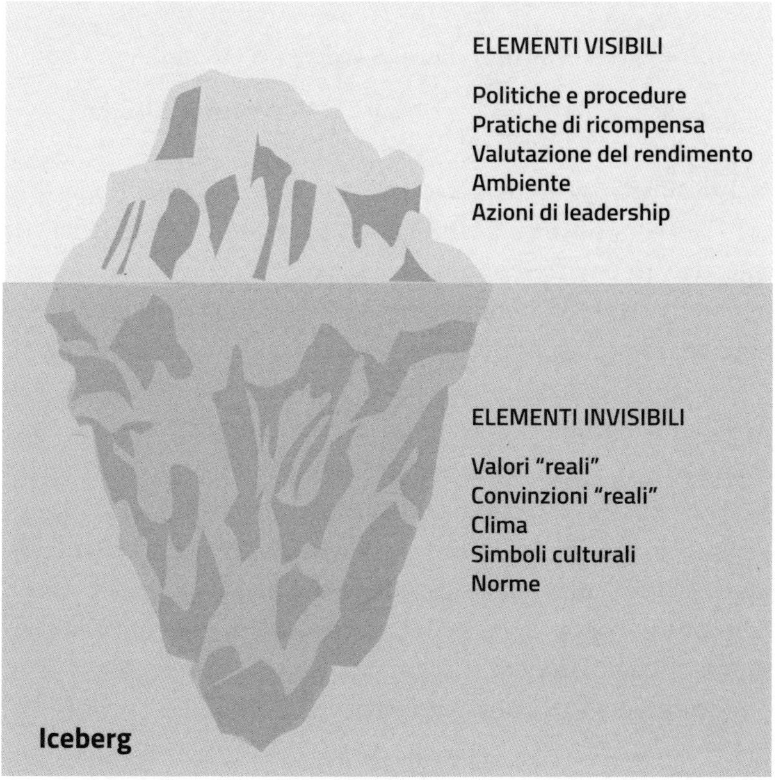

Ecco un paio di esempi illuminanti. Uno dei miei clienti, una grande società inglese di servizi pubblici, voleva modificare la propria cultura e smantellare le gerarchie, eppure tutti gli alti dirigenti avevano uffici su quella che il personale definiva ironicamente "la via del mogano" a causa delle loro scrivanie di mogano massiccio. Naturalmente, nessun altro nell'organizzazione aveva scrivanie simili. Un'altra volta stavo lavorando per una base dell'esercito che voleva annullare la divisione tra personale civile e personale militare. Uno dei fattori chiave era migliorare la comunicazione tra i due gruppi, ma il comandante della base era solito arrivare ogni mattina ed entrare in ufficio dalla porta sul retro, per evitare di parlare con qualcuno.

"Sii il cambiamento che vuoi vedere nel mondo".

— Mahatma Gandhi

Nel business dovremmo tradurre questa frase per la leadership con "attua per primo i cambiamenti che vuoi vedere nella tua azienda". In questo modo, la cultura può sia consentire che rafforzare la strategia oppure comprometterne la direzione e minacciare l'implementazione dell'iniziativa del cambiamento.

Le regole del gioco rappresentano tutta l'area sotto la superficie dell'acqua o – come lo definisco io – il sistema "immunitario" del tuo business. A meno che tu non sia in grado di vincere i suoi attacchi, lancerà una controffensiva che spesso si dimostrerà vincente. Ecco perché i tentativi di cambiamento incrementale funzionano di rado nella modifica della cultura. Se procedi troppo lentamente, la burocrazia esistente e la resistenza al cambiamento vanificheranno tutti i tuoi sforzi. Non puoi cambiare la cultura seguendo vecchie regole.

Muovere una petroliera

Alcuni anni fa ho lavorato su un progetto nel quale i tentativi di modificare comportamenti radicati continuavano a ristagnare. Il team di consulenza condusse delle ricerche per scoprire le vere "regole del gioco", e i risultati furono davvero interessanti. Le regole chiave erano le seguenti:

- Diciamo di volere semplicità e chiarezza, ma il modo in cui agiamo (e ciò che realmente vogliamo) crea complessità
- Il conflitto ci mette a disagio, e preferiamo un comodo fallimento a uno scomodo successo
- In un momento di tensione, ci concentriamo sul processo di cambiamento invece di affrontare i problemi delle persone

- Sussiste la volontà di compiacere, che porta a una "cieca" sottomissione al processo

Queste regole del gioco stavano compromettendo molte delle iniziative avviate a livello di superficie. I leader si arrendevano fin troppo facilmente al primo accenno di resistenza perché non amavano affrontare i problemi delle persone e i conflitti, ed erano abituati a nascondere tranquillamente i fallimenti sotto il tappeto dell'organizzazione.
Le nostre conclusioni furono che la maggior parte delle osservazioni non riguardava carenze nei processi, ma il modo in cui le persone dirigevano, comunicavano ed eludevano le loro responsabilità. Nessuno dei miglioramenti richiesti dal processo si sarebbe mai prodotto finché non si fossero affrontati questi altri problemi.

Questo feedback fu uno shock per il team di gestione, che non aveva idea di quanto i problemi fossero divenuti endemici. Fu un'ottima tattica per convincerli a pensare in modo diverso alle sfide della cultura che avevano di fronte.

Esercizio 28: Quali sono le regole del tuo gioco?

È un esercizio da completare realizzando interviste e istituendo focus group con tutti i soggetti interessati del tuo business. A seconda della tua posizione, potresti decidere di delegarlo a qualcun altro o anche a un consulente esterno all'azienda. Secondo la mia esperienza, in genere i dipendenti sono più aperti nei confronti di qualcuno che sicuramente comunicherà in forma anonima le loro idee. È importante stabilire colloqui individuali con i dirigenti, mentre i focus group sono utili per il personale di contatto e i gruppi per i clienti.

Usa le domande consigliate qui di seguito per scoprire il sistema immunitario della tua organizzazione. Aggiungine altre che siano più specifiche per il tuo ambiente.

- Che cosa è più importante per i dirigenti di questa organizzazione?
- Come vengono prese le decisioni?
- Fino a che punto i dirigenti aziendali si comportano secondo ciò che dicono, cioè adottano i comportamenti che si aspettano da altri?
- Quali sono i simboli chiave in questa azienda, e cosa ci dicono su ciò che accade veramente? (sono da prendere in considerazione spazi di parcheggio personali, mense e ristoranti separati, socializzazione fuori del lavoro ecc.)
- Quali sono gli schemi alla base dei comportamenti riscontrati in questa azienda?
- Quali sono i più importanti canali di comunicazione formale e informale?
- Qual è la disponibilità a rischiare?
- Qual è la cosa di cui più si lamenta il personale? Che cosa ci dice a proposito del sistema immunitario?

L'esercizio ti ha consentito di scoprire qualcosa di interessante? Io penso di sì. Potrai utilizzare le informazioni raccolte nella prossima sezione.

Usare la rottura di uno schema per "disarmare" la vecchia cultura

Ora che hai un più alto livello di consapevolezza delle sfide che dovrai affrontare, vediamo come può funzionare un programma di cambiamento della cultura. In questo caso, il concetto PNL di "rottura di uno schema" può dimostrarsi molto utile.

Con "rottura di uno schema" intendo una serie di improvvise interruzioni che inibiscono in modo permanente un'abitudine o uno stato di fatto. Traducendo tutto ciò nel contesto del business, deve accadere qualcosa che scuota lo status quo e faccia sapere alle persone, specialmente quelle che sostengono la cultura esistente, che prendi sul serio il cambiamento. In una situazione simile, è poco probabile che il cambiamento incrementale possa funzionare: intraprendi azioni che costringano le persone a prestare attenzione. Fai in modo che le tue azioni di apertura non lascino dubbi sul fatto che la vecchia cultura è incompatibile con ciò che avverrà. Se questo ti preoccupa, forse un notevole cambiamento culturale non è adatto a te o al tuo business in questo momento, perché esso richiede concentrazione, interventi radicali e rischio. E tuttavia, i vantaggi di una cultura che rafforza la strategia del business sono potenzialmente enormi.

Esempi di rottura degli schemi in questo contesto comprendono (non si tratta comunque di un elenco esaustivo):

- rinnovamento dei sistemi di ricompensa
- riduzione dei livelli gerarchici
- riorganizzazione radicale
- appalto a esterni delle attività non vitali
- ricollocazione dello staff poco efficiente
- abolizione dei benefici elitari per gli alti dirigenti
- adozione di metodi di lavoro flessibili, come la condivisione degli uffici

Scoprirai che una rottura degli schemi non deve necessariamente interessare cambiamenti di rilievo: nel caso esposto in precedenza, sbarazzarsi delle scrivanie di mogano avrebbe avuto lo stesso impatto di molti altri metodi presenti in questo elenco. Ovviamente, il metodo che sceglierai dev'essere allineato con i cambiamenti che intendi apportare: per esempio, il ricorso all'appalto a esterni o sistemi di lavoro flessibili potrebbero accompagnare consistenti riduzioni del budget. Una rottura di schemi come questi è indispensabile, perché l'attuale cultura possiede un forte sistema immunitario. Se non riesci a sconfiggerlo rapidamente indebolendolo in qualche modo, è probabile che prenda di nuovo il sopravvento. Ovviamente, un ambiente fortemente sindacalizzato potrebbe creare notevoli difficoltà. I benefici della nuova cultura devono risultare chiari e pesare più della cultura esistente. Se possibile, guadagna alla tua causa il sindacato prima di lanciare un consistente programma di cambiamento.

Esercizio 29: Quale rottura degli schemi puoi attuare?

In base agli esiti dei colloqui e degli incontri tenuti prima (esercizio 25) per individuare le caratteristiche del sistema immunitario della tua azienda, considera quali azioni potrebbero produrre gli effetti di una "rottura degli schemi".

Disarmare il club

(torniamo al caso studiato nel capitolo 6) Volevamo dimostrare al personale che la cultura del "club" non era più accettabile. Prima della successiva tornata di valutazioni, il team dirigenziale introdusse alcune nuove misure per creare una rottura di schemi all'interno dell'azienda. In primo luogo venne istituita una commissione per moderare i risultati delle valutazioni dei vari team, che avrebbe convocato tutti i manager per giustificare i punteggi da loro assegnati. In secondo luogo, i responsabili di linea dovevano rendere conto dei giudizi espressi ai propri manager prima che le valutazioni fossero sottoposte a moderazione. In terzo luogo, in tutta l'azienda sarebbe stato istituito un nuovo sistema di gestione del rendimento, sottoposto a un maggior numero di revisioni intermedie nel corso dell'anno. Questo avrebbe certamente dimostrato ai manager che l'organizzazione prendeva sul serio il processo di cambiamento. Infine, a tutti i dirigenti fu insegnato tramite corsi di formazione a predisporre obiettivi per lo staff e a condurre "conversazioni di qualità".

Quando le tue prime mosse avranno suscitato interesse e dimostrato la tua convinzione, sarà ora di capire qual è la migliore strategia da usare per introdurre nell'azienda un cambiamento della cultura a lungo termine.

Una strategia per il cambiamento della cultura

La "P" di PNL sta per "programmazione". È il modo in cui pianifichi le cose da fare o le tue strategie per il successo. Se c'è un settore della tua vita in cui non stai ottenendo i risultati che vorresti, certamente la causa è da attribuirsi alla mancanza di una strategia idonea per quel settore. Lo stesso vale per il business. Consideriamo l'argomento delle strategie nel contesto della PNL e poi applichiamole al cambiamento della cultura. E, ovviamente, le strategie sono valide per tutto ciò che fai, quindi quel che impari qui avrà applicazioni più ampie nel tuo business. Per esempio, se il tuo modo di comunicare in azienda non funziona come vorresti, come devi modificare la tua strategia di comunicazione in modo da ottenere risultati migliori?

Nei termini della PNL, una strategia è una sequenza di pensieri e comportamenti che portano a un risultato specifico. Hai appreso strategie in grado di operare a tuo favore o contro di te. La PNL ti aiuta a svelare passo per passo le strategie che non funzionano bene, in modo da consentirti di cambiarle. Il detto "Se continui a fare ciò che hai sempre fatto, continuerai ad avere ciò che hai sempre avuto" risulta qui molto pertinente. Se nella tua vita qualcosa non funziona, fai qualcosa di diverso! Per il business vale lo stesso principio.

Il TOTE

Il TOTE è il modello fondamentale utilizzato nelle strategie PNL. Ho notato che molti dei miei allievi trovano alquanto sconcertante il concetto di TOTE, quindi mi accingo a spiegarlo qui nel modo più semplice possibile.

Il modello TOTE fu sviluppato nel 1960 (e pubblicato nel libro *Plans and the Structure of Behaviour*) dagli psicologi Eugene Galanter, Karl Pribham e George Armitage Miller, per descrivere e spiegare il comportamento umano. L'acronimo TOTE sta per:

- **Test:** si stabiliscono o si applicano i criteri per lo *stato auspicato*
- **Operazione:** si accede ai dati o si raccolgono i dati stessi
- **(secondo) Test:** si confrontano o si valutano i dati rispetto ai criteri
- **Esito:** si scelgono o si elencano in ordine di priorità i dati e, se c'è una corrispondenza, si produce un esito, ovvero si esce dallo schema

Tutto ciò che ciascuno di noi fa implica un TOTE. Sue Knight affermava:

> "Il principio è che il nostro comportamento è stimolato da un esito (risultato auspicato) e riconosciamo di aver raggiunto quello stato da una serie di criteri standard... Noi confrontiamo continuamente il nostro stato attuale con quello desiderato, per scoprire se corrispondono. Quando sussiste questa corrispondenza, abbiamo ottenuto l'esito, il punto di uscita. Se lo stato attuale non corrisponde a quello auspicato, dobbiamo compiere un'altra operazione per scoprire se comporta una differenza".

Utilizziamo continuamente dei TOTE, confrontando il punto in cui ci troviamo con quello che vorremmo raggiungere, e intraprendendo azioni per avvicinarci al punto di uscita. Il TOTE è un ciclo continuo di feedback. Le abilità fondamentali per superare il TOTE sono: sensibilità a ciò che accade intorno a te, la volontà di imparare dal feedback, e la flessibilità per passare a qualcosa di diverso quando ciò che fai non sta funzionando.

Ecco un esempio. Di recente, volevo acquistare un nuovo telefono da usare per ricevere le mie e-mail in viaggio.

- (primo) Test: ho elaborato un elenco di criteri per i gadget che volevo sul mio telefono
- Operazione: ho visitato un certo numero di negozi provando vari modelli di cellulari, e ho fatto qualche ricerca in rete per scoprire quali altri telefoni potevano soddisfare quei criteri
- (secondo) Test: ho confrontato le opzioni offerte da tutti i telefoni con il mio elenco originario di criteri
- Esito: ho fatto la mia scelta e concluso la strategia con il mio acquisto

Ciò che spesso accade nella fase dell'Operazione è che nuovi criteri vengono aggiunti alla nostra lista dei requisiti. Per esempio, se avessi scoperto telefoni con caratteristiche differenti da quelle presenti nel mio elenco, avrei dovuto tornare al primo Test, fissare nuovi criteri e ricominciare daccapo. Questo, pertanto, è un modello per spostarti dallo stato attuale a quello desiderato.

Prendiamo l'esempio del nostro cambiamento di cultura. Miriamo a portare lo stato attuale a quello desiderato. Il TOTE somiglierebbe in qualche modo a questo:

- (primo) Test: specifichi le caratteristiche della cultura auspicata e chiedi a te stesso se non venga già attuata nella tua organizzazione. La risposta dovrebbe essere "No, non siamo a questo punto"
- Operazione: intraprendi un'azione e applichi "operazioni" diverse che ti avvicinano allo stato desiderato
- (secondo) Test: lungo il percorso applichi un altro T (test) e ti poni di nuovo la domanda "Ora ci siamo?"
- Ripeti il ciclo tra le fasi 2 e 3, Operazione e Test, fino a raggiungere lo stato auspicato
- Esito: l'azione è conclusa e puoi uscire dallo schema

Se non stai ottenendo i risultati voluti, questa è una tecnica utile per individuare perché non hai ancora raggiunto lo "stato desiderato". Analizzando passo passo i dettagli della tua strategia, potrai scoprire il momento esatto in cui essa dev'essere corretta o cambiata per assicurarti i risultati che auspichi.

Strategie per produrre un cambiamento della cultura

Quello che sto per esporre è un approccio al cambiamento della cultura che ho sviluppato nel corso di molti anni di lavoro con i miei clienti per produrre iniziative che assicurino risultati a lungo termine (le comunicazioni e gli elementi di gestione dei soggetti coinvolti in questa strategia si applicano anche a qualsiasi altro progetto di cambiamento tu voglia affrontare).

Fase 1: Allineare la cultura con la strategia del business

Sebbene questa sia una fase relativamente passiva della strategia, è tuttavia importante definire lo "stato desiderato". Nell'esercizio 25 (vedi capitolo 7) hai definito i livelli logici del cambiamento. Essi sono essenziali in qualsiasi programma di cambiamento della cultura, in quanto imposti sistematicamente la missione, la visione e lo scopo, i valori e le convinzioni, le capacità, i comportamenti e l'ambiente che allineano e rafforzano la direzione strategica del tuo business. In termini di livello di sforzo e impatto, questa fase richiederà probabilmente il 10 per cento dell'impegno che metti nella tua iniziativa, e di per sé eserciterà uno scarso impatto. Tuttavia, essa crea una solida base per il cambiamento. Per esempio, certamente sei stato coinvolto in quei tentativi di cambiare la cultura che implicano la stesura di una nuova serie di valori e comportamenti su fogli da appendere alle pareti degli uffici. Di per sé, questa azione non porta a modificare la cultura, ma indica una direzione da seguire che può essere rafforzata dalle fasi successive.

Fase 2: Comunicare attivamente i nuovi livelli logici di cambiamento

La comunicazione attiva è una componente essenziale di qualsiasi programma di cambiamento della cultura. Questa fase comprende due sottofasi:

- definire i gruppi di soggetti interessati
- sviluppare la strategia e il piano di comunicazione

Strategia per il cambiamento della cultura

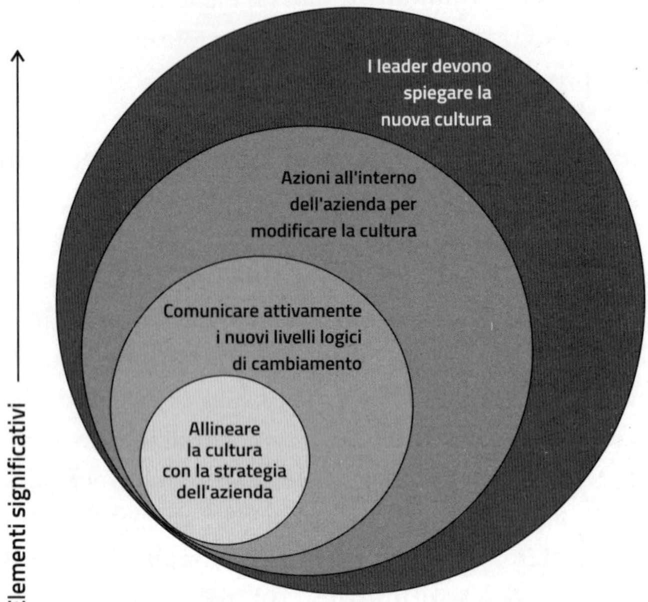

Definire i gruppi di soggetti interessati

In ogni processo di cambiamento, soprattutto se riguarda la cultura, devi decidere se vuoi raggiungere i tuoi scopi attraverso la sottomissione o l'impegno. Entrambi i percorsi richiedono un investimento. Il percorso della sottomissione richiede di solito un investimento nei processi che mirano a ottenere, monitorare e, se necessario, rafforzare la sottomissione. L'impegno, d'altro canto, richiede un investimento in termini di conquista dei cuori e delle menti, di tempo dei leader e di comunicazione e risposte da dare ai dipendenti. Ciascuno dei due percorsi ha una sua ragione d'essere, e devi scegliere quello giusto affinché il processo di cambiamento funzioni. Il percorso che sceglierai dipende da (a) il tipo di cambiamento, e (b) il livello di impegno di cui hai bisogno per assicurarne la riuscita. Nel cambiamento della cultura, conquistare i cuori e le menti dei soggetti interessati è essenziale. Entrambi i percorsi comportano costi, ma in fasi diverse.

Con la sottomissione, i costi più gravosi si presentano più tardi, nel caso in cui si riprendano le vecchie abitudini. Con l'impegno i costi si affrontano subito in termini di coinvolgimento delle persone, comunicazione e gestione dei soggetti interessati.

Come consulente della gestione ho appreso un modo efficace per definire i gruppi di soggetti interessati che puoi applicare ora.

Esercizio 30: Definire i gruppi di soggetti interessati

Riunisci insieme gli individui e i gruppi su cui il programma di cambiamento della cultura eserciterà un impatto.
Quindi inserisci ciascun individuo o gruppo nella griglia qui di seguito, valutando due dimensioni: in primo luogo, la probabile reazione al cambiamento (vale a dire sono potenziali oppositori, ancora indecisi oppure sostenitori del cambiamento?); in secondo luogo, valuta il loro livello di potere e influenza nei confronti del tuo progetto (alto, medio o basso?).

Ora osserva la tua mappa. Coloro che si trovano nella casella in alto a destra (sostenitori con alti livelli di potere e influenza) ti saranno molto utili per ottenere i benefici dell'iniziativa di cambiamento della cultura. Al contrario, è probabile che quelli inseriti nella casella in basso a sinistra causino le maggiori difficoltà. Quanti si collocano al centro in alto devono essere influenzati

Mappa dei soggetti interessati

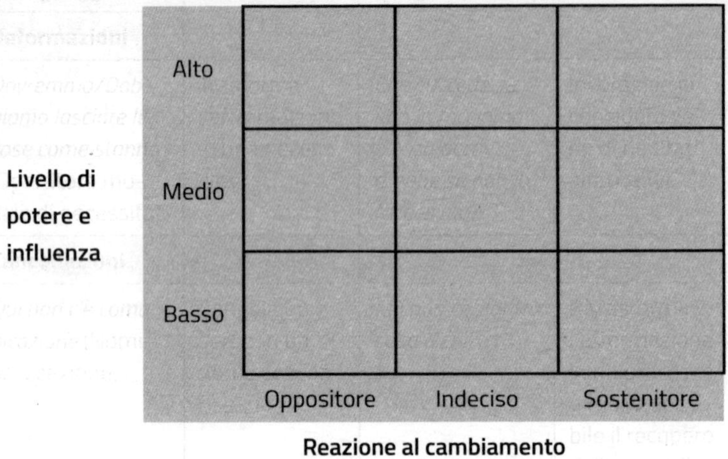

per sostenerti, ed è necessario impedire che assumano una posizione di ostacolo. Quanti si trovano ai livelli più bassi di potere e influenza non devono essere ignorati: grandi gruppi di persone con scarsi livelli di potere ma decisi a opporsi possono costituire un rischio molto elevato, in quanto potrebbero sabotare la tua iniziativa. I gruppi di sostenitori con scarsi livelli di potere possono rappresentare un prezioso strumento per influenzare altri dipendenti operativi meno positivi.

Annota qui di seguito:

- come puoi utilizzare i tuoi sostenitori
- quali indecisi devi assolutamente guadagnare alla tua causa
- il potere di quali oppositori occorre attenuare

Avvertenza

Fai attenzione a come utilizzi questa valutazione. Una volta ho affisso una grande mappa dei soggetti interessati alla parete della sala del team di consulenti nella sede del cliente. Purtroppo, una persona che avevamo valutato come forte "oppositore" entrò inaspettatamente nella stanza, e rimase molto sorpreso individuandosi sulla mappa, evento spiacevole che richiese una spiegazione da parte nostra! Ovviamente, la cosa migliore è inserire apertamente nel grafico i soggetti interessati in occasione di un seminario nel quale tutti abbiano la possibilità di esprimere le proprie opinioni.

Sviluppare la strategia e il piano di comunicazione

Una volta tracciata la mappa dei soggetti interessati, viene creata una strategia per adattare le comunicazioni a ogni specifico uditorio considerando i seguenti quesiti.

- Quali sono gli obiettivi generali e i risultati auspicati della tua strategia di comunicazione?
- Chi sono i tuoi interlocutori?
- Quali sono i messaggi chiave che vuoi adattare a ciascun uditorio?
- Quali metodi e canali di distribuzione userai (per esempio, intranet con aggiornamenti settimanali)
- Quanto spesso comunicherai?
- Chi è responsabile della preparazione e attuazione di ogni metodo?
- Come controllerai l'impatto di ogni comunicazione e come otterrai feedback da ciascun uditorio?
- Quali misurazioni di rendimento fisserai per valutare l'efficacia della campagna di comunicazione?

Esercizio 31: Sviluppare la tua strategia di comunicazione

Usa questo modello per elaborare la tua strategia di comunicazione.

Strategia di comunicazione

	Uditorio 1	Uditorio 2	Uditorio 3	Uditorio 4	Uditorio 5	Uditorio 6
Obiettivi						
Risultati auspicati						
Messaggi chiave						
Metodi e canali di distribuzione						
Frequenza						
Chi è responsabile della preparazione e dell'attuazione						
Valutazione dell'impatto e dei feedback						

Esercizio 32: Sviluppare il tuo piano di comunicazioni

Usa questo modello per elaborare il tuo piano di comunicazioni.

Piano di comunicazioni

Attività:					
Settimana 1					
Settimana 2					
Settimana 3					
Settimana 4					
Settimana 5					
Settimana 6					
Settimana 7					
Settimana 8					
ecc.					

In termini di livello di sforzi e impatto, questa fase probabilmente assorbirà più o meno il 20 per cento del tuo impegno nell'iniziativa di cambiamento della cultura. Essa comincerà a esercitare un impatto sulla tua azienda nel momento in cui i dipendenti riceveranno comunicazioni mirate che faranno del cambiamento una scelta quasi obbligata e metteranno in luce i benefici (e anche eventuali mancati benefici) che comporta per loro. Tuttavia, queste due fasi iniziali non costituiscono di per sé una strategia per il cambiamento a lungo termine, perché non sussiste ancora un vero incentivo per lo staff a fare qualcosa di diverso e impegnarsi nel processo di cambiamento.

Fase 3: Intraprendere azioni per cambiare la cultura dell'azienda

Alla fine delle Fasi 1 e 2, il personale comprende che cosa è necessario cambiare e perché. La Fase 3 si occupa del modo di rafforzare tali modifiche a livello organizzativo. Un esempio chiave è il cambiamento delle politiche e procedure relative alle risorse umane allo scopo di allinearle alla transizione in atto. Per esempio:

- gestione del rendimento
- ricompense e riconoscimenti
- assunzioni
- promozioni
- confronto con i membri dello staff che oppongono continuamente resistenza

Questi fattori potranno accelerare il processo di cambiamento della cultura e faranno in modo che quei cambiamenti siano incardinati nell'azienda. Secondo la mia esperienza, troppe iniziative di questo tipo trascurano questa fase essenziale. Viene definita e comunicata una nuova realtà, ma si continua a ricompensare e promuovere secondo vecchi valori e comportamenti, con l'effetto di distruggere tutto ciò che si è ottenuto fino a questo punto.

Esercizio 33: In che modo ti proponi di allineare le tue politiche e procedure relative alle risorse umane?

Annota qui di seguito le politiche e procedure che ti proponi di modificare nella tua azienda per rafforzare il cambiamento della cultura. È probabile che tu debba effettuare qualche ricerca con il tuo team di risorse umane per riuscire a consigliare politiche e procedure che possano esercitare l'influsso maggiore.

Questa fase rappresenta approssimativamente il 30 per cento dell'impatto del programma di cambiamento e comincerà a operare trasformazioni in ogni organizzazione. Tuttavia, anche questo passo potrebbe non essere sufficiente, se i leader dell'organizzazione non sosterranno attivamente il processo.

Fase 4: I leader devono spiegare la nuova cultura

Attuare un cambiamento culturale comporta un processo difficile e lungo, che può essere completato con un'adeguata determinazione da parte della leadership. La leadership rappresenta la leva di gran lunga più forte del cambiamento culturale, che esercita circa il 40 per cento dell'impatto del cambiamento.

La fase finale impone ai leader della tua azienda di porsi come esempi dei valori, delle convinzioni, delle capacità e dei comportamenti che vogliono vedere nel personale. Fin troppo spesso viene adottato un comportamento del tipo "fai ciò che dico" e non "fai ciò che faccio". Alcuni sembrano perfino credere che per loro vada bene comportarsi come prima, mentre tutti gli altri nell'azienda cambiano. Nulla può sabotare il successo del cambiamento della cultura più di questo. Per esempio, i leader ricevono ancora consistenti aumenti di stipendio, mentre i dipendenti subiscono il blocco dei salari. Questo non può fare altro che male a un progetto di cambiamento. In questa fase i leader possono avere dei veri e propri paraocchi. Se sei già un leader, hai la possibilità di influenzare direttamente il processo.

Se ancora non lo sei, considera metodi che ti consentano di influenzare i principali soggetti interessati.

Esercizio 34: Costruire la determinazione della leadership per il cambiamento

Annota qui di seguito come tu e gli altri leader della tua azienda potete essere un esempio del cambiamento che vuoi attuare. Per esempio, se il tuo programma si propone di far saltare le gerarchie, potrebbe comportare qualche sacrificio, come rinunciare a sale da pranzo private o a posti auto riservati, oppure l'onere di essere sempre aggiornato per ciò che riguarda le valutazioni e gli incontri individuali, se a necessitare di aggiornamento è la gestione del rendimento, e così via. Più grandi sono i cambiamenti da apportare, maggiore sarà l'influsso esercitato dal resto dell'azienda.

Bene, se non sei spaventato dalle cose che devono essere cambiate, probabilmente non hai lavorato a sufficienza! Sia chiaro, non puoi esercitare il 40 per cento dell'impatto in termini di longevità del cambiamento della cultura senza operare qualche grande trasformazione.

Come usare questo approccio

Ho lavorato insieme all'amministratore delegato di una società di progettazione d'impianti intenzionata a competere con il settore privato. Si trattava di un programma di 18 mesi di modifica dei comportamenti incentrato su quattro nuove competenze essenziali: totale concentrazione sulle esigenze della clientela, efficienza del personale, equilibrio tra rischi e ricompense, e sviluppo delle conoscenze commerciali e finanziarie. Quelle che seguono erano le quattro fasi chiave del lavoro.

- **Allineare la cultura con la strategia del business:** attraverso colloqui individuali e focus group abbiamo determinato quali comportamenti il personale avrebbe dovuto adottare per attuare la strategia aziendale. Mentre l'organizzazione si preparava ad affrontare la concorrenza, era cruciale che tutti i manager si concentrassero sull'aspetto commerciale e fossero disposti ad assumere maggiori rischi a fronte di ricompense potenzialmente più congrue. Avevano anche bisogno di guardare di più al cliente e di aumentare l'efficienza delle loro capacità di costruzione dei rapporti.

- **Comunicare attivamente i nuovi livelli logici di cambiamento:** abbiamo tenuto una riunione di un giorno con tutti i soggetti interessati per monitorare i risultati del nostro studio iniziale, e per finalizzare con loro la nuova visione e i nuovi comportamenti. Abbiamo riscontrato una serie di successi immediati in conseguenza di questo evento, e abbiamo potuto elaborare il programma di cambiamento per produrre i risultati concordati.

- **Intraprendere azioni di business per modificare la cultura:** abbiamo organizzato un grande evento per più di 100 agenti di cambiamento da assistere nel corso del processo. Il loro ruolo era impegnarsi con lo staff a ogni livello per promuovere in tutta l'azienda i nuovi comportamenti. Inoltre, essi sono stati coinvolti in molte azioni finalizzate ad allineare alla nuova cultura il sistema di gestione del rendimento, le politiche e le procedure delle risorse umane.

- **Convincere i leader a porsi come esempi della nuova cultura:** ai leader è stato chiesto di creare e gestire progetti allineati a ciascuno dei quattro nuovi settori comportamentali. Ciò significa che avevano realmente "voce in capitolo". Per esempio, un gruppo era responsabile delle nuove iniziative del servizio di assistenza alla clientela. Tutto questo ci aiutò a far circolare la voce che i manager erano allineati e convinti del programma di cambiamento. Anche l'amministratore delegato fu ben visibile nel corso di tutto il processo.

Il progetto ebbe molto successo e l'organizzazione raggiunse l'obiettivo di mantenere la sua entità di lavoro quando vennero indette le gare d'appalto.

In sintesi

All'inizio di questo capitolo ho sottolineato che il cambiamento di cultura non è per persone indecise. Richiede chiarezza su ciò che va cambiato, concentrazione, determinazione, coraggio ed elasticità. L'approccio prescelto dovrebbe essere estremamente fuori dagli schemi della tua azienda. Scegli metodi che creino l'effetto di "rottura degli schemi", ponendosi pertanto in acuto contrasto con quelli attuali. Fin dall'inizio, assumi l'iniziativa e prosegui senza incertezze, altrimenti la vecchia cultura comincerà a dettare termini e condizioni sul modo in cui realizzare il cambiamento. Ricorda che convinzioni, valori e schemi di comportamento radicati esercitano un potere enorme. Non ha alcun senso cercare di cambiare le regole del gioco secondo le vecchie abitudini. L'approccio PNL alle strategie e al cambiamento di cultura che abbiamo qui trattato ti assicurerà dei risultati se sei pronto a rimanere concentrato e ad andare avanti.

In *High Velocity Culture Change,* Price Pritchett e Ron Pound affermano: "Non pensare neppure a un cambiamento di cultura se non sei disposto a picchiare forte, correre veloce e andare fino in fondo".

Capitolo 9

Sviluppare organizzazioni globali

È chiaro che gli elementi propulsori che stimolano l'emergere di aziende globali sono più potenti delle forze che le imbrigliano. Tali elementi comprendono una maggiore apertura globale e una più ampia accettazione di idee e prodotti di altre culture, la disponibilità a impegnarsi in azioni multilaterali, e soprattutto il riconoscimento della necessità di un consenso su alcuni valori condivisi. A livello organizzativo, ci si aspetta che ovunque i manager costruiscano e guidino con successo team virtuali che spesso abbracciano diversi continenti. Ciò porta attraverso fusi orari diversi le grandi sfide della comunicazione, che si propongono di collegare lavoratori lontani tra loro, di trovare un approccio condiviso nel ricco mosaico di differenti valori e sistemi di convinzioni, e di gestire il rendimento e lo sviluppo di dipendenti che di rado incontri di persona. Non c'è da sorprendersi del fatto che la ragione principale del fallimento di molte aziende nel mondo globale di oggi siano le informazioni inadeguate a proposito dell'ambiente di lavoro e la mancanza di comprensione di culture straniere (Bonthos, "Culture – The missing intelligence variable", 1994).

In questo capitolo apprenderai quali competenze siano richieste per costruire e guidare con successo team virtuali, e in che modo la PNL possa aiutarti in questa sfida. Torneremo a riflettere su alcune delle strategie PNL che hai già imparato e ne introdurremo di nuove, come l'opera di Mehrabian sull'impatto della comunicazione dalla prospettiva verbale e non verbale. Potrai applicare qui tutto ciò che hai appreso sui metaprogrammi e i valori nel capitolo 5, riguardante la costruzione di un team di grande efficienza.

Ecco le competenze che, secondo la mia esperienza, sono essenziali per guidare un team virtuale di livello eccezionale:

- Comunicazione efficace
- Gestione del rendimento e coaching
- Superamento delle barriere culturali

Ce ne sono altre, naturalmente, come la gestione avanzata dell'informazione e lo sviluppo e adattamento di processi standard per i team. Tuttavia, esse esulano dalla finalità di questa trattazione.

Qual è la portata della tua sfida?

Cominciamo valutando il grado di complessità della tua attuale situazione. Puoi trovare altri dettagli completando l'esercizio che segue dalla prospettiva del team virtuale che gestisci o della tua azienda virtuale.

Esercizio 35: Quanto è complessa la tua situazione?

La mia azienda/squadra...

- ha più di 100 dipendenti — Sì/No
- ha membri provenienti da più di una funzione, per esempio produzione, marketing, vendite — Sì/No

- è geograficamente diffusa fra tre o più zone di fuso orario limitrofe — Sì/No
- ha membri provenienti da più di quattro culture nazionali — Sì/No
- ha dipendenti la cui lingua natia è diversa da quella di altri membri della squadra — Sì/No
- ha membri che non godono di eguale accesso alla comunicazione telematica — Sì/No
- ha membri che distano tra loro più di quattro ore di viaggio — Sì/No
- è organizzata secondo una matrice di disegno della struttura — Sì/No

Numero totale di risposte "Sì":

Indice della complessità

1-2 basso grado di complessità
3-5 grado moderato di complessità
6-8 alto grado di complessità

Le competenze trattate in questo capitolo sono pertinenti a tutti i livelli di complessità globale, e in particolare a quelli con livello di complessità elevato.

Comunicazione efficace

Una delle scoperte chiave che ho fatto nella mia nuova veste di manager è stata che il mio staff non condivideva il mio stesso modello del mondo, e certamente non capivano sempre quanto cercavo di comunicare loro. I tipici problemi di comunicazione fra team lontani comprendono l'attribuzione di significati a comunicazioni che risultano distorte, malintesi, presunzioni sbagliate nel caso scarseggino le informazioni sulla base delle quali procedere, lettura della mente (che in genere non riesce) per capire ciò che altre persone stanno pensando su una situazione, inserimento di dati sbagliati per riempire i vuoti della comunicazione. E come se non bastasse, ci sono le differenze culturali! Tutto ciò può diventare un campo minato di problemi. La PNL ci offre strumenti utili per mettere alla prova i nostri significati e avvicinarci alla realtà della situazione.

Riesaminare le presupposizioni della PNL

Nel capitolo 2, "Un atteggiamento vincente", abbiamo appreso le presupposizioni o principi fondamentali della PNL. Vale la pena di rivisitare quelli essenziali per il successo dei team virtuali.

- **Ciascuno di noi ha un proprio modello del mondo.** Tieni a mente che ogni membro del team opererà secondo un modello diverso dal tuo o da quello di altri. È importante investire tempo nella comprensione dei rispettivi modelli e di ciò che conta per i singoli. Il metodo migliore è quello degli incontri individuali, ma possono funzionare anche le telefonate.

- **Il significato della tua comunicazione è la risposta che ottieni.** Se chiedi a qualcuno del tuo team virtuale di fare qualcosa e non ottieni i risultati sperati, è un segnale della necessità di comunicare in un altro modo. Non è colpa loro se tu non sei sufficientemente chiaro! Scopri i metaprogrammi di tutti i componenti della tua squadra (vedi capitolo 4, "Costruire team di grande efficienza") e sfrutta ciò che avrai appreso dall'esercizio nelle comunicazioni con loro. Una volta ero molto frustrata da una donna del mio team che continuava a rimandarmi una bozza di rapporto che non prendeva in considerazione le questioni che volevo sottolineare. In seguito scoprii che io sono eccessivamente globale, lei specifica ben oltre i limiti, e di conseguenza mi trovava troppo vaga quando le spiegavo il lavoro da fare. Tradurre le mie istruzioni in un linguaggio a lei comprensibile era una mia responsabilità.

- **Le persone fanno del loro meglio con le risorse che al momento hanno a disposizione.** È un buon principio da tenere a mente nei frustranti momenti in cui i membri del tuo team ti deludono. Chiedi loro di cos'altro hanno bisogno per fare ciò che chiedi. Forse è necessario un coaching, un corso di formazione o qualche altro tipo di assistenza, come una migliore tecnologia dell'informazione o un processo di rinnovamento.
- **La persona con la maggiore flessibilità otterrà risultati migliori.** La leadership di successo di team virtuali richiede flessibilità, soprattutto per comprendere i valori culturali incrociati. Se non ottieni risultati la prima volta, cambia la tua strategia. Poni domande, scopri ciò che hai bisogno di sapere e poi fai un altro tentativo. Continua a provare finché non ottieni il risultato auspicato.
- **Tutti i comportamenti si basano su intenzioni positive.** È un principio utile quando si lavora con team multiculturali. A volte devi affrontare comportamenti e convinzioni che sono ardui da comprendere. In questi casi, ricorda che i tuoi dipendenti hanno intenzioni positive per tutto ciò che fanno, magari positive nel contesto della loro cultura e non in quello della tua. Per esempio, potresti dover rispettare dei termini di scadenza molto stretti che i componenti mediterranei del tuo team sembrano ignorare. Tuttavia, loro sono occupatissimi a sviluppare una nuova opportunità con un vecchio collega di cui hanno dimen-

ticato di parlarti, semplicemente perché non ti vedono da mesi.

Il valore di questi principi è nel fatto che ti aiutano in quanto leader ad apprendere dalle situazioni e procedere rapidamente. Inoltre, il tuo staff si sente supportato perché tu ascolti tutti. È una buona idea condividere questi principi con la tua squadra e far sì che tutti lavorino secondo tali criteri. Utilizza il metamodello (capitolo 7) per porre domande importanti e scoprire cosa accade veramente.

L'impatto della nostra comunicazione

Nel capitolo 3, "Modellare prestazioni di livello eccezionale", hai appreso qualcosa dell'opera di Mehrabian, e io intendo espandere questi concetti nel contesto dei team virtuali. Albert Mehrabian scrisse in *Silent Messages* che comprendere la differenza tra parole e significati è un'abilità essenziale per comunicazioni e rapporti efficaci. Il suo modello risulta particolarmente utile per illustrare l'importanza di fattori diversi dalle sole parole, quando si tenta di trasmettere un significato (come oratore) o di interpretarlo (nella veste di ascoltatore). Stile, espressione, tonalità, espressione facciale e linguaggio corporeo giustificavano il 93 per cento dei significati desunti dai soggetti dei suoi studi. In realtà, egli scoprì che le parole contano per il 7 per cento, il tono di voce per il 38 per cento e il linguaggio del corpo per il 55 per cento. Tono della voce e linguaggio corporeo presi insieme costituiscono il 93 per cento: quindi, se ti dico che sono realmente emozionata per qualcosa, ma parlo con una voce lenta e monotona, con aria annoiata e abbandonandomi su una poltrona, è molto più probabile che presti fede al tono della voce e al linguaggio corporeo piuttosto che alle mie parole.

Ciò è particolarmente importante per i team virtuali, in cui la maggior parte delle comunicazioni si scambia via e-mail. Ricorda che puoi perdere fino al 93 per cento dell'impatto per il fatto che i membri della tua squadra non hanno il vantaggio ulteriore di poter controllare ciò che è stato detto in base al linguaggio corporeo, al tono di voce ecc.

Esploriamo i differenti canali di comunicazione di cui un team virtuale può disporre.

- **E-mail.** Questo è il canale più utilizzato dai team virtuali, perché scavalca il problema del fuso orario. Tuttavia, il rischio è che il ricevente non abbia veramente capito ciò che scrivi. La cattiva comunicazione è dovuta in gran parte alla posta elettronica, in genere talmente piena di ambiguità e presunzioni da provocare il caos. Cosa fare, allora? È importante controllare la comprensione e l'interpretazione delle tue istruzioni, preferibilmente con l'aiuto di una telefonata. Poni domande per capire che cosa hanno capito dalla tua e-mail, quali azioni specifiche intraprenderanno di conseguenza, qual è il risultato che possono assicurarti. Verificare ciò che è stato compreso eviterà nel lungo termine errori e frustrazioni. Il semplice fatto che tu abbia inviato una e-mail non ti assicura di ottenere ciò che vuoi. Ricorda, questa è una tua responsabilità.
- **Telefonate**. Gli operatori dei call center stimano che al telefono il tono di voce conta per l'84 per cento, le parole per il 16. Anche in questo caso, ciò che è importante è controllare l'interpretazione mentre hai al telefono il destinatario della comunicazione. Usare il telefono è un metodo molto migliore anche per costruire il rapport, rispetto a un'impersonale e-mail. Ovviamente, con la squadra virtuale devi trovare il momento giusto in cui è possibile parlare attraverso i vari fusi orari. In ogni caso, vale la pena farlo.
- **Incontri individuali.** Sono di gran lunga il metodo migliore

per comunicare, in quanto il ricevente può allineare tutti gli elementi della tua informazione, e lo stesso puoi fare tu. Ovviamente non è facile incontrarsi di persona, se stai guidando un team virtuale. Il mio consiglio è di organizzare sempre una riunione di un nuovo team o gruppo di progetto, onde consentire ai membri di cominciare a costruire rapport e relazioni. Questo sistema merita ampiamente un investimento di tempo e denaro. In seguito, potrai programmare altri incontri ogni volta che è possibile. Dopo la riunione iniziale, sfrutta le videoconferenze. Due giorni fa una mia amica è stata intervistata a Londra da un team che si trova a Sydney, in Australia. Mi ha detto che la sensazione era quella di trovarsi tutti nella stessa stanza. La tecnologia ha fatto passi da gigante, e quindi questa è ormai un'opzione ampiamente praticabile. Se la tua azienda non possiede ancora le strutture idonee, pensa a come effettuare uno studio di sostenibilità a scopo d'investimento. Alla fine ti risparmierà giorni e giorni di inutili sforzi.

Comincia a prestare attenzione a tutte e tre le modalità di comunicazione e condividi le tue riflessioni con lo staff. Potresti dover essere creativo in termini di fusi orari per fare telefonate o tenere una riunione virtuale per mezzo della videocamera, ma essere flessibili è una delle competenze chiave per un leader di una società globale.

Nuovi metaprogrammi per team virtuali

Voglio condividere con te altri due metaprogrammi particolarmente utili nel caso di team virtuali. Riguardano i nostri stili di ascolto e di espressione. Sono molto pertinenti in caso di team interculturali, in cui le culture locali hanno anche un ruolo chiave nella comunicazione (per esempio, gli americani sono oratori e ascoltatori molto letterali, mentre gli inglesi tendono a essere più deduttivi). Poni a te stesso le domande seguenti.

- Stile di ascolto: Se qualcuno che conosci abbastanza bene ti dicesse "Ho freddo",

  a. troveresti il commento interessante, ma probabilmente non faresti nulla? oppure

  b. ti sentiresti costretto a fare qualcosa (per esempio alzarti e accendere il riscaldamento)?

Se hai risposto "sì" al punto (a), probabilmente sei un ascoltatore "letterale". Ciò significa che prendi le cose alla lettera e in questo caso non intraprenderesti alcuna azione, a meno che non ti venga specificamente chiesto di fare qualcosa. Se hai risposto "sì" al punto (b), è probabile che tu sia un ascoltatore "deduttivo", cioè "deduci" qualcosa da ciò che qualcun altro dice e compi delle azioni senza che ti venga chiesto. L'anno scorso, durante uno dei nostri corsi PNL, stavo aiutando una dei miei coach a compilare la tabella delle risorse. Dissi: "Mi chiedo dove sia finita la chiave della cassetta del contante". Era una semplice curiosità, ma un attimo dopo lei, una tipica ascoltatrice deduttiva, era sparita alla ricerca della chiave.

Se nel tuo team virtuale hai degli ascoltatori deduttivi, è probabile che dovrai affrontare alcune sfide, soprattutto quando la comunicazione prevede pochi colloqui diretti. Se noti che i componenti della squadra sono fuori strada e compiono azioni inappropriate, la ragione potrebbe essere questa. In tal caso, anche stavolta sta a te qualificare esattamente ciò che intendi quando impartisci istruzioni, perché corri il rischio di sprecare tempo e risorse a causa dei malintesi. Se hai ascoltatori deduttivi, dovrai essere molto diretto con loro su ciò che vuoi che facciano, oppure finiranno per ignorarti.

- Stile del discorso: Se ti accorgi che qualcuna delle persone che hai intorno non rende come dovrebbe,

  a. affronti direttamente la questione? oppure

  b. alludi, sottintendi e fornisci indizi?

Se hai risposto "sì" al punto (a), sei uno che parla "letteralmente", cioè molto diretto nel tuo approccio. Se hai risposto "sì" al punto (b), sei più "deduttivo". Entrambi gli stili presentano varie difficoltà. Spesso i parlatori letterali possono offendere con il loro stile diretto, mentre quelli deduttivi possono provocare scompiglio perché nessuno comprende davvero dove vogliono arrivare.

Esploriamo alcuni scenari:

- Un boss che parla in modo deduttivo gestisce il rendimento di un membro della squadra che è un ascoltatore letterale. Il capo continua a lasciar cadere allusioni su ciò che va modificato nel comportamento dell'altro, e poi si sente frustrato quando il dipendente non reagisce, per esempio quando dice qualcosa come: "Hai visto i nuovi comportamenti suggeriti per il tuo livello? Ritengo che le persone che si sono occupate del servizio assistenza siano state davvero brave, non credi?". Il dipendente non cambia nulla del suo comportamento verso i clienti, perché non riceve la comunicazione come un'istruzione. Aggiungi a tutto ciò la dimensione del team virtuale e avrai uno scenario potenzialmente caotico che può molto rapidamente sfuggire di mano.
- Un dipendente che parla e ascolta in modo letterale irrita un altro membro del team che è invece deduttivo sia nel parlare che nell'ascoltare. Il ricevente pensa che il comunicatore sia estremamente rude. Eppure, tutto ciò che

quest'ultimo ha detto è stato: "Posso darti un feedback? Se passassi meno tempo in internet e ti occupassi più delle visite ai clienti, avresti risultati migliori". Situazioni come questa possono rapidamente degenerare in uno scenario di risentimenti che tu, come manager, dovrai poi gestire.

Scopri gli stili dei membri della tua squadra sia osservandoli che ponendo loro domande. Osserva anche te stesso e pratica una maggiore flessibilità in tutti gli stili, soprattutto nel passaggio dal deduttivo al letterale. A volte uno stile letterale è molto importante per assicurare confini chiari e istruzioni comprensibili.

Gestione del rendimento e coaching

Il successo di aziende globali e team virtuali dipende spesso dall'istituzione di principi chiari e limiti che consentono uno stile lavorativo autogestito, in modo che il team continui a lavorare con efficienza in assenza di un manager sul posto. Questo è il modo in cui la PNL può aiutarti a fissare principi e limiti all'interno dei quali il team o l'azienda potranno operare.

- Sviluppa i livelli logici di cambiamento per il tuo team, con input dei membri del team e altri importanti soggetti coinvolti (vedi capitolo 7). Questo dovrebbe essere il programma centrale dei tuoi incontri individuali iniziali, e dovrebbe assicurarti il consenso sulla missione, sulla visione, su scopi, valori, convinzioni, capacità, comportamenti e ambiente per il team. In seguito tutto ciò diventerà la "Carta del Team", alla luce della quale verranno valutate tutte le azioni future.
- Definisci chiaramente obiettivi e priorità del team, concordandoli con i membri della squadra (vedi capitolo 4).

- È importante accordarsi sulla responsabilità dei membri della squadra nell'ambito dei reciproci rapporti. L'utilizzo dei principi di causa ed effetto (vedi capitolo 2) e la richiesta fatta a ciascun dipendente di assumersi il 100 per cento di responsabilità dei risultati del team servirà a fare in modo che vengano prese decisioni importanti con la certezza che siano seguite fino in fondo.
- Nel corso della riunione iniziale, discuti con il team le diverse culture e il modo in cui possono influire sulle sue interazioni. Sii aperto e sincero sugli stereotipi e chiedi ai dipendenti di prevedere cosa potrebbe accadere. Coinvolgili nel concordare strategie mirate a gestire i comportamenti interculturali. Per esempio, se hai dipendenti inglesi, menziona il fatto che tendono a parlare e ascoltare in modo deduttivo, e le possibili implicazioni.
- Individua misure per ottenere un rendimento finalizzato ai risultati, e le ricompense per la squadra nel suo insieme e per ciascun individuo, per assicurarti che tutti, ovunque si trovino, si concentrino sul successo dell'intera squadra e non soltanto su quello individuale.
- Sviluppa metodi per riesaminare progressi e risultati, per esempio teleconferenze o anche videoconferenze. È importante che tutti i membri della squadra si mantengano impegnati e motivati, quindi incontri frequenti, in qualsiasi modo tenuti, garantiranno risultati certi.
- Stabilisci una cultura di formazione e addestra i membri della tua squadra a diventare coach usando il modello proposto nel capitolo 6. Servirà a garantire che il personale continui a svilupparsi anche se tu non sei fisicamente presente. Fai in modo che tutti i dipendenti partecipino regolarmente a sedute individuali di coaching e sorveglia costantemente che esse abbiano luogo.

- Dai feedback tempestivi sul rendimento a ciascuna squadra locale e ai singoli componenti. Evita il rischio di dare un feedback la prossima volta che li incontrerai di persona: fallo al momento, invece, usando il telefono o la videoconferenza. Utilizza uno dei modelli di feedback trattati nel capitolo 6. Evita di inviare e-mail, per le ragioni esposte in precedenza.
- Concorda metodi per modellare le pratiche migliori tra un team e l'altro (vedi capitolo 3). Pertanto, se una squadra ottiene risultati eccellenti, scopri cos'ha fatto di diverso e condividilo con tutti gli altri team.

Ricorda sempre che i risultati si ottengono attraverso le persone. Mantenere tutti collegati e informati, sollecitare input dai membri delle squadre, dai soggetti interessati e dai clienti sarà sempre una parte importante del tuo ruolo. Investire tempo ed energie nell'organizzazione di team e aziende virtuali ti garantirà ricompense a lungo termine. Politiche e pratiche chiare per gestire la squadra, insieme a obiettivi motivazionali e feedback regolari, ti consentiranno di dirigere a distanza comportamenti e rendimento. Costruirai la fiducia della tua squadra attraverso la tua stessa affidabilità e coerenza di approccio.

Superamento delle barriere culturali

Una mentalità globale implica due questioni chiave: comprensione delle competenze interculturali e anche fattori globali, politici, sociali ed economici. Ci concentreremo ora sullo sviluppo di una consapevolezza interculturale, perché può fare la differenza tra il successo e il fallimento dei team globali nei quali la cultura dirige le pratiche di business. Esistono molti studi sulle differenze tra culture nazionali; alcuni dei più famosi sono stati scritti da Hofestede e Trompenaars. Per gli scopi di questo libro, ti propongo appena un accenno ad alcuni dei tratti culturali comuni che ho osservato e modellato in molti anni di lavoro con società globali. Naturalmente si tratta di generalizzazioni, quindi non aspettarti di scoprire in tutti queste caratteristiche, che tuttavia possono costituire utili linee guida per aprire delle discussioni con il tuo team virtuale.

Differenze culturali nel business

Paese	Caratteristiche	Strategie per il successo
Inghilterra	Individualismo, deferenza e disuguaglianza, autocontrollo e riserbo, conservatorismo, onestà e fiducia, libertà e coscienza di classe, emozioni controllate, freddezza, grande importanza attribuita al lavoro, comunicatori deduttivi, pragmatici.	Poni domande per avere chiarimenti, verifica la comprensione, scopri le loro reti "informali". Devi dare loro una struttura, regole e scadenze, anche rischiando che non le rispettino. Usa l'umorismo per vincere la "freddezza".
Stati Uniti	Molto concentrati sul successo, mantengono distanze e spazi, estremamente incostanti, comunicazione diretta, vivace individualismo, filosofia e convinzioni condivise.	Adeguati al loro stile diretto di comunicazione. Concentrati sui risultati. Utilizza uno stile di coaching e mostrati paziente. Sottolinea la preoccupazione per il morale della squadra. Dai loro una struttura meno dettagliata lasciando spazio alle variazioni.
Francia	Molto schietti e differenziati, pensano in modo complicato, innatamente sospettosi, non dimenticano mai il processo del business, hanno forti riserve, non amano gli approcci meccanici, sono flessibili e poco attaccati a questioni commerciali specifiche, possono essere diretti e rudi, polemici.	Difficili da convincere, hanno bisogno di molte prove. Qualifiche e titoli sono molto importanti per loro. La cosa migliore è un approccio diretto. Costruisci rapporti fuori dal lavoro: le pause pranzo sono molto importanti.

Paese	**Caratteristiche**	**Strategie per il successo**
Germania	Di natura collettiva, pragmatici nell'approccio, avanzati nella tecnologia e nelle applicazioni tecnologiche, forte senso dell'autorità, autosufficienza, approccio di tipo razionale e logico.	Devi dare loro strutture, approcci razionali, piani. Sii molto fermo e concentrati sul da farsi, non sulle persone. Sottolinea gli obiettivi e insisti sull'urgenza. Arriva puntuale alle riunioni.
Cina	Collettivismo, autosufficienza, individualmente abili, più teorici, non empirici, coscienza globale, alcuni credono ancora nei valori confuciani, amano gli incentivi, relativamente aperti.	Permetti loro di salvare la faccia. Non sfidarli in gruppo, sii dettagliato e preciso, il processo è importante quanto il risultato, devi incoraggiare gli individui a emergere, impegna del tempo per costruire rapporti di lavoro.
India	Molto avanzati nella tecnologia dell'informazione. Grande potere emotivo, obbedienti nei confronti dei capi, devoti, fatalisti, riservati, orientati verso la comunità, responsabilità collettiva, più amichevoli, meno tenaci, difendono la superiorità del clan, coscienza di classe, osservanti delle leggi, sensibili.	Sii chiaro su ciò che vuoi e verifica che abbiano compreso. Dai loro credito e controlla regolarmente i progressi. Spesso si tratta di individui molto brillanti che hanno bisogno di numerose prove per essere convinti.
Paesi latini	Cordiali, amichevoli, più rilassati e spontanei, lavorano per vivere, collaborano volentieri per portare a termine il lavoro, amano socializzare, il tempo non è importante quanto il processo, caotici ma burocratici, vivaci e diretti.	Devi tenerli sulla strada giusta e spiegare loro perché. Non sfidare pubblicamente il capo. Adeguati al loro stile vivace e diretto, perché in seguito tutto verrà dimenticato. Sii deferente verso la gerarchia. Sii cordiale e amichevole con loro. È importante socializzare e farseli amici.

Una nuova intesa amichevole

Stavo tenendo una lezione sulla consapevolezza culturale nell'ambito di un Programma Avanzato di Gestione in 5 giorni per una società globale di elettronica. L'azienda era stata formata a seguito della fusione tra due società, una francese e una italiana, un mix molto interessante. Il gruppo ebbe l'opportunità di farmi domande sulla cultura inglese. Fui colta di sorpresa quando un alto dirigente francese mi pose la seguente domanda: "Perché gli inglesi sono tutti bugiardi?". Gli chiesi di spiegarmi da dove aveva tratto questa convinzione. Mi spiegò che i dipendenti inglesi del suo team non gli dicevano mai cosa pensavano veramente, spesso avevano espressioni molto educate, ma poi uscivano e facevano cose del tutto diverse! Era frustrato e infuriato per quel comportamento, che minacciava il successo del suo team. Pensai fosse un esempio molto interessante delle differenze tra inglesi e francesi. Spiegai che gli inglesi parlano e ascoltano in modo deduttivo, e certamente trovavano arduo essere diretti con lui: lo avrebbero considerato un comportamento molto maleducato. Quindi era assai probabile che alla fine della conversazione si dichiarassero d'accordo o rimanessero sul vago, per poi trovare un modo molto pragmatico di affrontare la situazione dietro le quinte. Gli chiesi come poteva modificare il suo comportamento verso di loro (in riferimento alla presupposizione PNL: "il significato della comunicazione è la risposta che ottieni"). Dopo un vivace dibattito, egli disse che avrebbe insegnato agli inglesi a essere più aperti e diretti con lui e a dirgli cosa accadeva realmente. In seguito venni a sapere che i loro rapporti erano molto migliorati.

Esercizio 36: pianificare il rendimento globale

Pianifica il programma per il prossimo incontro del tuo team virtuale o una nuova riunione di inizio lavori. Fai in modo di inserirvi tutti i punti della tua Carta del Team. Presta particolare attenzione a costruire la consapevolezza dei problemi interculturali e a risolverli, migliorando il rendimento e le abilità di comunicazione del team. Annota qui di seguito i singoli punti del programma.

In sintesi

Nei team virtuali globali è altamente probabile che si possa creare tensione a causa del rischio di fallimento. La lingua e le capacità di comunicazione, la sfida di gestire il rendimento a distanza e le mentalità di culture particolari sono tutti ostacoli lungo il percorso di un leader all'interno di un'azienda globale in via di sviluppo. Tuttavia, attuare fin dall'inizio strategie come la fissazione di obiettivi e risultati chiari, la puntualizzazione di aspettative sui metodi di lavoro e l'apertura verso le differenze culturali si rivelerà sicuramente fruttuoso. I team che possono beneficiare di una comprensione dei potenziali problemi e condividono visione, valori e comportamenti avranno probabilità molto maggiori di trovare modi creativi per lavorare insieme. I leader devono capire che dall'inizio alla fine tutto ruota intorno alla cultura. Per quanto possibile, questa caratteristica va specificamente considerata, anche se devi comunque tenere a mente che un qualunque problema potrebbe essere influenzato dalla cultura più del previsto e va gestito con sensibilità. Questa costante prontezza a essere flessibile ti trasformerà in un leader di successo nell'ambito di qualsiasi azienda globale.

Non dare mai per scontato che il personale che parla la stessa lingua pur provenendo da Paesi diversi condivida anche la stessa cultura!

Parte IV

TRASFORMARE IL SERVIZIO DI ASSISTENZA CLIENTI CON LA PNL

Capitolo 10

Influenzare con integrità

"Il servizio di assistenza è composto da tutte le attività fornite dagli impiegati di una società finalizzate ad aumentare la capacità di un cliente di realizzare il pieno valore potenziale di un prodotto o un servizio prima e dopo la vendita, portando in tal modo alla soddisfazione del cliente e a un nuovo acquisto".

— Rosanne D'Ausilio, TMCnet, Formazione degli addetti ai Call Center e Articolista per CRM (Customer Relationship Management) e *Marketing Magazine*

Le prime tre parti di questo libro hanno posto al centro dell'attenzione le abilità di leadership che devi sviluppare, i metodi per costruire un team di livello eccezionale e quelli per attuare cambiamenti di successo nella tua azienda. Quest'ultima parte è invece orientata all'esterno, e riguarderà i metodi per costruire un servizio assistenza pienamente efficiente e rapporti a lungo termine. Procurare nuovi affari ha un alto costo in termini di tempo e denaro. Chiaramente, la soluzione di gran lunga più remunerativa ed efficace in termini di costi è mantenere i clienti attuali e costruire relazioni durature in cui essi continuino ad acquistare dalla tua azienda. I nuovi clienti, quando si presentano, arrivano grazie al passaparola e alla reputazione dell'azienda, più che attraverso costose pubblicità e competizione. Nel settore pubblico, in cui tutti i grandi contratti vengono stipulati con aziende vincitrici di gare d'appalto, la nostra strategia come Change Corporation è sempre stata quella di costruire relazioni per fare in modo di essere invitati a partecipare a una gara con l'ammissione agli elenchi dei fornitori privilegiati. Ciò riduce la complessità della competizione e migliora notevolmente le nostre probabilità di successo.

Lo scopo complessivo è quello di avere clienti che "cerchino" servizi da te, invece di essere tu a "imporli" loro. Questo è l'anello mancante che, insieme alle altre tre parti, integra un complesso di strumenti necessario per trasformare la tua azienda. In questo capitolo apprenderai come influenzare con integrità usando altri elementi importanti della PNL, per esempio l'acutezza sensoriale e il rapport, come individuare diversi stili di comunicazione e tradurre le tue comunicazioni per adattarti a quelle dei clienti, e come interpretare ciò che le persone pensano per il tramite dei loro movimenti oculari.

PNL: manipolazione o influenza?

Una delle domande che mi vengono rivolte più spesso è se la PNL sia o no manipolativa. Spesso chiedo a chi ha posto la domanda se conosce addetti alle vendite ai quali siano state insegnate tecniche "manipolative". La risposta è ovviamente positiva, quindi la PNL non è l'unico strumento che può potenzialmente manipolare: ci sono molti addetti con enormi target di vendita ai quali viene insegnato a vendere a tutti i costi, sia che il cliente abbia bisogno del prodotto o no. Quindi, concordo sul fatto che anche la PNL possiede questo potenziale. In effetti, hai già appreso alcune tecniche molto potenti, e in questo capitolo ne imparerai altre. Ciò che fa la differenza è il modo in cui utilizzi gli strumenti che ti vengono messi in mano. Ecco perché il presente capitolo è intitolato "Influenzare con integrità". La differenza tra manipolazione e influenza è in realtà molto semplice. Genie Z. Laborde la descrive come segue.

> "Una volta che sai come chiarire i tuoi desideri (o risultati), puoi utilizzare le stesse tecniche per chiarire gli obiettivi di qualsiasi altra parte implicata nella comunicazione. Raggiungere l'obiettivo dell'altra parte e contemporaneamente il tuo è quello che definisco influenzare con integrità".

Al contrario, raggiungere i tuoi obiettivi a spese di un altro costituisce manipolazione. Per esempio, vendere per raggiungere il tuo target a clienti che non hanno bisogno o non vogliono il tuo servizio è manipolazione, mentre arrivare a quel target vendendo a clienti che vogliono il tuo servizio e ne trarrebbero un beneficio significa influenzare con integrità. Questa è la vera differenza. Sappiamo anche, in base ai principi della PNL, che se operiamo con intenzione positiva nei confronti del cliente avremo un esito vantaggioso per ambo le parti.

Come usare la PNL per influenzare con integrità

Sostanzialmente ci sono tre abilità fondamentali che si sommano per migliorare la tua intelligenza emotiva e la capacità di comunicare più efficacemente con i clienti.

- La prima abilità è l'*acutezza sensoriale*. Devi sviluppare un acuto senso di consapevolezza di ciò che accade intorno a te momento per momento, rilevare i cambiamenti nell'atteggiamento del cliente ed elaborare ciò che significano nell'ambito della tua interazione con lui. In questo capitolo imparerai come vedere, udire e percepire più di quanto fa la maggior parte delle persone.

- La seconda abilità è la *costruzione di un rapport*. Devi elaborare un metodo per sviluppare rapidamente una forte connessione con i tuoi clienti. In realtà, nella PNL diciamo che un qualunque segno di resistenza da parte del cliente è per te un segnale di mancanza di rapport. Qui apprenderai come costruire un rapport con la maggioranza delle persone che incontri.
- La terza abilità è la *flessibilità*. Abbiamo già imparato come rilevare i diversi stili comportamentali (e reagire a essi) nel capitolo 4. In questo capitolo incrementeremo le nostre conoscenze occupandoci dei movimenti oculari e degli stili di comunicazione. Svilupperai la tua flessibilità imparando a individuarli e a reagire in modo diverso a seconda del momento. Ciò ti consentirà di influenzare meglio gli altri e contribuirà alla costruzione di rapport straordinari con il tuo interlocutore.

Iniziamo dall'acutezza sensoriale.

Migliorare la consapevolezza sensoriale

Quando si perdono i segnali essenziali

Stavo tenendo un corso di formazione a un gruppo di dirigenti delle vendite per un'azienda globale di prodotti e servizi di tecnologia dell'informazione. Un esercizio prevedeva che lavorassero a coppie e si formassero a vicenda. All'ultimo minuto chiesi al direttore finanziario, che era arrivato per inaugurare l'evento, di rimanere per aiutarci nel coaching, perché eravamo in numero dispari. Lo osservai mentre insegnava a una giovane addetta alle vendite. Notai che la donna stava cominciando a reagire alle sue domande e risposte. Respirava in fretta, con il volto arrossato e gli occhi pieni di lacrime. Attesi che il direttore se ne rendesse conto e cambiasse tattica, oppure controllasse se la donna stava bene. Non accadde nulla e mi resi conto che egli era del tutto ignaro di ciò che stava accadendo alla donna. Decisi per una pausa e chiesi all'uomo cosa notasse nella sua coachee. Non si era accorto di nulla finché non gli avevo fatto notare quei cambiamenti.

È triste constatare che l'esperienza aziendale non garantisce una buona acutezza sensoriale. Tutti la possediamo, a vari livelli. Con l'espressione "acutezza sensoriale" intendo il modo in cui cogliamo intuitivamente negli altri segnali non verbali. Probabilmente hai avuto un'esperienza in cui sei andato dal tuo capo a chiedere un favore e poi hai deciso che non era il momento giusto perché hai colto qualche segnale contrario. Intensificare l'acutezza sensoriale migliorerà il tuo modo di comunicare con tutti e in particolare con i clienti, quando comincerai a prevedere come gli altri stanno per reagire.

Ciò che è più importante è notare momento per momento cambiamenti minimi negli altri. Esprimiamo i nostri pensieri attraverso il comportamento esteriore. Pensieri ed emozioni letteralmente "trasudano" dal nostro linguaggio corporeo. Ricorda, il 55 per cento dell'impatto della nostra comunicazione è non verbale. Non puoi non comunicare. Tuttavia, devi anche imparare a calibrare questi cambiamenti. La calibrazione è il riconoscimento momento per momento di variazioni nel linguaggio del corpo di qualcuno con cui hai a che fare attraverso segnali non verbali. Per esempio, se qualcuno con cui stai chiacchierando arrossisce improvvisamente, potresti interpretare questo cambiamento come collera, ma questa è una lettura basata sulle tue esperienze e percezioni. Avrai bisogno di verificare la tua interpretazione con l'interessato. Per esempio, nell'aula di formazione ho notato che uno dei miei allievi aggrottava la fronte, mi sembrava per noia. Almeno, così credevo. Durante la pausa chiesi all'uomo se tutto andava bene. Mi spiegò che stava cercando di concentrarsi al massimo, e ciò che stava imparando gli piaceva. Quindi la mia idea della noia era sbagliata: in realtà si trattava di concentrazione. Ecco perché una descrizione sensoriale seguita da una calibrazione è così importante. L'alternativa ha a che fare con la lettura del pensiero e l'immaginazione.

Perché dovresti migliorare la tua acutezza sensoriale? Considerando i tuoi clienti, puoi cominciare a fare due cose. Con qualcuno che non hai mai incontrato prima puoi rilevare i cambiamenti nel linguaggio corporeo e poi avrai bisogno di esplorare ciò che sta accadendo in lui. Per esempio, se parli con un cliente della tua opinione su qualcosa e lo vedi arrossire, questo ti dice che per lui qualcosa è cambiato. Potresti allora fargli una domanda del tipo: "Che cosa ne pensa?". Secondariamente, se conosci bene un cliente potresti essere già in grado di cominciare a calibrare dai cambiamenti del suo atteggiamento corporeo cosa sta accadendo. Puoi iniziare a prevedere come sta per reagire. Nel mio esempio precedente, quando ho calibrato con il mio allievo che un'espressione accigliata significava concentrazione, ho capito che la volta successiva che lo avessi visto accigliarsi ne avrei dedotto che si stava concentrando molto.

Riconoscere i segnali non verbali

Ecco alcune reazioni alle quali prestare attenzione.

- Il colorito si schiarisce o si scurisce.
- Il tono della pelle cambia da luminoso a opaco e viceversa.
- La respirazione può modificarsi in termini di ritmo e punto da cui proviene (le persone possono respirare con la parte alta del torace, con il diaframma, sotto il diaframma e con l'addome).

- Lo sguardo può passare da concentrato a deconcentrato e viceversa, oppure la dilatazione della pupilla può cambiare.
- Il labbro inferiore può incresparsi o distendersi.
- Qualsiasi altro cambiamento si possa constatare!

Quando noti qualcos'altro, puoi servirti anche della visione periferica. La visione periferica è quella che utilizzi mentre guidi e che ti permette di avere una prospettiva più ampia. La visione foveale, invece, è una sorta di visione "a tunnel": è molto concentrata e meno utile per sviluppare l'abilità dell'acutezza sensoriale, perché troppe informazioni rimangono fuori della consapevolezza.

Esercizio 37: Migliora la tua acutezza sensoriale

La macchina della verità

Trova qualcuno disposto a fare con te questo esercizio.

- La persona A parla, l'individuo B deve rilevare le bugie.
- A formula 5 affermazioni vere, seguite da 5 false, dicendo a B quale di esse corrisponde a verità.
- B deve cominciare a calibrare i cambiamenti nel linguaggio corporeo di A quando dice la verità ed eventuali differenze quando mente.
- Quindi A fa delle affermazioni a caso e B utilizza la sua nuova acutezza sensoriale per dire dopo ciascuna affermazione se è vera o falsa.
- B deve indovinare tre affermazioni corrette di fila.

A chi sto pensando?

Lavora con lo stesso partner.

- La persona A parla, l'individuo B deve rilevare le bugie.

- B chiede ad A di pensare a qualcuno che gli piace molto, e successivamente a qualcuno che trova molto sgradevole. È importante intensificare l'esempio, quindi pensare a qualcuno che piace davvero molto o per cui si prova una reale avversione.
- A dice a B a quale delle due persone sta pensando, per esempio alla persona che gli piace, e continua a pensare per alcuni secondi, fino a quando B riterrà di aver calibrato la differenza nel linguaggio corporeo di A tra i due pensieri relativi ai diversi soggetti.
- Quindi A pensa a caso all'una o all'altra persona senza dire nulla, e B deve indovinare di quale si tratti.
- B deve indovinare tre pensieri corretti di fila.

Che te ne pare? Sei rimasto sorpreso dalla rapidità con cui puoi cominciare ad affinare la tua acutezza sensoriale? Quest'ultima rappresenta la base di una comunicazione di ottimo livello e il fondamento di ogni buon rapport. Hai bisogno di una buona acutezza sensoriale per sapere se sei in rapport con qualcuno oppure no. I segnali ti diranno se sei sulla strada giusta o no. Non fare come il nostro direttore finanziario nell'esempio proposto in precedenza. Cerca di praticare quotidianamente le tue capacità di acutezza sensoriale. Prendi nota dei minimi cambiamenti che avvengono momento per momento nel linguaggio del corpo, e comincia a calibrarne il significato. La tua abilità migliorerà rapidamente. Quanto al direttore finanziario, poco tempo dopo ci lasciò e spesso mi sono chiesta se il feedback ricevuto quel giorno abbia affrettato la sua decisione di andarsene.

Che cos'è il rapport?

> "'Rapport' è un termine inglese derivante dal verbo francese *rapporter*, che significa riportare o riferire. Il significato inglese – una relazione di armonia, conformità, accordo o affinità – indica l'importanza del rapport rispetto alla comunicazione. È il processo più importante in qualsiasi interazione… senza il rapport non otterrai ciò che vuoi, né denaro, né promozioni, né amici". Genie Z. Laborde

Nella PNL diciamo che qualsiasi resistenza in un cliente, o in qualunque altra persona con cui stiamo comunicando, è un segno di mancanza di rapport. È per noi il segnale che dobbiamo essere più flessibili e fare qualcosa di diverso nell'ambito della nostra comunicazione.

Innanzitutto, perché dovremmo entrare in rapport? I vantaggi fondamentali del rapport sono che l'altra persona (o gruppo) ci ascolterà con maggiore prontezza, si sentirà a suo agio nella comunicazione e, cosa essenziale, accetterà con maggiore probabilità il nostro suggerimento. Come fai a sapere di essere in rapport? Bene, in questo caso è probabile che accadano quattro cose: lo percepirai da un certo livello di sintonia, potresti notare un cambiamento nel tuo modo di fare o in quello dell'altro, l'interlocutore potrebbe dire qualcosa come "mi sembra di conoscerti da un'eternità", oppure a una modifica del tuo atteggiamento potrebbe corrisponderne una uguale nel suo. Nella PNL definiamo tutto ciò con il termine di "guida". Quando un individuo è in rapport con te noterai anche che il suo corpo assume una posizione simile al tuo, quindi si crea una corrispondenza tra i due atteggiamenti. Ciò avviene perché, a livello inconscio, quando sentiamo di essere "simili" a qualcuno siamo più inclini a "imitarlo". Per esempio, se di sabato sera entri in un pub, vedrai persone che sono inconsciamente in rapport perché hanno atteggiamenti corrispondenti. Per saperlo non hai bisogno di sentire quel che dicono. Analogamente, se non sono in rapport avranno atteggiamenti sfasati. Ecco perché se vedi una coppia litigare noterai che i due tendono a evitare il contatto degli occhi. Pertanto, noi costruiamo inconsciamente il rapport come un comportamento naturale. Lo scopo qui è portarlo alla luce della consapevolezza e trasformarlo in un atteggiamento più cosciente, al fine di assumerne il controllo e usarlo in modo deliberato.

Costruzione del rapport con i clienti

Andrew Neville parla della propria abilità nel costruire un rapport dopo aver ottenuto il diploma di Praticante.

"Prima di applicarmi seriamente alla PNL, i miei incontri miravano di solito ad assicurarmi che le mie parole fossero comprese e che il mio cliente capisse ciò che volevo, mentre la sua risposta o la valutazione di essa erano soltanto questioni secondarie. Ascoltando i clienti, comprendendo i loro punti di vista, corrispondendo ai loro atteggiamenti e usando il loro linguaggio, cercando di capire piuttosto che essere capito, l'incontro cambia completamente. Tanto per cominciare, un appuntamento che in genere durava un'ora, adesso si protrae per più di due ore. Ho più informazioni essenziali sul loro business, al punto da comprendere molto meglio di prima come funziona la loro azienda, dando loro il tempo di spiegarsi in modo esauriente. E tutto ciò mi ha fatto comprendere che le nostre soluzioni a quelli che ritenevo fossero i loro problemi erano sbagliate. Pertanto, ho la possibilità di armonizzare molto meglio di prima la nostra soluzione con le loro esigenze, con una conseguente maggiore probabilità di concludere la vendita. Se non avessi adottato la costruzione del rapport, è assai improbabile che avrei potuto ottenere lo stesso livello di impegno da parte del cliente che riscontro ora. Dopo l'incontro, ho anche maggiori opportunità di vendere altri prodotti, perché il cliente vuole parlare più a lungo con me!".

In che modo puoi costruire il rapport?

Nel capitolo 9 hai appreso che l'impatto della comunicazione è assicurato da tre elementi: parole, tono di voce e linguaggio corporeo. Quindi ora praticheremo la costruzione del rapport usando tutti e tre i canali. Inizieremo con il linguaggio del corpo, che esercita l'impatto maggiore (55 per cento). Abbiamo visto che quando le persone sono in sintonia, tendono ad assumere gli stessi atteggiamenti. La costruzione di un rapport efficace e durevole implica l'uso della tua acutezza sensoriale per osservare il linguaggio del corpo del tuo interlocutore, per poi scegliere un paio di elementi da "copiare" efficacemente.

Linguaggio corporeo

Ecco gli elementi ai quali devi prestare attenzione.

- Postura:
  - angolazione della colonna vertebrale quando l'individuo è seduto
  - rapporto tra la testa e le spalle
  - posizione della parte superiore del corpo
  - posizione della parte inferiore del corpo
- Gestualità
- Espressione facciale e ammiccamento
- Respirazione:
  - ritmo
  - punto di partenza

Se il tuo cliente accavalla la gamba sinistra sulla destra fai la stessa cosa, imitandolo. Se invece accavalli la destra sulla sinistra, questo è "mirroring", che rispecchia l'immagine dell'interlocutore. Anche se può apparire strano e magari temi che l'altra parte ti colga in fallo, non devi preoccuparti. Dal momento che non facciamo altro che costruire inconsciamente rapport, nessuno se ne accorgerà. Devi essere abile, però. Sarebbe esagerato imitare tutto ciò che fa. All'inizio cogli solo alcune cose e prendi nota di ciò che accade. Se hai un cliente che usa molto le espressioni facciali, fai la stessa cosa quando parli. Non devi assumere esattamente le stesse sue: fai ciò che ti mette a tuo agio. Lo stesso vale per la gestualità. Se stai comunicando con qualcuno che gesticola molto, aggiungi un po' di movimento alla tua comunicazione. Saprai di essere entrato in sintonia nel momento in cui, quando cambierai posizione, l'altro ti seguirà, e questo significa che hai assunto un ruolo "guida". Quando entrerai in rapport comincerai a notare quanto sia facile stabilire un accordo con l'interlocutore.

Esercizio 38: come imitare le posture del corpo

Comincia a imitare il linguaggio del corpo in molte circostanze diverse – con i clienti, al lavoro, a casa – e nota cosa accade. Se ti trovi in una situazione difficile, comincia a imitare e a rispecchiare, e nota come il disaccordo comincia ad affievolirsi. Se vuoi terminare rapidamente un incontro, sarà sufficiente sfasare i tuoi comportamenti e ben presto otterrai il risultato voluto. Sperimenta prendendo nota di ciò che avviene, e scrivi qui di seguito i tuoi risultati.

Tono di voce

Il tono di voce giustifica il 38 per cento dell'impatto della comunicazione. Genie Z. Laborde afferma che "nel mondo del business imitare il tono di voce o il ritmo dell'interlocutore è il modo migliore per stabilire un rapport".

Il tono può essere alto o basso, imperioso o conciliante, e il ritmo veloce o lento, a volte inframmezzato da pause. Questo è anche il metodo principale per costruire un rapport al telefono. Non devi imitare esattamente il tono di voce, ma solo quel tanto che basta a fare avvertire all'interlocutore un senso di familiarità. Non imitare gli accenti: è una ricetta sicura per il disastro. Usa la tua acutezza sensoriale per notare le differenze di tonalità. In una situazione in cui l'altra persona grida, devi alzare il tuo tono di voce per avvicinarti al suo. In passato, al personale addetto al servizio assistenza veniva insegnato ad assumere un tono tranquillo e incoraggiare l'interlocutore ad abbassare la voce anche se era arrabbiato. Al contrario, nella PNL si ritiene che questo comporti uno sfasamento e possa con maggiore probabilità peggiorare la situazione.

Esercizio 39: Imitare il tono di voce

Innanzitutto adegua il ritmo della voce a quello dell'interlocutore, notando le differenze. In seguito potrai far corrispondere il tono. Se ti trovi in una situazione difficile, comincia a imitare il ritmo e il tono, e nota quanto rapidamente il disaccordo si placa. Sperimenta varie volte per allenare la tua flessibilità. Prendi nota di ciò che avviene, e scrivi qui di seguito i tuoi risultati.

Parole

Infine, scopriamo come possiamo imitare le parole. Ci sono moltissime cose alle quali prestare attenzione. Impareremo a individuare differenti stili di comunicazione e a imitare quello usato dal nostro cliente. Inoltre, ascolta attentamente le parole che la persona utilizza più spesso, e comincia a inserirle nel tuo linguaggio. Presta attenzione a esperienze comuni, interessi e valori condivisi da entrambi e inseriscili nella conversazione. Non fingere troppo, perché rischieresti di rovinare tutto! Inoltre, nota la quantità di contenuti che l'altro usa: comunica con frasi lunghe o brevi? Modifica le tue di conseguenza.

Sistemi rappresentazionali

Il secondo degli schemi principali della PNL scoperti da Bandler e Grinder è quello dei "sistemi rappresentazionali". Nel business io lo traduco con "stili di comunicazione", che è più semplice da capire. Tutto cominciò quando Bandler e Grinder notarono tre diversi tipi di schematizzazione nel linguaggio. Si resero conto che le persone parlano usando termini (o predicati, come vengono definiti nella PNL) visivi, uditivi o cinestesici. Sapevano già, naturalmente, che gli individui strutturano la loro esperienza del mondo attraverso i cinque sensi: vista, udito, tatto, gusto e olfatto. Cominciarono a realizzare che esisteva un collegamento con una serie corrispondente di "sensi interni" che in seguito definirono Sistemi Rappresentazionali. In altre parole, scoprirono che ciascun input sensoriale ha un punto fisico nel cervello al quale l'esperienza viene inviata, elaborata e registrata. Lewis e Pucelik spiegarono che

> "quelli che in realtà percepiamo sono rappresentazioni o modelli di ciò che ciascuno degli organi di senso ci trasmette.

Questi modelli individuali di assimilazione si chiamano sistemi rappresentazionali".

Un altro modo per descriverli si riallaccia alle preferenze nell'ambito dei nostri schemi cognitivi. Per esempio, se io pronuncio la parola "mare", che cosa ti viene in mente? Vedi un'immagine del mare, senti il suono delle onde o ricordi la sensazione della sabbia ardente sotto i piedi? Sebbene gli esseri umani utilizzino tutti questi sistemi rappresentazionali, scoprirai di avere una preferenza verso uno di questi stili. Facciamo degli esempi.

- Se vedi innanzitutto un'immagine del mare è probabile che tu abbia una preferenza visiva. Elabori le informazioni per immagini. Le cose devono "apparirti" giuste per intraprendere un'azione.
- Se per primo senti il suono delle onde, probabilmente hai una preferenza uditiva, ed elabori le informazioni attraverso i suoni. Le cose devono "suonarti" giuste per agire.
- Se avverti la sensazione della sabbia ardente sotto i piedi, hai una preferenza cinestesica. Elabori le informazioni attraverso le tue sensazioni. Le cose devono "sembrarti" giuste per spingerti all'azione.
- Se invece ricordi qualche episodio interessante e delle statistiche a proposito del mare, quasi certamente hai una preferenza audio-digitale. Sebbene non presente tra quelli individuati da Bandler e Grinder, lo stile "digitale" fu aggiunto da Lewis e Pucelik. È uno stile che elabora attraverso la logica e ciò che ha un senso. Le persone che usano questo stile possono essere dissociate dalle proprie sensazioni, in quanto devono comprendere qualcosa che per loro deve "avere un senso" prima di agire.

Ciò che risulta davvero entusiasmante è che ciascuno di questi sistemi rappresentazionali ha una sua serie di caratteristiche. È entusiasmante perché significa che puoi iniziare a rilevare con facilità lo stile di un'altra persona, anche se sei al telefono, e costruire un solido rapport imitando il linguaggio e l'atteggiamento che usa. Mentre esamini le caratteristiche che seguono e il linguaggio utilizzato da ciascun sistema, chiedi a te stesso "quale mi somiglia di più?" e usalo per confrontare i risultati ottenuti con il test del "mare" che precede. Nota anche quale sistema ti mette più a tuo agio, perché se vuoi diventare esperto nella costruzione del rapport avrai bisogno di praticarlo più degli altri.

Inoltre, ricorda che questo è un modello basato sulle generalizzazioni del comportamento. Ognuno di noi è diverso dagli altri, quindi non farti limitare dalle generalizzazioni.

Caratteristiche dei diversi sistemi rappresentazionali

Le persone visive:

- elaborano più rapidamente le informazioni perché riescono a passare rapidamente da un'immagine all'altra
- sono più esili rispetto a chi pratica gli altri stili
- stanno in piedi o sedute con la spina dorsale eretta perché vogliono vedere che cosa succede
- parlano a voce alta, con toni acuti, in modo rapido e chiaro
- hanno una respirazione alta perché parlano più velocemente rispetto ad altri stili
- amano mantenere una distanza fisica tra sé e gli altri per essere in grado di vedere che cosa accade
- sono precise, ordinate e ben curate, e spesso preferiscono abiti "firmati" che si fanno notare

- sono brave a memorizzare istruzioni verbali
- credono che sia importante il modo in cui persone/luoghi/cose "appaiono". Possono essere scollegate dalle esperienze fisiche perché la porzione visiva del loro ambiente richiede tutta la loro attenzione, quindi, per esempio, bisogni come la fame vengono trascurati

Le persone cinestesiche:

- hanno una respirazione profonda, perché necessitano di più tempo per elaborare le informazioni attraverso le sensazioni
- possono essere fisicamente più robuste di quelle visive
- parlano con voce tranquilla e lenta, e con toni più bassi
- si muovono lentamente e deliberatamente
- reagiscono al contatto e alla ricompensa materiale
- rispetto alle persone vicine amano stare più vicino all'interlocutore per assicurare una più stretta connessione
- memorizzano in modo pratico e graduale
- sono più connesse con le loro esigenze corporee e con le comodità
- amano indossare abiti comodi e stare in ambienti confortevoli

Le persone uditive:

- tendono a essere magre
- spesso ascoltano tenendo le braccia conserte e la testa inclinata da un lato
- hanno una respirazione che parte dal centro del torace

- parlano tra sé
- sono facilmente distratte dal rumore
- possono ripetere con esattezza le parole pronunciate dall'interlocutore
- amano parlare al telefono e ascoltare musica
- memorizzano le cose per fasi, procedure e sequenze
- sono sensibili al tono di voce

Le persone audio-digitali:

- tendono a essere dissociate dai loro sentimenti
- apprendono le cose attraverso il significato complessivo
- possono avvertire tensione al collo e alle spalle (a causa di tutto ciò che ronza loro in testa)
- possono assumere le caratteristiche di altri sistemi

Imparare a parlare una nuova lingua

Puoi anche rilevare quali sono le preferenze delle persone dalle parole o predicati che utilizzano. L'appendice 2 elenca alcuni esempi dei tipi di parole che ciascuno stile utilizza a preferenza di altri. Da questi termini si può capire se pensano usando il loro sistema visivo, uditivo, cinestesico o audio-digitale, e ciò può darti un'idea di come il loro cervello sceglie le informazioni in quel particolare momento. Non puoi sapere cosa sta pensando una persona, ma puoi avere una buona idea di come pensa! Per esempio, i visivi useranno parole come "vedere, chiarire, illuminare ecc." e pronunceranno frasi come "Posso vederlo". Ciò ti dice letteralmente che stanno componendo un'immagine nella loro mente. Una persona cinestesica ama parole come "sentire, toccare, afferrare" e frasi come "mi sta bene". Un individuo uditivo userà parole come "sentire, ascoltare, suonare" e frasi come "questo mi suona bene". Una persona audio-digitale parlerà di "sentire, pensare, sperimentare" e pronuncerà espressioni come "questo mi pare sensato".

Ascoltando le parole che una persona usa puoi iniziare a individuare il suo stile preferito. Ciò, aggiunto alle caratteristiche di cui abbiamo parlato in precedenza, ti faciliterà molto il compito di identificare lo stile del tuo interlocutore. È davvero semplice: ascolta le parole rappresentazionali che indicano in quale stile la persona sta pensando e adatta al suo il tuo stile di comunicazione. Gran parte della cattiva comunicazione è dovuta allo sfasamento rispetto allo stile dell'interlocutore, che finisce per interrompere il rapport. Usando lo stesso linguaggio del cliente potrai costruire molto rapidamente un rapport con lui. Per esempio, se continui a usare parole uditive con un individuo visivo, questi dovrà inconsciamente tradurle dentro di sé nel suo sistema. Ciò richiede tempo, per alcuni può essere difficile e di certo non costruisce il rapport. Scoprirai di poter andare d'accordo molto più facilmente con persone che hanno le tue stesse preferenze. E senza saperlo, potresti aver interrotto fino a ora il rapport con alcuni dei tuoi clienti più importanti.

Esercizio 40: Parlare una nuova lingua

Inizia prendendo una persona significativa nella tua vita e ascolta i tipi di parole che utilizza. Noterai che probabilmente si serve di ogni tipo di parole visive, uditive e cinestesiche... ma in genere uno di tali tipi predomina sugli altri. Poi pratica traducendo il tuo linguaggio per adattarlo al suo. Noterai che la difficoltà maggiore consiste nel tradurre in un linguaggio che è quello che meno prediligi: questo significa che è da praticare più assiduamente.

Se la persona dice "non vedo il punto", non rispondere "ora te lo ripeto". Rispondi invece "ti mostrerò ciò che intendo".

Se dice "quello che suggerisci non mi sta bene", non rispondere "prova con una prospettiva diversa". Rispondi invece: "tocchiamo il punto in un altro modo".

Se dice "non voglio più ascoltarti", non rispondere "sei insensibile". Rispondi invece: "discutiamone a fondo".

Quindi pratica con i tuoi clienti, e ascolta alla radio o in televisione varie conversazioni per sviluppare la tua abilità. Alla fine ti scoprirai a farlo automaticamente.

Scrivi qui di seguito i punti più importanti che hai appreso.

Momenti illuminanti

Un'addetta alle vendite in Cina aveva l'opportunità di vendere un macchinario molto sofisticato del valore di più di 550.000 euro. Aveva solo cinque minuti per costruire il rapport e impressionare il cliente. Lo stile di comunicazione preferito da lei e da molti suoi colleghi era quello audio-digitale. Cominciò a parlare della macchina con molti dettagli tecnici, ma notò che il cliente sembrava distratto. Si chiese perché, e poi notò il suo abito firmato, la corporatura snella e l'interesse che dimostrava per ciò che accadeva intorno a lui. Passò immediatamente al linguaggio visivo, spiegando più a cosa somigliava la macchina e mostrandogliene i diversi aspetti. L'uomo si fece immediatamente più interessato e l'affare fu concluso.

La pratica rende perfetti

Ora hai imparato a costruire il rapport usando il linguaggio del corpo, il tono di voce e le parole. Tuttavia, l'unico modo per diventare abile in tutto questo è praticare. Praticando coscientemente scoprirai presto di cominciare a farlo in modo inconscio. Ti sorprenderà notare quante cose hai imparato e stai già usando. E, naturalmente, se pensassi che tali abilità vadano usate soltanto con i tuoi clienti, perderesti l'opportunità di migliorare tutti i rapporti più importanti della tua vita.

Movimenti oculari PNL

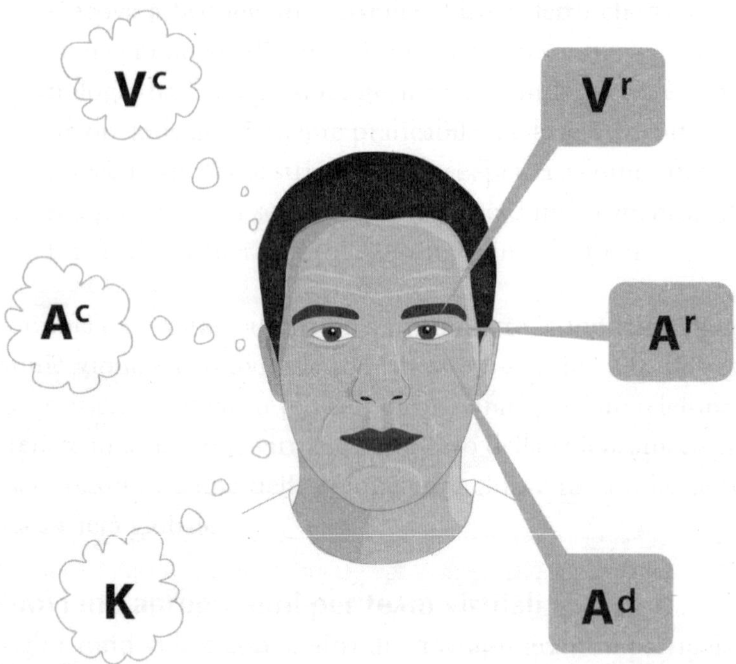

Vc – visivo costruito

Vr – visivo ricordato

Ac – uditivo costruito

Ar – uditivo ricordato

K – cinestesico (sensazioni)

Ad – audio-digitale (dialogo interiore)

Movimenti oculari PNL

Nelle settimane che seguirono la scoperta dei sistemi rappresentazionali, Bandler e Grinder notarono qualcosa di straordinario. Sono pochi gli schemi PNL che possono essere considerati assolutamente originali (al contrario del modellamento dei comportamenti di prim'ordine), e la scoperta dei movimenti oculari è tra questi. Concentrandosi totalmente sull'ascolto dei predicati utilizzati dalle persone, Bandler e Grinder, secondo le parole di quest'ultimo, rimasero "stupiti dalla regolarità e trasparenza dei movimenti oculari associati".

Essi codificarono le loro osservazioni indipendenti in quella divenuta nota nella PNL come "funny face", che denota il modo in cui tu appari all'altra persona.

Si tratta dei movimenti oculari di una persona "normalmente" organizzata, indipendenti dal linguaggio e dalla cultura. Occasionalmente, gli individui sono organizzati al contrario, vale a dire i loro movimenti oculari sono un'immagine speculare di quelli sopra mostrati. Per spiegare il modello, tu:

- guardi in alto a sinistra quando ricordi un'immagine di qualcosa del passato, per esempio la tua vacanza preferita da bambino
- guardi in alto a destra quando immagini o costruisci un'immagine di qualcosa, per esempio immaginando che aspetto avresti con quel nuovo abito
- guardi in linea retta a sinistra quando ricordi un suono del passato, per esempio la tua colonna sonora preferita
- guardi in linea retta a destra quando costruisci un suono, per esempio mentre ti ascolti cantare con una strana voce
- guardi in basso a sinistra quando parli con te stesso, elabori un calcolo logico o generi una serie di criteri logici

- guardi in basso a destra quando sei immerso nelle tue sensazioni, per esempio ti senti felice per qualcosa

Esercizio 41: Vedere la magia

Ecco una serie di domande che ti aiuteranno a rilevare i movimenti oculari di un'altra persona. Per questo esercizio hai bisogno di un volontario. Formula ciascuna domanda e osserva dove va lo sguardo del tuo interlocutore. Dovrai essere veloce, quindi memorizza le domande e poi ponile mentre guardi il tuo partner, altrimenti perderai l'azione!

Domande per stimolare i movimenti oculari

(Uso autorizzato, proprietà della The Tad James Co., Tad e Adriana James)

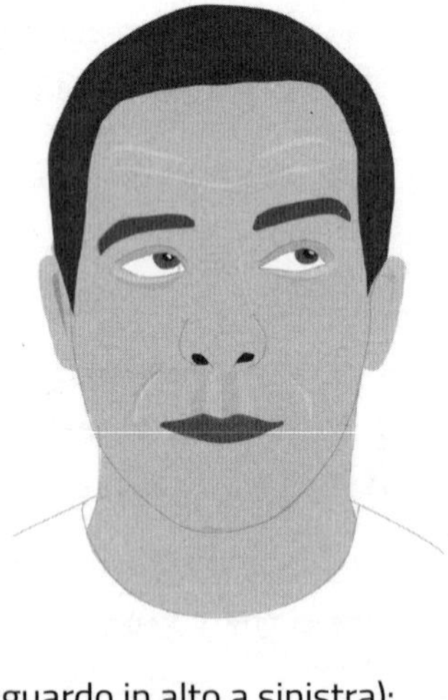

Visivo ricordato (sguardo in alto a sinistra):

a. Qual era il colore della stanza in cui sei cresciuto?
b. Qual era il colore della porta principale della casa in cui abitavi da bambino?

Visivo costruito (sguardo in alto a destra):

a. Come sarebbe la tua stanza se la dipingessi di grigio con pois porpora?
b. Come sarebbe la tua auto con una griglia di radiatore come quella delle Rolls Royce e una striscia da macchina sportiva?

Uditivo ricordato (sguardo in linea retta a sinistra):

a. Qual è l'ultima cosa che ti ho detto?
b. Riusciresti ad ascoltare continuamente il tuo brano musicale preferito?

Uditivo costruito (sguardo in linea retta a destra):

a. Come sarei se avessi la voce di Darth Vader?
b. Come sarebbe il tuo brano musicale preferito, se fosse suonato al contrario?

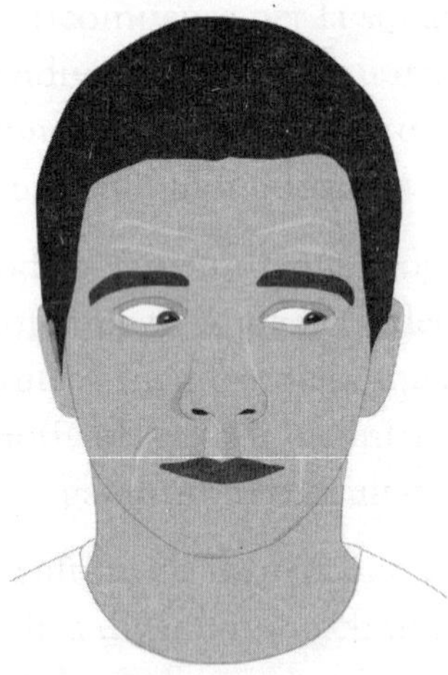

Audio-digitale (sguardo in basso a sinistra):

a. Qual è stata la prima cosa che hai detto a te stesso questa mattina?
b. Riesci a recitare in silenzio il tuo inno nazionale?

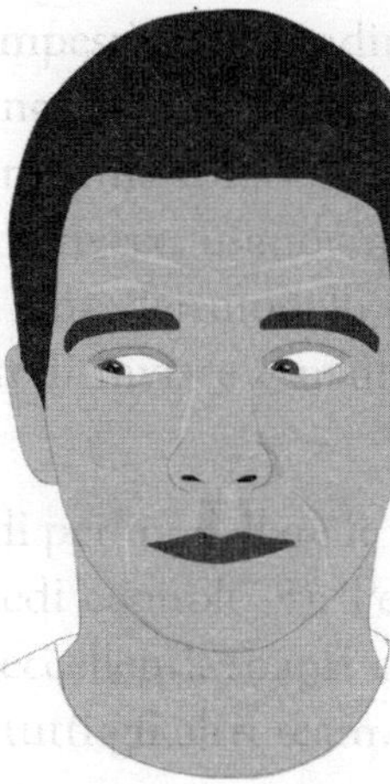

Cinestesico (sguardo in basso a destra):

a. Che sensazione dà stare a piedi nudi su un tappeto bagnato?
b. Che sensazione dà indossare una camicia o una blusa?

A volte potresti notare che accadono cose inaspettate quando formuli le domande. Ecco alcune distinzioni chiave da tenere a mente.

- Se qualcuno ti ascolta con un'espressione troppo concentrata, chiedigli di rilassarsi per l'esercizio e lasciare che i suoi occhi si muovano liberamente.
- Alcune persone muovono gli occhi innanzitutto verso il loro sistema rappresentazionale "guida". Per esempio, se hanno un sistema guida visivo, è probabile che muovano gli occhi Innanzitutto verso il visivo ricordato per ottenere un quadro, prima di spostarli altrove. Spesso, ma non sempre, succede che il nostro sistema rappresentazionale preferito sia anche il sistema guida.
- Alcuni fanno prima di tutto risuonare ancora una volta la

domanda nella mente, e i loro occhi si spostano sull'uditivo ricordato prima di andare altrove.

- Alcune persone si ripetono tacitamente la domanda e i loro occhi si spostano sull'audio-digitale prima di andare altrove.
- Se hanno avuto un trauma nel passato possono avere imparato a non virare sul cinestesico perché non si sentono a proprio agio.
- Infine, potresti rilevare una sinestesia nel caso in cui due o più sistemi rappresentazionali si sovrappongano. Per esempio, se qualcuno ha una sinestesia tra visivo ricordato e cinestesico proverà una sensazione mentre vede un'immagine, quindi non vedrai il movimento oculare cinestesico, ma solo il visivo ricordato, mentre sentirai la persona usare alcune parole cinestesiche.

Queste distinzioni ti faciliteranno nell'ottenere un buon risultato ogni volta che hai accesso ai movimenti oculari.

In sintesi

Usando i movimenti oculari, puoi letteralmente "vedere" ciò che avviene nella testa dei tuoi clienti di momento in momento. Immagina semplicemente quanto sarebbe fantastico rilevare subito le sensazioni del cliente e adattare al momento il tuo linguaggio. Potresti chiedere: "Che sensazione le dà questo...". Come per magia, costruiresti seduta stante uno straordinario rapport con l'interlocutore. Se aggiungi questa alle tue tecniche per l'acutezza sensoriale e la costruzione del rapport, avrai un potente complesso di strumenti per influenzare seduta stante il tuo cliente. Questi sarà sorpreso dalla tua abilità, perché potrai quasi leggere i suoi pensieri. Sarà a suo agio, perché tu apparirai simile a lui, ed è molto più probabile che accetti i tuoi suggerimenti e consigli, perché ci sarà un rapport. Ricorda anche che userai questi strumenti con onestà, per aiutare i clienti a prendere decisioni su prodotti e servizi che ti hanno già detto di considerare utili. In questo modo entrambi ne trarrete un vantaggio.

Questi strumenti ci consentono anche di essere molto più flessibili al momento. Qualsiasi resistenza da parte del cliente è un segno di mancanza di rapport, un segnale per te di sperimentare qualcosa di diverso, come imitare il linguaggio del corpo, il tono di voce, le parole, oppure notare i movimenti oculari. È un insieme straordinario di strumenti da usare con saggezza.

Cogli ogni opportunità per praticare con questi strumenti. Puoi sfruttare la TV o i film per cominciare a notare qualcosa in più. È molto utile osservare i politici. Controlla cosa puoi calibrare su ciò che stanno dicendo veramente!

Capitolo 11

Efficacia nelle presentazioni

Hai mai pensato che siamo tutti addetti alle vendite? Lo dico perché non facciamo altro che vendere continuamente idee, tentando di convincere i figli o il partner ad andare in vacanza in una determinata località, o di persuadere il nostro team al lavoro dell'opportunità di cambiare le procedure esistenti o di presentare un nuovo affare a un potenziale cliente. Considerando che "lanciamo" continuamente nuove idee, questo capitolo ti insegnerà a sviluppare le tue capacità di presentazione, in modo da avere sempre l'opportunità migliore di concludere l'affare.

La pratica delle presentazioni ti darà un vantaggio competitivo con i tuoi clienti. L'obiettivo di questo capitolo è quello di aiutarti a eliminare ogni resistenza in un'occasione in cui devi presentare qualcosa, e nello stesso tempo goderti l'esperienza. Magari pensi che sia come minimo improbabile: forse al momento sì, ma ti garantisco che alla fine del capitolo saprai come rilassarti in qualsiasi situazione di questo genere, come strutturare la presentazione perfetta nel giro di qualche minuto e come usare la gestualità in modo deliberato. Quando le persone vedono qualcuno abile nel presentare, pensano sia una dote innata, ma non è così. Certo, qualcuno è per natura più abile di altri, ma chiunque può modellare e imparare da questi privilegiati. Conoscerai le strategie usate dai più grandi comunicatori.

Inoltre, gran parte di ciò che hai già appreso ti sarà utile anche qui, pertanto non ci tornerò sopra. Riesamina comunque le parti del libro relative all'atteggiamento mentale per il successo, soprattutto l'importanza di concentrarti su ciò che vuoi (capitolo 2), l'uso del linguaggio (capitolo 7) e l'acutezza sensoriale, il rapport e i sistemi rappresentazionali (capitolo 10). Per inciso, se stai presentando qualcosa nel corso di un colloquio individuale, è importante imitare il sistema rappresentazionale preferito dal tuo interlocutore. Se invece presenti a un gruppo, usa un linguaggio misto, così da entrare in contatto con tutte le persone presenti nella stanza.

La paura di parlare in pubblico

Stando a quanto riportato, parlare in pubblico rappresenta la paura numero uno degli americani adulti, al punto che molte persone provano sofferenze tremende alla sola idea di doverlo fare. Questo timore costa spesso molto caro in termine di efficienza sia sul posto di lavoro che in altri ambienti, perché impedisce agli individui di esprimere liberamente i loro pensieri e idee di fronte agli altri (la seconda peggiore paura è la morte, quindi è facile presumere che gli americani temano più di parlare in pubblico che di morire). In Inghilterra, a quanto si dice, la paura peggiore riguarda i ragni, e quella di parlare in pubblico scende al secondo posto. Se ne deduce che parlare in una stanza piena di ragni sarebbe un bel guaio! Tuttavia, il timore di esprimersi in pubblico è qualcosa di irrazionale che in gran parte si costruisce nella nostra mente, la quale si concentra sul cattivo esito della presentazione ancor prima che sia cominciata. Se invece abbiamo già iniziato, può accadere di concentrarci sull'unica persona che sembra non interessata, piuttosto che notare tutti gli altri che invece lo sono.

Abbiamo quindi una situazione nella quale possiamo trarre beneficio dal miglioramento della nostra abilità di presentazione, perché tutti facciamo continuamente discorsi, ma molti di noi sono terrorizzati dall'idea di alzarsi in piedi e parlare di fronte a un gruppo. Cominceremo imparando a rilassarci davanti al nostro pubblico.

Lo stato del comunicatore

Lo scopo dello "stato del comunicatore" consiste nell'essere totalmente presente al momento e di sentirsi calmo ed equilibrato, interiormente pronto a tutto. Questa condizione mi è stata insegnata durante il corso di formazione PNL, e da allora l'ho utilizzata sempre quando dovevo prepararmi per tenere un corso o una presentazione. Qualche mese fa stavo coordinando una conferenza di una giornata di fronte a 350 persone presso il famoso villaggio turistico Butlins, a Bognor Regis. Mi godevo ogni momento della giornata, e rimasi sorpresa dal numero di alti dirigenti terrorizzati nel momento in cui toccava a loro parlare. Insegnai ad alcuni di essi questa tecnica solo qualche istante prima del loro turno. Ho imparato lo stato del comunicatore dal mio formatore David Shephard, e potrai trovare maggiori dettagli nel libro da lui scritto insieme a Tad James, *PNL per comunicare in pubblico*.

Esercizio 42: Come entrare nello stato del comunicatore

Prima della tua prossima presentazione, concediti qualche momento per praticare queste fasi. Richiedono solo pochi minuti.

Fase 1: Escludi dalla mente altri pensieri o problemi. Per esempio, se sei preoccupato per la lite che hai avuto con il tuo partner prima di uscire, mettila da parte, in modo da essere totalmente presente e consapevole di ciò che accade intorno a te.

Fase 2: Ora mettiti a tuo agio dal punto di vista fisiologico. Dovresti assumere una posizione eretta, con l'energia ben centrata. A tal fine, concentra l'attenzione sull'area sotto l'ombelico. Rilassa le mani lungo i fianchi e divarica le gambe fino a portare i piedi alla stessa larghezza delle spalle. Equilibra bene la distribuzione del peso e la simmetria del corpo: per esempio, se dovessi poggiare i piedi su due bilance, ciascuna metà del tuo corpo avrebbe lo stesso peso e sarebbe un'immagine speculare dell'altra metà.

Fase 3: Tieni sotto controllo la respirazione. Inspira profondamente dal naso ed espira dalla bocca, per poi respirare normalmente.

Fase 4: Ora concentra la tua consapevolezza in te stesso per qualche momento. Prendi nota di ciò che vedi. Pensa che la presentazione andrà benissimo.

Fase 5: Ora riporta la tua consapevolezza nella stanza e trova un punto della parete su cui concentrare tutta la tua attenzione, e mentre lo fai espandi la consapevolezza fino a riempire tutto il locale. Nota che con la visione periferica tu vedi tutte le persone e le cose intorno a te, pur rimanendo concentrato su quel punto. Riempi con la tua consapevolezza tutti gli angoli, anche lo spazio alle tue spalle.

Fase 6: Nota che, mentre sei in questo stato, riesci a scorgere ogni minimo movimento fatto dal pubblico. Ora, mentre ti senti un tutt'uno con il gruppo, abbassa gli occhi e guarda i presenti.

Fase 7: Nota che sei in grado di stabilire un contatto d'occhi con singoli individui, pur mantenendo la visione periferica. Ciò mantiene la tua consapevolezza dell'intera stanza. Nota come tutto cominci a fluire mentre ti senti tutt'uno con ciò che ti circonda.

Fase 8: Ora puoi iniziare...

Lo stato del comunicatore funziona, perché usare e mantenere la visione periferica tiene il corpo in una condizione di *eccitazione parasimpatica*. È lo stato detto "riposa e digerisci", che mantiene il corpo calmo, il contrario della condizione di *eccitazione simpatica*, ovvero la reazione "combatti o fuggi". All'inizio potrà sembrarti strano, ma continuando a praticarlo vedrai che funziona.

Lavorare con l'energia

L'energia è il carburante dell'eccellenza. Pensa per un attimo alla tua auto preferita. Forse si tratta di una bellissima auto sportiva o di un eccitante fuoristrada. Di qualunque tipo si tratti, immagina di tentare di guidarla con il carburante sbagliato. Non funzionerebbe. Lo stesso vale per il nostro corpo. Per rendere il massimo dobbiamo incrementare più possibile i nostri livelli energetici. Più alto è il tuo livello energetico, meglio ti senti, e meglio ti senti, più sbalorditivi saranno i tuoi risultati. Come comunicatore, sentirti radicato di fronte al pubblico è molto importante, perché sei e appari sicuro di te stesso. Nell'ultimo esercizio ti ho mostrato come centrare la tua energia. Quelle che seguono sono tre tecniche che ti consentono di fare l'esperienza diretta del suo utilizzo, così saprai come operare efficacemente in futuro.

Esercizio 43: Imparare a utilizzare l'energia

Procurati un partner, e insieme decidete chi praticherà per primo. Se sei tu, assumi una posizione eretta e concentra l'attenzione sul lobo dell'orecchio sinistro, immaginando che tutta la tua energia si raccolga sulla sommità della testa ed entri nel lobo. Subito dopo il partner spingerà *delicatamente* la tua spalla. È probabile che questo ti faccia vacillare. Ciò simboleggia il nostro stato normale: passiamo rapidamente da una priorità all'altra diluendo concentrazione ed energia fra troppe cose.

Ora, sposta tutta la concentrazione e l'energia nell'addome, appena sotto l'ombelico. In piedi, immagina che le tue gambe emettano radici che si allungano sotto il pavimento che ti sostiene. Ricorda l'analogia con le bilance che abbiamo usato prima: il peso dev'essere suddiviso equamente a destra e a sinistra. Il partner ti spingerà di nuovo *delicatamente* la spalla. Nota la differenza. Come ti sei sentito questa volta? Sei radicato a terra e molto più stabile. È sorprendente come sia possibile concentrare rapidamente l'energia quando sappiamo cosa fare.

Ripeti poi l'esercizio, scambiando i ruoli con il partner.

Puoi utilizzare questa tecnica anche quando qualcuno ti pone una domanda difficile o vieni colto alla sprovvista da qualche contrattempo. Quando perdi l'equilibrio mentale, il rischio è perdere anche quello fisico. Se noti che sta accadendo proprio questo, riporta semplicemente l'attenzione al centro, riassumi lo stato del comunicatore e tieni sotto controllo la respirazione. Poi continua: sono necessari appena alcuni secondi per tornare in pista. Essere fisicamente bilanciato ti aiuterà ad affrontare qualsiasi disturbo nel corso della tua presentazione. Noterai di sentirti più sicuro, più forte e totalmente radicato. Pratica regolarmente, i risultati non mancheranno.

Esercizio 44: Migliora la conoscenza se vuoi migliorare il risultato

Ecco un altro esempio di energia che segue il pensiero. Per fare questo esercizio devi stare in piedi. Trova uno spazio nel quale poterti muovere liberamente con le braccia estese. Con le gambe divaricate in modo da essere ben radicato al suolo, guarda avanti. Ora alza orizzontalmente un braccio con l'indice puntato davanti a te. Effettua delicatamente una rotazione fin dove possibile, sempre mantenendo il braccio orizzontale (se hai esteso il braccio destro, ruota verso destra e viceversa). Osserva la direzione verso cui punta l'indice, magari prendendo come punto di riferimento un oggetto o qualcuno presente nella stanza insieme a te che possa dirti fin dove arriva il braccio quando ruoti. Ora concentrati dietro di te, e trova un punto oltre quello individuato dal tuo dito alla fine della prima rotazione. Fissa mentalmente quel punto mentre effettui una controrotazione per tornare nella posizione iniziale. Ruota ancora, muovendo il braccio fin dove arriva. Tenendolo ben fermo, gira la testa e osserva di quanto questa volta sei andato oltre il primo punto. Scoprirai che lo spazio percorso è molto maggiore, e che sei andato ben oltre il punto visualizzato.

Questo è un altro grande esempio del fatto che l'energia fluisce fin dove arriva la tua attenzione. Il risultato di visualizzare questa azione prima di compierla è dato dalla più ampia rotazione del tuo braccio. Ciò dimostra che la mente e il corpo sono collegati: sono un unico sistema, non due. L'esercizio indica chiaramente che quando ti concentri davvero sul risultato puoi migliorarlo enormemente. Quindi, concentrandoti sulla tua presentazione per mezzo della preparazione, delle prove, del feedback ecc. otterrai un risultato molto migliore.

Schematizzare per avere successo

Sto per condividere con te una delle cose più utili che io abbia mai imparato. Si chiama Sistema 4Mat.

Perché devi imparare questo sistema? Perché si tratta di una semplice struttura che ti consentirà di organizzare una presentazione nel giro di qualche minuto, a prescindere dall'argomento. Immagina di incontrare l'amministratore delegato della tua azienda una mattina presto in corridoio. Ti chiede: "Puoi venire nella sala del Consiglio a esporci i progressi di quel tuo progetto?". Tu rispondi di sì, pensando che accadrà alla prossima riunione, di qui a un mese. L'uomo risponde: "Bene, allora ci vediamo tra mezz'ora". Invece di farti venire un infarto, il Sistema 4Mat ti offre un metodo per costruire una presentazione quasi a braccio. E, se ciò non bastasse, è strutturato anche per piacere a tutti gli stili di apprendimento.

Che cos'è il Sistema 4Mat?

Il Sistema 4Mat deriva da uno studio sui diversi stili di apprendimento condotto da Bernice McCarthy. Ella notò che a scuola i bambini apprendono in quattro differenti modi. Alcuni cercano ragioni, e quindi chiedono continuamente "perché". Altri vogliono fatti, quindi chiedono "cosa". Ci sono poi quelli che tendono a sperimentare e provare, e la loro domanda è "come". Infine, ci sono bambini che vogliono esplorare le future conseguenze di qualcosa che faranno, e quindi chiedono "e se…?". Bernice notò che la maggior parte dell'insegnamento rientrava unicamente nella categoria del "cosa". Molte presentazioni oggi seguono il medesimo schema. Le percentuali delle persone che negli Stati Uniti rientrano in ciascuna categoria sono evidenziate nella tabella seguente.

4Mat	Stile di apprendimento	Percentuale
Perché?	Discussione	35
Cosa?	Insegnamento	22
Come?	Coaching	18
E se...?	Auto scoperta	25

Ogni uditorio comprende varie preferenze. Condensando tutto in queste quattro semplici domande fondamentali e disponendole nell'ordine riportato in tabella, la McCarthy ha scoperto che la motivazione ad ascoltare, impegnarsi e apprendere ne risultava massimizzata. Secondo quanto riportato, la cosa di gran lunga migliore è iniziare con i "perché": finché non dai alle persone delle ragioni per ascoltarti, è ben difficile che si impegnino o ascoltino il resto dell'informazione. Questo è uno dei motivi principali per cui attualmente molti perdono interesse nelle presentazioni: sono tutte persone che si interessano al "cosa" e a niente altro. Dopo il "perché" si deve affrontare il "cosa": è il motivo per cui le persone hanno bisogno dell'informazione, prima di farne un esercizio o pensare come potrebbero applicarla. Successivamente viene il "come": durante una seduta di formazione, potrebbero essere gli esercizi, mentre in una presentazione aziendale può trattarsi del modo in cui il tuo uditorio potrebbe attuare ciò che ha appena appreso nei luoghi di lavoro. Infine, va introdotto "e se…?", che esplora le conseguenze derivanti dal fare o non fare ciò che si è discusso finora. All'inizio devi anche introdurre minimamente l'argomento, al fine di inquadrare la presentazione. Per esempio, oggi studieremo il Sistema 4Mat.

Esercizio 45: Come usare il Sistema 4Mat

Pensa a una presentazione imminente che hai in agenda. Programmala usando il Sistema 4Mat. Fai in modo di avvincere davvero il tuo uditorio esordendo con i "perché". Sarà questo a fare davvero la differenza.

Se non hai presentazioni nel prossimo futuro, trova un argomento che ti piacerebbe esporre, sia al lavoro che fuori. Programma una presentazione in otto minuti usando il Sistema

4Mat: avrai circa due minuti per rispondere a ciascuna delle quattro domande, e qualche secondo all'inizio per l'introduzione.

Nell'uno e nell'altro caso, pratica la tua presentazione, anche se di fronte hai solo lo specchio o il gatto. Ricorda di entrare innanzitutto nello stato del comunicatore, poi mantienilo fino alla fine.

Le cose importanti che ho imparato

____

____

____

____

Che succede se utilizzi il Sistema 4Mat?

All'inizio abbiamo parlato dei buoni comunicatori che hanno grandi vantaggi nell'ambito della loro attività. Il Sistema 4Mat è molto utile per portare a un livello superiore le tue presentazioni, e ti consentirà di ottenere risultati ottimi. Immagina se in futuro l'amministratore delegato della tua azienda dovesse notare che le tue presentazioni hanno fatto la differenza tra concludere o perdere alcuni nuovi e fondamentali contratti. Che cosa significherebbe per entrambi?

Al contrario, se continui a fare le cose nel solito modo e perdi un lavoro importante, non saprai mai quanta differenza avrebbe fatto il Sistema 4Mat per la tua prestazione e i tuoi risultati. E allora come ti sentiresti? Quindi sperimenta con questa tecnica e prendi nota dei risultati migliori che otterrai.

E se sei un osservatore, avrai notato che ho usato il Sistema 4Mat per spiegare il Sistema 4Mat!

Le categorie della Satir

Hai mai partecipato a una presentazione nella quale il linguaggio corporeo di chi la effettuava era talmente esagerato che hai finito per essere totalmente distratto dai suoi movimenti casuali sulla scena? O al contrario, rimaneva fermo come una statua, e ti sei chiesto se fosse vivo o morto? Adesso imparerai come puoi far sì che la tua performance sulla scena venga ricordata per le ragioni "giuste".

Una delle difficoltà più grandi per i comunicatori è capire cosa fare con le mani. Uno dei miei coach mi insegnò le posture della Satir, che inviano un messaggio non verbale all'uditorio. Puoi utilizzarle per sostenere la tua presentazione senza dover dire nulla in proposito. Queste posture sono state presentate per la prima volta nel libro *Peoplemaking* di Virginia Satir, la quale ne individua quattro che le persone assumono spesso durante il processo di comunicazione. Una quinta postura, quella del livellatore, fu aggiunta più tardi.

In *Comunicare in pubblico magicamente*, David Shephard e Tad James adattano queste posture per chi deve parlare in pubblico, con il risultato che ciascuna di esse non solo innescherà una particolare condizione in te, ma ne creerà anche una associata nel tuo pubblico. Ecco come puoi utilizzarle quando desideri far passare un messaggio particolare.

- **Livellatore.** Il livellatore usa la postura radicata che abbiamo imparato per lo stato del comunicatore. Il peso è uniformemente bilanciato, le mani sono rivolte verso il basso con il palmo piatto, si muovono dal centro del corpo verso il basso e in fuori, come se si facessero scorrere sul piano di un tavolo. Si fermano nel punto in cui le dita cominciano a volgersi diagonalmente in fuori. Contemporaneamente al movimento delle mani si muove anche una

Le categorie della Satir

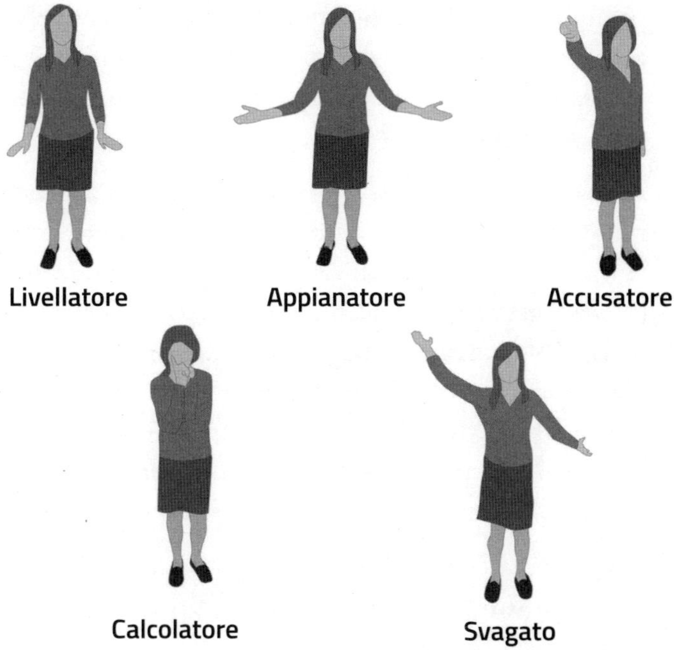

gamba, fino a divaricare i piedi a una larghezza maggiore di quella delle spalle. Il livellatore è abituato ad affermare la propria autorità in modo non verbale. Ciò dà un segnale all'uditorio che si parla di affari. È una postura ottima da utilizzare quando hai un punto importante da sottolineare, per esempio "Questo è l'argomento centrale della mia presentazione di oggi". Puoi rafforzare l'affermazione abbassando il tono di voce mentre contemporaneamente effettui il movimento. È una postura ottima per le donne, che risultano così assertive e potenti.

- **Appianatore.** L'appianatore, al contrario, tiene i palmi delle mani rivolti verso l'alto in un gesto di apertura, spesso alzando le braccia con la testa lievemente inclinata. La postura suggerisce inoffensività, vulnerabilità. Dovresti usarla solo quando hai bisogno del sostegno dell'uditorio. Fai molta attenzione, perché potrebbe indicare debolezza. Soprattutto le donne devono usarla con cautela: molte la adottano inconsciamente e toglie loro sicurezza durante la presentazione.

- **Accusatore.** L'accusatore sfrutta una postura aggressiva. Si muove in avanti con un braccio alzato e punta l'indice in segno di accusa. Se utilizzi questa postura, è importante indicare al di sopra delle teste del pubblico. Vivacizza molto la presentazione, perché introduce energia. Usala con parsimonia per sottolineare punti importanti, per esempio: "Ci sono tre punti che voglio comprendiate bene. Primo...". Impiegata saggiamente, può esercitare un grande impatto, in quanto sfrutta anche l'elemento sorpresa.

- **Calcolatore.** Usando una postura ben radicata, il calcolatore ha un gomito poggiato sull'altro braccio e con la mano libera sostiene o si accarezza il mento. È una postura pensosa, ragionevole e dissociata, spesso utilizzata dagli audio-digitali. Nella presentazione puoi sfruttarla per apparire meticoloso e riflessivo, e può farti guadagnare tempo quando qualcuno ti fa una domanda difficile. Spesso è accompagnata da un tono di voce monotono.

- **Svagato.** Lo svagato utilizza un'asimmetria totale, tenendo braccia e gambe ad angolazioni differenti e a diverse altezze. La postura è accompagnata da un tono di voce variabile. È bene usarla se vuoi suscitare il riso nell'uditorio per qualche motivo. Io la utilizzo se commetto un errore. Per esempio, potrei chiedere qualcosa come "davvero ho detto questo?" e contemporaneamente usare questa postura.

Puoi adottare queste posture anche da seduto, sebbene siano più efficaci stando in piedi. L'idea è che se vuoi usare le mani nella tua presentazione, devi farlo con determinazione e servendoti di uno di questi gesti. Quando non muovi le mani, dovresti tenerle lungo i fianchi in modo rilassato. Ovviamente, non funziona mai in questo modo, perché tutti abbiamo le nostre idiosincrasie in simili situazioni. Tuttavia, se osservi i grandi comunicatori, vedrai che utilizzano la loro postura per sottolineare un punto, altrimenti stanno semplicemente fermi e radicati. Questo è ciò che le categorie della Satir possono fare per te.

Esercizio 46: Posture con uno scopo

Nella tua prossima presentazione, pratica le posture della Satir. Esercitati in anticipo su quelle che si adattano meglio alla situazione imminente. Per esempio, se stai cercando lavoro, quella del Livellatore dovrebbe essere ottima, magari con un po' di Calcolatore durante le domande e una piccola quantità di Svagato quando vuoi usare l'umorismo. Poi, quando devi presentare, usa le posture e nota cosa accade. Usa la tua acutezza sensoriale per valutare la reazione del pubblico e nota come ti fa sentire ciascuna postura. Ben presto riconoscerai la particolare postura della Satir che usi abitualmente a livello inconscio. È quella che ti riesce meglio: prendine nota e lavora di più sulle altre.

Qui di seguito scrivi i punti importanti che hai appreso.

Come affermano Shephard e James,

> "le persone colgono continuamente significati da queste comunicazioni non verbali… Il linguaggio del corpo che utilizzi

è una parte davvero importante della storia che racconti. Ora che usi questo segmento del 55 per cento della tua comunicazione per intensificare il 7 per cento del contenuto verbale, scoprirai di comunicare in modo molto più efficace. L'impiego delle categorie della Satir trasformerà completamente la tua presentazione".

In sintesi

Terminerò con alcuni consigli ai comunicatori che ho raccolto nel corso degli anni e sperimentato io stessa. Secondo me, quello più importante è che il tuo pubblico non sa cosa intendevi dire… perché per ogni parte di informazione "importante" che perdi, il tuo subconscio te ne presenterà un'altra ancora più rilevante. Quindi, sii indulgente con te stesso.

- **Consiglio n. 1:** Le persone pensano che i grandi comunicatori siano tali per natura. In realtà, è la pratica che rende perfetti. Per due anni sono stata assistente di uno dei più autorevoli partner nella società di consulenza in cui lavoravo. Era noto per le sue presentazioni ben costruite, articolate e spiritose. Nel primo viaggio che abbiamo fatto insieme, fui sorpresa dalla sua richiesta di osservarlo ripassare più e più volte la sera la presentazione che avrebbe dovuto fare la mattina dopo di fronte a un cliente di rilievo. Il giorno seguente, l'uditorio commentava la sua naturalezza!
- **Consiglio n. 2:** Hai già sentito parlare del principio PNL di "agire come se". In questo contesto può essere usato, "agendo come se" fossi già un grande comunicatore. Il pubblico si comporterà come se lo fossi!
- **Consiglio n. 3:** Durante la presentazione, sii te stesso. Molti comunicatori non credono che questo funzioni, e finisco-

no per sembrare insinceri. Essendo te stesso, costruirai un rapport molto migliore con il tuo gruppo.

- **Consiglio n. 4:** La morte del business moderno è la "sindrome del powerpoint". Puoi utilizzare qualche slide, ma mantienile al minimo. Fai in modo che la tua presentazione sia più spontanea e utilizza approcci diversi.
- **Consiglio n. 5:** Ricorda che il tuo pubblico non sa di che cosa intendi parlare. Se manchi un paio di punti, non se ne accorgeranno nemmeno. E inoltre, se racconti una barzelletta e nessuno ride, agisci come se non avessi alcuna intenzione di essere divertente. Allo stesso modo, se fai confusione preparati a ridere di te stesso. Tutti siamo naturalmente divertenti, non c'è bisogno di raccontare barzellette per esserlo.
- **Consiglio n. 6:** Raccogli le storie che ti piacciono. Poi usa le più appropriate prendendole dalla tua collezione quando sviluppi la presentazione. Al contrario di quanto ti è stato detto in passato, è possibile utilizzare le storie nel business, a patto che risultino chiari i legami con i punti che vuoi fare arrivare al pubblico.
- **Consiglio n. 7:** Modella altri grandi comunicatori. Per scoprire come, rileggi il capitolo 3.

Infine, prendi ciò che hai appreso in questo capitolo e mettilo in pratica. Esci dalla tua zona di sicurezza e goditi i risultati. Chiedi sempre feedback e usali per migliorare continuamente il tuo comportamento.

Durante la prossima presentazione, ricordati di respirare!

Capitolo 12

Superare le aspettative del cliente

È davvero possibile soddisfare le aspettative dei clienti?

Qualcuno pensa che, pur non essendo difficile superare tali aspettative una, due o perfino tre volte, è molto arduo farlo in maniera continua. Questo perché i clienti chiedono sempre di più. A ogni buona esperienza che il cliente ha avuto con uno dei tuoi concorrenti, i suoi parametri per i livelli di un ottimo servizio si alzano continuamente. Quindi, le azioni del tuo concorrente hanno, al pari delle tue, un effetto inflazionistico sulle aspettative dei clienti. In realtà, il cliente tiene d'occhio anche il livello di soddisfazione che trae dai tuoi servizi rispetto a quelli delle altre aziende con cui interagisce. E non pensare che questo accada soltanto nel mondo delle aziende private. Nel settore pubblico si verifica qualcosa di analogo. Per esempio, mi stavo consultando con un team di progettisti del consiglio comunale di una località marina. I loro processi di pianificazione erano obsoleti, a confronto di quelli di altre autorità. In particolare, il loro sito web non riusciva a elaborare online applicazioni per la progettazione, a differenza della maggior parte dei siti delle autorità dei comuni circostanti, che avevano fatto i necessari investimenti in nuovi sistemi. Ciò causava grande irritazione nei clienti che si trasferivano nell'area dai borghi vicini, e che si aspettavano almeno lo stesso livello di servizi di cui avevano goduto altrove.

Quindi, perché preoccuparsi?

In base all'esempio della catena di cinema Vue, che troverai tra poco in questo capitolo, c'è sempre l'opportunità di distinguersi. Non è diverso per il settore pubblico, in cui le valutazioni della commissione di revisione contabile sono materia di orgoglio organizzativo e attirano il personale più preparato nelle organizzazioni pubbliche che godono della reputazione migliore. Superare le aspettative significa mantenere la base esistente di una clientela che tornerà più volte. Ciò fa risparmiare tempo e denaro nel marketing e nelle vendite a nuovi clienti, e costruisce un rapport a lungo termine con ciascun interlocutore. Per esempio, per me il successo è un nuovo cliente che frequenta la mia sessione PNL di prova di 3 ore e in seguito partecipa ai corsi di Praticante e di Master, per poi bussare di tanto in tanto alla porta del mio ufficio per chiedere cosa c'è di nuovo. Allora so di avere avuto successo. Inoltre, un eccellente servizio assistenza motiva il personale, innanzitutto perché quando i clienti sono soddisfatti, lo staff ha meno lamentele e meno clienti "difficili" da dover affrontare. In secondo luogo, è probabile che i dipendenti si sentano più motivati dall'autorità loro conferita di risolvere potenziali problemi al momento del contatto. E infine, i dipendenti stessi sono il veicolo di nuove idee e opportunità. Questa è un'idea ispiratrice per molti di loro. Tutti questi elementi significano risultati migliori per il tuo business.

La PNL è utile perché ci insegna a concentrarci sulla necessità di essere i migliori, fissando obiettivi chiari, aumentando continuamente i nostri standard, imparando dai feedback, fino a raggiungere l'eccellenza in tutto ciò che facciamo. È un viaggio incessante di continuo miglioramento verso il meglio che possiamo conseguire. Ecco perché, se si affronta seriamente la PNL, è impossibile accontentarsi di arrivare secondi. Come praticanti PNL siamo alla continua ricerca di modi più creativi di servire i nostri clienti, perché un eccellente servizio assistenza ci differenzia da tutti gli altri. Ciò che hai finora imparato in questo libro ti aiuterà a superare le aspettative dei tuoi clienti, soprattutto con l'ausilio degli strumenti che ti sono stati forniti negli ultimi due capitoli. Ora scopriremo come organizzare tutte queste idee per partire con il piede giusto.

Quali sono le tue esperienze?

Iniziamo esplorando una tua esperienza come cliente che ha visto superare le proprie aspettative. Può essere accaduto in un qualsiasi settore della tua vita, o all'interno della tua azienda. Per esempio, la scorsa settimana io ho avuto due esempi contrastanti di servizio assistenza. Il primo riguarda due telefonate in due giorni del mio assicuratore che voleva fare una verifica con me prima di rinnovare il mio contratto per un altro anno. In linea di principio l'idea era buona, ma la prima volta mi ha telefonato in una giornata in cui ero occupatissima. Gli ho detto che non potevo parlare in quel momento, ma volevo riesaminare alcune cose e gli ho chiesto la cortesia di richiamarmi dopo le 18. Ha accettato, ma la sera non ho ricevuto nessuna telefonata. Il giorno dopo è accaduta la stessa cosa, e ho spiegato che avevo chiesto di essere richiamata la sera, ma inutilmente. Non ho ricevuto scuse, e l'operatore si è limitato a dire: "Mi spiace, ma non possiamo farlo. Il nostro sistema non è in grado di registrare l'ora desiderata per essere richiamati".

Mi sono irritata, e da quel momento non mi hanno più chiamato. Il terzo giorno uno dei loro concorrenti mi ha proposto un'assicurazione privata e io ho chiesto un preventivo, cosa che 24 ore prima non avrei mai fatto.

La seconda esperienza è stata la telefonata che ho fatto a una ben nota compagnia di assicurazioni per chiedere un preventivo per mio figlio diciassettenne, che deve prendere la sua prima auto. La donna che mi ha risposto è stata molto disponibile, quasi contrita quando mi ha detto il costo. Ha perfino parlato con i soci per tentare di farmi avere un contratto migliore, ma il prezzo da lei ottenuto era ancora troppo alto, e le ho detto che avrei consultato altre compagnie assicurative. Ha compreso molto bene il punto e mi ha chiesto se poteva ritelefonarmi quel pomeriggio alle 18 per sapere cosa avevo concluso. Ho accettato, alle 18 in punto mi ha chiamato e le ho spiegato di aver trovato un contratto migliore. Mi ha augurato buona fortuna, dicendomi che sperava di risentirmi in futuro per una diversa forma di assicurazione. Le ho risposto che lo farò senz'altro.

Due scenari molto diversi: il primo con un sistema inefficiente e un personale che accampa scuse; il secondo con una dipendente che fa ciò che ha promesso, si concentra sulle esigenze del cliente e si dimostra molto premurosa. Ripensando ai principi di "risultati e ragioni" e di "causa ed effetto" (capitolo 2), la prima compagnia non si è assunta la responsabilità personale della situazione e non ha fatto ciò che era necessario per risolverla: il rappresentante mi ha detto che avrebbe richiamato alle 18 quella sera e non lo ha fatto, poi il secondo dipendente ha addotto giustificazioni concentrandosi sulle "ragioni" per cui era impossibile richiamarmi a un'ora specifica a causa del loro sistema inefficiente. La rappresentante della seconda compagnia assicurativa ha costruito un ottimo rapport con me, si è assunta il 100 per cento di responsabilità cercando di fare il meglio che poteva e ha mantenuto la sua parola nonostante fosse molto improbabile che avrebbe concluso l'affare. Questa donna ha sicuramente superato le mie aspettative, a un punto tale che la prossima volta che avrò bisogno di un'assicurazione chiamerò sicuramente la sua società.

Riflettendo in seguito su quelle telefonate, mi sono resa conto che erano lezioni importanti e utili promemoria per una proprietaria d'azienda come me.

- Mantieni la parola data ai clienti
- Scusati se le cose non vanno per il verso giusto
- Assumiti personalmente la responsabilità delle cose che vanno fatte
- Entra in sintonia con il cliente
- Chiedi un feedback al momento
- Imposta la lealtà per il futuro

Non bisogna certo essere dei geni, ma quante aziende hanno bisogno di ricordare questi principi di base? Per esempio, la tua?

Esercizio 47: La tua esperienza personale di risposte superiori alle aspettative

Ora è il tuo turno. Annota qui di seguito uno o due esempi di un eccezionale servizio di assistenza che hai ricevuto di recente, e le lezioni che ne trai per il tuo business.

Esempi di ottimo servizio di assistenza:

Lezioni per la mia azienda:

Amo particolarmente scoprire esempi di creatività e aspettative superate in quello che al resto del mondo appare come una piazza di mercato gremita di folla. Consideriamo i cinema della catena VUE…

L'esempio dei cinema Vue

(da un articolo di Helen Dunne dal titolo "I cinema Vue aumentano gli incassi", Telegraph.co.uk 20 gennaio 2009)

Circa 13 anni fa, l'avvocato di origine canadese Tim Richards trascorse due anni in un ufficio sopra il suo garage sulle colline di Hollywood, elaborando il progetto di una nuova iniziativa imprenditoriale. Nel 2008 la Vue Cinemas, la società nata sopra quel garage, ha celebrato il suo decimo anniversario mentre le sue 65 sale cinematografiche, da Inverness fino alla costa meridionale, servivano quasi 35 milioni di clienti – circa il 20 per cento del mercato – garantendo entrate per 250 milioni di dollari. La Vue si è rafforzata sempre di più, aprendo nuovi locali e surclassando il resto del settore produttivo. Mr. Richards, inoltre, ha rilevato il pacchetto di maggioranza della gestione con un rapporto debito/capitale che permette a lui e al suo team di avere il controllo del loro destino.

La caratteristica particolare di Mr. Richards è sempre stata quella di "scuotere un po' le cose". Egli continua a testare e innovare, ed è convinto che la ricerca sia la chiave del successo della sua compagnia. Spesso sperimentano nuove iniziative in un piccolo numero di sale cinematografiche, prima di presentarle in tutto il gruppo. Per esempio, molti cinema hanno ora confortevoli sedili di pelle su tre file della sala e un bar con licenza di servire alcolici, perché una ricerca ha rivelato che i clienti desideravano queste comodità. Richards afferma che molte innovazioni non sono costose da implementare, ma richiedono creatività e immaginazione.

Un esempio di inattesa innovazione si è avuto poco dopo l'uscita del popolare film *Mamma mia!* Un dirigente della Vue tenne una proiezione privata e inavvertitamente lasciò i sottotitoli in pellicola. "Era stato solo un errore. Tutti i film prevedono l'opzione dei sottotitoli per gli audiolesi", spiega Mr. Richards. "Ma i suoi amici l'hanno presa per un'esperienza in stile karaoke, e la stampa ha fatto il resto". Subito dopo la Vue ha lanciato il concetto di canto in gruppo, che ha dato a *Mamma mia!* nuovi orizzonti, al punto che contano di riprogrammarlo ogni anno.

Come puoi cominciare?

Questo esempio propone lezioni molto precise a tutti noi. Innanzitutto, ricerca ciò che i tuoi clienti vogliono e chiedi dei feedback. Quindi sperimenta su scala ridotta prima di implementare ovunque la nuova idea. Infine, fai ciò che puoi assumendoti la responsabilità al 100 per cento di risolvere un problema del cliente: avere il controllo del tuo destino ti aiuterà a rendere più agile il team del servizio assistenza. Vediamo tutto ciò con maggiori dettagli.

Fase 1: Scopri cosa vuole il cliente

Per poter superare le aspettative del tuo cliente devi innanzitutto sapere quali sono. Sul momento, a meno di non chiedere specificamente al cliente che cosa si aspetta e vuole che accada durante il negoziato, l'addetto alle vendite non può saperlo. Il più delle volte quasi tutti gli addetti alle vendite, come la stessa azienda, presumono con una certa arroganza di sapere quali siano le esigenze del cliente e pensano che chiedere sia uno spreco di tempo. Non si renderanno conto della necessità di questa domanda fino a quando non avranno sperimentato la varietà di aspettative che i diversi clienti hanno. Quando se la sentono rivolgere questi ultimi rimangono sorpresi, perché è più che probabile che nessuno l'abbia posta prima. Il venditore potrebbe dover ricorrere a varie domande per instradare il cliente. Gli esempi di domande che seguono aiuteranno i tuoi addetti alle vendite a cominciare. Usa quelle che meglio si adattano al tuo business e sviluppane altre più idonee.

- Che cosa è più importante per lei di questa applicazione/acquisto/prenotazione?
- Quanto spesso vuole essere informato sui nostri progressi?
- Come/Quando preferisce essere contattato?
- Se devo mettermi in contatto con lei a breve preavviso e non è raggiungibile, c'è qualcun altro con cui io possa parlare?
- Avrà bisogno di altra assistenza da noi in seguito?
- Ho tralasciato qualcosa?

Se l'addetto alle vendite ha fatto un buon lavoro per scoprire aspettative e necessità del cliente, saprà esattamente cosa deve fare per assicurargli la migliore esperienza di acquisto. Ciò è simile all'esperienza che ho avuto con la responsabile della seconda assicurazione auto. Parlare delle aspettative del cliente permette anche al venditore di gestire fin da subito quelle eventualmente irrealistiche.

Fase 2: Gioca d'anticipo

Nel lungo termine, la ricerca sulle aspettative dei clienti è egualmente importante. Nell'esempio della Vue abbiamo visto come questo sia essenziale per il loro successo. Può rientrare nel processo di feedback (vedi Fase 3), sebbene è probabile che sia un esercizio più ampio attuato per modellare ciò che i tuoi concorrenti fanno, oltre a chiedere ai clienti cosa potrebbero aspettarsi in futuro. È piuttosto semplice in questo primo periodo sondare le opinioni su questioni importanti. Utilizzando una newsletter e un software per ricerche di mercato, puoi studiare le opinioni dei clienti con maggiore facilità che in passato. Puoi anche proporre una opportuna domanda sul tuo sito web. Non è male l'idea di dare un'occhiata ai siti dei tuoi maggiori concorrenti, iscrivendoti per ottenere newsletter e materiale free, e scoprire cosa c'è di nuovo nel settore destinato alla clientela. Ai nostri giorni, anche i social media consentono di raggiungere moltissimi potenziali nuovi clienti. Sono tutte opzioni a basso costo, ma esistono anche società di marketing che potranno aiutarti a condurre progetti di ricerca su scala più ampia per affari più consistenti.

Come esempio di opportunità di ricerca, la Change Corporation ha da poco intrapreso una ricerca accademica insieme alla dottoressa Julie Hodges della Durham Business School sulla condizione delle donne d'affari in età matura (dai 40 ai 60 anni), sia che dirigano una propria azienda o che lavorino per altri. Il documento con i risultati della ricerca verrà pubblicato e cercherà di rispondere a domande inerenti la questione in oggetto. Tali risultati verranno utilizzati per improntare il mio programma di sviluppo personale Age with Attitude, destinato alle donne in età matura. Ho elaborato una proposta ispirata a uno studio di sostenibilità per questa ricerca. Julie e io abbiamo redatto il sondaggio insieme eliminando alcune ripetizioni, per poi inserirlo in un software. Il questionario è stato inviato a un certo numero di database e gruppi di donne d'affari presenti in rete. Stiamo aspettando i risultati, che poi saranno analizzati e infine pubblicati. Questa è per noi una grande opportunità di lavorare in condizioni di partnership e condividendo le nostre esperienze a costi relativamente bassi.

Fase 3: Richiedi un feedback

Prendi l'iniziativa di chiedere un feedback di qualsiasi tipo, al quale risponderai subito. Se qualcuno impiega un po' del suo tempo per complimentarsi con la tua organizzazione, ringrazialo immediatamente. Rispondi in modo rapido e deciso. Fai per loro più di quanto si aspettino. Ecco un piccolo esempio. Giorni fa un cliente ha chiamato il nostro ufficio per lamentarsi del fatto che non aveva ricevuto informazioni su un corso che stava aspettando. Io gli ho inviato non solo le informazioni richieste, ma anche una consegna speciale di un DVD gratuito (che normalmente costerebbe 29,99 sterline) per scusarmi e ringraziarlo per averci aiutato a migliorare i nostri procedimenti. Due giorni dopo ha chiamato l'ufficio e si è iscritto al nostro corso più importante, quello rapido in 7 giorni per diventare praticanti PNL.

Considerare ogni feedback un regalo ti consentirà di portare il tuo business a un livello superiore. Noi chiediamo feedback scritti per tutti i nostri programmi di formazione, anche per le sessioni di prova. E li sollecitiamo anche nelle newsletter che inviamo regolarmente. Questi feedback ci hanno aiutato nel corso degli ultimi cinque anni a trasformare il nostro modello di business.

Fase 4: Concedi libertà d'azione

Ciascuno dei tuoi addetti alle vendite deve essere autorizzato, entro limiti ragionevoli, a rispondere alle richieste dei clienti. Le decisioni prese, quindi, devono essere confermate dai loro manager. Questo, purtroppo, è un punto difficile per le aziende più grandi, che non solo si mostrano riluttanti a concedere autorizzazioni in tal senso ai venditori, ma hanno processi e procedure talmente inflessibili che diventa quasi impossibile adattarli alle esigenze della clientela. Tuttavia, tanta inflessibilità e la riluttanza a delegare l'autorità aprono spazi consistenti per aziende più piccole. Queste ultime hanno la flessibilità e la volontà di conferire un certo potere ai propri reparti vendite di effettuare cambiamenti nel modo di fare affari, in tal modo assicurando ai clienti un'esperienza d'acquisto unica.

Come ho affermato in precedenza, neppure la più agile delle aziende riuscirebbe a soddisfare qualsiasi esigenza della clientela. Ciò nonostante, più la società riesce a essere flessibile e premurosa, più autonomia conferisce ai venditori per trattare con la clientela, maggiore sarà l'impatto che i suoi servizi avranno sulla clientela stessa. In molti casi, se l'addetto alle vendite conosce i veri bisogni del cliente e riesce veramente a superare le sue aspettative, il prezzo smette di essere un problema, come la concorrenza.

Uno scenario vantaggioso per tutti

La recessione ha indotto molti dei clienti della Change Corporation a stringere la cinghia. Noi abbiamo reagito offrendo piani di pagamento senza interesse: questa è una situazione vantaggiosa per ambo le parti, perché i clienti possono sostenere queste condizioni, e noi abbiamo tuttora i corsi pieni. All'inizio è stata una vera e propria sfida economica, ma ora questo scenario ci assicura entrate regolari. Sono molto poche le società che in Inghilterra si occupano di PNL a offrire queste facilitazioni, quindi noi sappiamo che anche in questo caso stiamo offrendo ai clienti più di quanto si aspettino.

Esercizio 48: Inizia ora con i tuoi clienti

Questo esercizio mira a scoprire cosa pensano i clienti della tua azienda. Dovrai escogitare una strategia per scoprire le loro aspettative e ottenere feedback. A tale scopo, utilizza le Fasi

1-4. Sondaggi, moduli per il feedback e focus group sono tutti ottimi canali per raccogliere informazioni. In passato noi abbiamo creato focus group con persone prese dai nostri target di clientela. Abbiamo scoperto che tutti sono disposti a collaborare purché ottengano qualcosa in cambio: sconti, cibo e bevande di qualità agli incontri ecc.

Ecco alcuni esempi di domande per iniziare.

- Perché hanno scelto la tua azienda?
- Nella loro esperienza come clienti, qual è la cosa che conta di più?
- Quali altre cose considerano importanti?
- Cosa apprezzano dei prodotti e/o servizi che offri loro?
- Cosa non offri che loro vorrebbero?
- Quali sono stati gli aspetti migliori della loro esperienza con te?
- Quali sono stati gli aspetti peggiori della loro esperienza con te?
- Cosa li indurrebbe a rivolgersi a un altro fornitore?

Che cosa hai appreso dai risultati di questo feedback?

A seguito di esso, quali nuovi standard per il servizio assistenza vorresti fissare?

In sintesi

Un tempo il mito del superamento delle aspettative del cliente era ben radicato. Oggi, in un periodo in cui aumenta il numero delle società che affermano di dare al cliente più di quanto si aspetta sta diventando sempre più difficile stare al passo. Eppure, ci sono ancora straordinarie opportunità per trovare nuovi approcci a vecchie situazioni: basta seguire l'esempio della Vue. In questo vorticoso nuovo mondo dei social media, le notizie viaggiano rapidissime e le vecchie formule devono essere messe in discussione e cambiate. La buona notizia è che le aziende disposte a uscire dalla loro zona di sicurezza per conoscere meglio la clientela e predisporre i cambiamenti necessari non hanno quasi concorrenti e sono in grado di mantenere la loro struttura di prezzi di fronte a quelli in continuo declino dei loro rivali.

Tratta ogni feedback come un dono. Tu e la tua azienda non ne sarete delusi.

Sei pronto?

Non dare la colpa a me se dopo la lettura di questo libro comincerai a creare i cambiamenti che vuoi nel tuo business. Questo viaggio ha toccato quattro ambiti diversi ma collegati tra loro: leadership personale, rendimento del team, cambiamenti organizzativi e massima efficienza del servizio assistenza. Ora possiedi un notevole insieme di strumenti PNL per trasformare i tuoi risultati. Mi sento come Trinity nel film *Matrix*: sono rimasta in collegamento per diversi mesi e attualmente sto scaricando il contenuto del mio cervello in questo libro onde consentirti di utilizzarlo come manuale pratico per creare il tipo di successo che finora hai soltanto osato sognare.

PNL – Un'arte e una scienza

Ho scelto gli strumenti della PNL perché è la tecnologia più orientata verso i risultati in cui mi sia mai imbattuta: si concentra sulle soluzioni, non sui problemi. Ciò non significa che tu non possa "mescolarla" con altri utili strumenti in tuo possesso: puoi sicuramente farlo. La domanda importante da tenere a mente è: "Quale tecnologia mi assicura risultati più rapidi?". Per me, in nove casi su dieci è la PNL. A volte un cliente, per esempio nell'ambito di un corso per praticanti di PNL aziendale, si propone di usare esplicitamente questa tecnologia. Altri clienti, invece, tendono a dissimulare l'impiego degli strumenti

PNL, di cui si servono nell'ambito di iniziative volte ad ampliare la leadership, sviluppare il team o un migliore servizio assistenza. A prescindere di come la PNL sia presentata, l'elemento più importante che la rende insostituibile è il fatto che funziona. Spesso ho sentito individui chiedere se sia una scienza o un'arte. A mio modo di vedere, è *entrambe*. Ha il beneficio della struttura e del rigore della scienza, e la creatività dell'arte.

Indubbiamente, la PNL è un processo guidato. È per questo motivo che il libro prevede ben 49 esercizi. Essi hanno l'effetto di ridurre il rischio per te, praticante PNL. Applicando un processo specifico in un modo determinato, puoi aspettarti un risultato preciso. Ecco perché questo metodo è utile per un lavoro di trasformazione ad alto rischio, in quanto utilizza sia il sistema che il processo. Quindi, se applichi sistematicamente gli esercizi presenti in questo libro otterrai risultati diversi, te lo garantisco. D'altro canto, uno dei principi cardine della PNL riguarda la flessibilità. Pertanto, se ciò che stai facendo non funziona, fai qualcos'altro. Devi essere creativo nel modo di utilizzare la PNL. Sii curioso, sperimenta con i tuoi progetti di modellamento e divertiti con i procedimenti descritti nel libro: chissà, potresti sviluppare nuovi schemi PNL ed essere in grado di scriverne tu stesso. Quindi, la PNL è un'ottima "contraddizione in termini", e dobbiamo imparare a equilibrare entrambi gli elementi. Ripenso spesso al consiglio che mi fu dato dal mio formatore PNL e mentore: vai semplicemente avanti finché non raggiungi i tuoi obiettivi. Se qualcosa funziona, insisti. Altrimenti, cambialo subito!

Quanto hai appreso della PNL?

All'inizio del libro ti ho detto che avremmo preso in considerazione molti elementi chiave della PNL. Alcuni fanno parte della teoria "tradizionale", come il modellamento e gli schemi linguistici del metamodello e del modello Milton. Altri, come la causa ed effetto, sono stati aggiunti in seguito da grandi esponenti della PNL come Tad James. L'Appendice 1 enuncia tutti i 33 strumenti, specificando dove compaiono nel libro. Questi strumenti sono presi dal curriculum dei programmi dei corsi di Praticante e Master di PNL. Se vuoi saperne di più, visita il sito web dell'American Board of PNL (www.abh-abnlp.com) e riesamina gli standard per ogni programma. Se ho suscitato in te il desiderio di frequentare i corsi per Praticante o Master PNL per ottenere l'abilitazione, visita la sezione alla fine del libro intitolata "Cosa fare dopo?" per scoprire come procedere.

Se hai intrapreso seriamente il tuo viaggio nella PNL, a questo punto vorrai capire cosa hai assimilato. Nell'Appendice 3 troverai degli esercizi con risposte multiple per verificare le tue conoscenze. È un modo divertente per scoprire quanta strada hai già percorso. Ti consiglio anche di tornare all'inizio del libro e di riempire di nuovo il questionario riportato nell'Introduzione, per scoprire a che punto siete tu e il tuo business. Constaterai quanto siano migliorati i tuoi punteggi! Divertiti, mentre verifichi a che punto sei arrivato.

Il mio personale piano d'azione

Il mio scopo è stato quello di ispirarti a pensare e avvicinarti in modo diverso al tuo futuro di leader, per scoprire ciò che è possibile e realistico cercare di ottenere dal tuo business. In tutto il libro ti ho suggerito idee, abilità, strumenti e motivazioni per cambiare il tuo stile di leadership e la tua azienda, e per raggiungere davvero ciò che vuoi. Ora che ci avviciniamo alla fine, hai una scelta da operare. Questo è un momento della verità. Se acquisti un bellissimo guardaroba nuovo e poi lo lasci nell'armadio perché non riesci a coordinare i vari capi, hai innanzitutto sprecato tempo e soldi per procurartelo. Imparare è qualcosa di simile. Se hai divorato le tecniche PNL esposte nel libro, ma non hai intenzione di utilizzarle per lo sviluppo tuo, dell'azienda o del personale, hai sprecato energie. Tutto ciò che potrai fare è scivolare di nuovo nella Zona Grigia.

Puoi, al contrario, aprire il pacchetto e cominciare a procedere in direzione del lato "causa" dell'equazione, per alimentare quelle potenti convinzioni che creeranno ciò che vuoi e ti avvicineranno alla Zona Luminosa. Te la senti di muovere il primo passo?

Sei pronto?

Il cambiamento porta altri cambiamenti. Ogni passo che fai comporta un successo che ti ispirerà a fare il passo successivo. Hai imparato la cosa più importante: continuare a camminare fino a giungere alla meta. Ricorda: non esistono fallimenti, solo feedback. Utilizziamo l'ultimo esercizio per organizzare il tuo Personale Piano d'Azione per i prossimi dodici mesi.

Esercizio 49: Il mio Personale Piano d'Azione

Fase 1: Riesamina tutti gli esercizi del libro da te completati ed elenca qui di seguito le 10 cose più importanti che vuoi modificare, sia che riguardino la tua visione di leadership, il tuo team, la tua organizzazione o i tuoi clienti.

Fase 2: Poi comincia a suddividerli secondo il seguente schema temporale:

2a. Modifiche che puoi attuare immediatamente

2b. Modifiche che potrai affrontare il mese prossimo

2c. Modifiche che potrai apportare nel corso dei prossimi 3 mesi

2d. Modifiche che potrai apportare nel corso dei prossimi 6 mesi

2e. Modifiche che potrai apportare entro l'anno prossimo

Fase 3: Sii il coach di te stesso, assegnando un punteggio da 1 a 10 (10 è il punteggio massimo) al tuo livello di motivazione per attuare queste cose.

Fase 4: Se il tuo livello di motivazione è 7 o meno, poni a te stesso la domanda: "Cos'altro deve accadere per elevarlo a 8 o più?". Annotalo qui di seguito.

Fase 5: Mi impegno con me stesso!

Mi impegno a fare tutto ciò che occorre per intraprendere queste azioni finalizzate al cambiamento. Lo farò con passione ed entusiasmo per il futuro.

Firma:

____

Visualizzare il tuo successo

Immagina te stesso di qui a un anno. Hai apportato tutti i cambiamenti che ti eri impegnato a fare. Nota quali pensieri suscita questa immagine nella tua mente. Cosa ti vedi fare, cosa ti ascolti dire e come ti senti? Chiudi gli occhi, se ciò ti aiuta ad avere un'immagine più chiara. Fai in modo di vedere attraverso i tuoi occhi nell'immagine che si presenta, senza guardare te stesso nel quadro. Ciò rende l'effetto molto più potente. Prendi nota di come puoi aumentare la luminosità di tutto quanto ti circonda. Immagina che la tua mente sia uno schermo televisivo del quale puoi regolare luminosità e colore. Quali suoni sono associati all'immagine? Alza il volume del tuo monitor per ascoltare ciò che gli altri dicono di te e ciò che tu dici a te stesso. Nota le sensazioni che i tuoi pensieri suscitano e aumentane l'intensità fino a raddoppiarla o triplicarla. Puoi farlo semplicemente concentrando l'attenzione sul punto in cui quelle sensazioni sono situate nel corpo. Nota anche se le sensazioni si muovono, e in questo caso falle muovere più rapidamente e nota come questo le intensifichi. Che ne pensi? Hai notato come le sensazioni nella tua immagine diventano più forti?

Ora esci dall'immagine che hai creato in modo da vederti all'interno di essa. Visualizzati per alcuni minuti al giorno, rientrando nel "te" che di qui a un anno avrà realizzato tutto ciò che hai programmato di fare, essere e avere. Intensifica colori, luminosità, suoni e sensazioni per inviare un messaggio chiaro e forte al subconscio sul fatto che intendi apportare davvero quei cambiamenti. Divertiti con questo esercizio fino a trovare una combinazione perfetta per migliorare la tua immaginazione.

Una parola finale

Spero di averti ispirato a fare qualcosa di diverso: uscire dalla Zona Grigia per entrare nella Zona Luminosa. È qui che io sono diretta ed è qui che vorrei incontrarti. Ecco i miei pensieri finali sulla PNL che ti stimoleranno a progredire. Innanzitutto devi sapere ciò che vuoi. In ogni situazione devi avere un'idea chiara di ciò che vuoi ottenere. In secondo luogo, sii consapevole e vigile. Devi avere una buona consapevolezza sensoriale di te stesso e degli altri per sapere quando ti avvicini o ti allontani dal risultato. Terzo, abbi una flessibilità sufficiente per poter continuare a modificare il tuo comportamento fino a raggiungere la meta. Infine, agisci ora e ricorda che qualsiasi impegno inferiore al 100 per cento è sabotaggio!
Goditi il viaggio.

Cosa fare dopo?

Sono certa che qualcuno dei lettori di questo libro vorrà approfondire lo studio della PNL a livello individuale o per la propria organizzazione.

Questi sono i servizi che offriamo.

Servizi per le aziende

Apprendimento e sviluppo
Noi utilizziamo la PNL nel nostro lavoro per assicurare ai nostri clienti un miglioramento delle loro prestazioni. Offriamo programmi personalizzati intra-aziendali per soddisfare le esigenze specifiche dei clienti nei settori della gestione del cambiamento, dello sviluppo della leadership, della costruzione e del benessere dei team. Gestiamo anche servizi di analisi delle esigenze della formazione.

Coaching per dirigenti
Forniamo interventi di coaching personalizzato e siamo specializzati nel coaching di donne con responsabilità dirigenziali.

Consulenza per la gestione del cambiamento
Possiamo consigliare e assistere i clienti a gestire il cambiamento dal punto di vista del personale, per costruire l'impegno e le abilità dei dipendenti e minimizzare le resistenze.

Cambiamento della cultura aziendale
Assicuriamo forme di consulenza per facilitare un cambiamento a lungo termine della cultura nell'ambito della tua azienda, e aiutarti a implementare cambiamenti comportamentali.

Programmi pubblici

Corso per migliorare l'abilità nella presentazione
Un programma di tre giorni che utilizza la PNL per costruire la fiducia in se stessi come comunicatori. Ti insegniamo a presentare e a sviluppare il tuo carisma in ogni situazione, per ottenere i risultati che desideri.

Corso rapido in 7 giorni per praticanti PNL, praticanti di terapia della linea del tempo e ipnoterapia
Imparerai a usare le tecniche PNL per trasformare la tua vita e aiutare gli altri. Il nostro programma per praticanti ti consente di acquisire la certificazione in soli sette giorni. A tale scopo ci serviamo di CD di studio preliminare che potrai utilmente riascoltare più volte, anche molto tempo dopo la fine del corso, per rinfrescare le nozioni acquisite. Studierai anche come diventare praticante di terapia della linea del tempo e di ipnosi.

Corso rapido in 14 giorni per Master PNL, praticanti Master di terapia della linea del tempo e ipnotisti Master
Il nostro programma Master ti aiuterà non solo a portare le tue abilità di praticante a un livello superiore, ma ti insegnerà anche molte tecniche avanzate. Avrai anche l'opportunità di diventare Master di terapia della linea del tempo e ipnotista Master. Anche questo programma prevede una componente di studio preliminare.

Age with Attitude
Si tratta di un programma esclusivo di sviluppo personale per donne di età matura, il primo del suo genere. È un viaggio di

dieci mesi che prevede quattro eventi inframmezzati da coaching e assistenza continui per mantenerti sulla strada giusta per raggiungere i tuoi obiettivi. Lavorerai con altre donne di mentalità simile alla tua, che ti aiuteranno e ti ispireranno a creare la vita che vuoi.

BreakThrough coaching

Offriamo un metodo rapido per affrontare schemi di comportamenti limitanti a lungo termine. Lavoreremo insieme intensivamente per un giorno intero per risolvere un particolare problema, e in seguito continueremo a fornirti assistenza.

Servizi gratuiti di affiancamento

Questo servizio è stato ideato per "far lavorare insieme" i nostri lettori per raggiungere i loro obiettivi. Tutto ciò che devi fare è inviarci una e-mail o telefonarci, e ti faremo sapere se c'è qualcuno disponibile a lavorare con te. Vi metteremo in contatto e poi procederete insieme.

Se desideri maggiori informazioni sulla PNL o i corsi disponibili della Change Corporation, puoi scrivere all'indirizzo info@thechangecorporation.com oppure visitare i nostri siti web:

www.thechangecorporation.com
www.lindseyagness.com
www.agewithattitude.co.uk

Panoramica dei siti web in Italia che offrono corsi PNL

www.pnl.info
Il portale sulla Programmazione Neurolinguistica in Italia propone 5 corsi di specializzazione internazionale in Business Coaching e PNL (Practitioner, Business Practitioner, Master Practitioner, Coaching Essenziale e Business Coach al Lavoro), con le relative certificazioni.

www.accademiapnl.it
L'Accademia Italiana di PNL è un centro di studio, approfondimento, ricerca e sviluppo della metodologia e delle tecniche di Programmazione Neurolinguistica con lo scopo di diffonderne la conoscenza in modo capillare e accessibile. Offre corsi di formazione a vari livelli (Practitioner, Master Practitioner, Business Practitioner) e altri per comunicare, vendere, parlare in pubblico. Grande rilievo viene dato al Business Coaching come formazione strategica nell'ambito professionale.

www.plscoaching.it/soluzioni-aziendali/
Il sito propone eventi e corsi nell'ambito della sua attività di consulenza, formazione e coaching, con soluzioni personalizzate in base alle esigenze dei clienti. Il team è in grado di supportare anche le Start Up.

www.incoaching.it
È il sito della scuola Incoaching, che offre in varie città italiane corsi di Coaching in 100 ore complessive di formazione specifica, chiaramente indicati nel sito per ciascuna località. Sono disponibili anche vari corsi di specializzazione, e una sezione interamente dedicata al Business Coaching, con diverse possibilità di strategie e soluzioni.

Appendice 1

Griglia PNL

	Strumenti	Strategie per il successo	Atteggia-mento vincente	Modellare prestazioni di livello eccezionale	Costruire team ad alta efficienza
1	Fissazione di obiettivi	x			
2	Definizione dei risultati	x			
3	Principi del successo	x			
4	Zona Grigia	x			
5	Presupposizioni PNL		x		
6	Frame della PNL		x		
7	Modello di comunicazioni		x		
8	Cambiamento delle convin-zioni		x		
9	Concentrazione su ciò che vuoi		x		
10	Modellamento			x	
11	Metaprogrammi				x
12	Identificazione e incremento dei valori				x
13	Ancoraggio	x			
14	Gerarchia delle idee	x			
15	Feedback sandwich della PNL		x		
16	Modello di formazione PNL		x		

	Strumenti	Strategie per il successo	Atteggia-mento vincente	Modellare prestazioni di livello eccezionale	Costruire team ad alta efficienza
17	Metamodello			x	
18	Modello Milton			x	
19	Controllo integrato			x	
20	Posizioni percettive			x	
21	Livelli di cambiamento neurologici o logici			x	
22	Rottura degli schemi				x
23	Strategie e TOTE				x
24	Impatto della comunicazione	x			
25	Nuovi metaprogrammi	x			
26	Rapport		x		
27	Acutezza sensoriale		x		
28	Sistemi rappresentazionali		x		
29	Movimenti oculari		x		
30	Stato del comunicatore			x	
31	Sistema 4Mat (adattato per la PNL)			x	
32	Categorie della Satir			x	
33	Visualizzazione				x

Appendice 2

Il linguaggio usato da diversi sistemi rappresentazionali

Visivo	**Cinestesico**	**Uditivo**	**Audio-digitale**
Vedere	Sentire	Udire	Senso
Guardare	Toccare	Ascoltare	Esperienza
Apparire	Afferrare	Suono(i)	Comprendere
Visione	Trattenere	Fare musica	Pensare
Mostrare	Filtrare	Armonizzare	Imparare
Alba	Prendere piede	Essere/Non essere in sintonia	Processo
Rivelare	Attingere	Essere tutt'orecchi	Decidere
Prevedere	Prendere contatto	Fa suonare un campanello	Motivare
Illuminare	Respingere	Silenzio	Considerare
Balenare	Voltare	Essere ascoltati	Cambiare
Chiaro	Arduo	Risuonare	Percepire
Nebuloso	Insensibile	Sordo	Insensibile
Messo a fuoco	Concreto	Mellifluo	Distinto
Offuscato	Imbarazzo	Dissonanza	Concepire
Chiaro come il sole	Farsi un'idea	Sfumatura di significato	Sapere
Lampo	Solido	Indifferente	Domandare
Immaginare	Sopportare	Accordarsi	Essere consapevole

Visivo	**Cinestesico**	**Uditivo**	**Audio-digitale**
Quadro	Inamovibile	Esplicito	Logico
Raggiante	Impressione	Dire	Ragionevole
Istantaneo	Mettersi in contatto	Annunciare	Statisticamente
Vivido	Frizione	Parlare	
Percepire	Liscio	Esprimere	
Luce	Grintoso	Risuonare	
Raggio	Inciampare	Affermare	
Affascinare	In contatto	Lamentarsi	
Osservare	Rilassato	Chiacchiere	
Prospettiva	Impreciso	Eco	
Cornice	Imperturbabile	Orchestrare	
Risplendere	Tiepido	Mormorare	
Velato	Pesante	Serrare	
Immagine		Borbottare	
Visione		A voce alta	
Osservare		Dialogo	

Usato con l'autorizzazione della The Tad James Co., Tad e Adriana James

Appendice 3

Che cosa hai appreso sulla PNL?

1. **Quale delle seguenti frasi non rappresenta un principio fondamentale della PNL?**

   (a) Ciascuno di noi ha un diverso modello del mondo.

   (b) Non esistono fallimenti, solo feedback.

   (c) I più risoluti ottengono sempre i risultati migliori.

2. **Quale delle seguenti affermazioni può essere attribuita a qualcuno che si trova dal lato "effetto" dell'equazione?**

   (a) Mi assumo la responsabilità di tutto ciò che mi accade nella vita.

   (b) Non è colpa mia se non hai avuto la tua promozione: io ho presentato la richiesta alle Risorse Umane.

   (c) Questa volta adotterò una strategia diversa.

3. **Gli insegnamenti sono sempre:**

   (a) per te, positivi e utili per il futuro

   (b) buoni da ricevere

   (c) quelli che tu dai agli altri

4. **Cosa succede se ti assumi al 100 per cento la responsabilità di ciò che vuoi?**

   (a) Avrai sempre qualcuno da incolpare.

   (b) Raggiungerai i tuoi obiettivi.

   (c) Puoi dire agli altri cosa fare.

5. **Che cos'è il tuo sistema di attivazione reticolare?**

(a) Un'arma segreta

(b) Un termine diverso per indicare gli obiettivi

(c) Un filtro tra la mente conscia e l'inconscio

6. **Che cosa non modelliamo?**

(a) Il comportamento esterno

(b) Lo stato emotivo interno

(c) L'accento

7. **Quale metaprogramma descrive il modo in cui affronti il feedback?**

(a) Filtro della direzione

(b) Filtro relazionale

(c) Filtro del quadro di riferimento

8. **A chi segue il metaprogramma della Possibilità piace:**

(a) Vivere in modo molto ordinato

(b) Mantenere aperte tutte le opzioni

(c) Sapere quando hanno preso la decisione giusta

9. **Perché i valori condivisi sono tanto importanti per un team ad alto rendimento?**

(a) Perché i membri sono allineati

(b) Perché sono utili negli incontri di valutazione

(c) Perché aiutano a fissare gli obiettivi

10. Quale tecnica PNL giova al pensiero laterale?

(a) Mappe mentali

(b) Chunk up e chunk down lungo la "Gerarchia delle Idee"

(c) Metaprogramma globale

11. Quale domanda usiamo per ottenere risposte più astratte?

(a) Quali esempi abbiamo di questo?

(b) Di che cosa può essere un esempio?

(c) Quale specificamente?

12. In una seduta di coaching, il coach parlerà:

(a) per la maggior parte del tempo

(b) per non più del 40 per cento del tempo

(c) per non più del 25 per cento del tempo

13. In che cosa consiste il metamodello?

(a) Domande per recuperare generalizzazioni, cancellazioni e deformazioni

(b) Un modo per comprendere gli altri modelli del mondo

(c) Il quarto modello di linguaggio di Bandler e Grinder

14. Come contesteresti una violazione di causa ed effetto?

(a) Perché pensi questo?

(b) In che modo ciò che hanno fatto ti induce a decidere di sentirti...?

(c) Che cosa significa?

15. In che modo termineresti la domanda tendenziosa "Tu sai questo, ..."?

(a) vero?

(b) davvero?

(c) posso dire?

16. Come descriveresti una nominalizzazione?

(a) Un sostantivo astratto

(b) Una parola concreta

(c) Un numero

17. Quale di queste definizioni è scorretta?

(a) Test – si stabiliscono o si applicano i criteri per lo "stato auspicato"

(b) Operazione – si raccolgono i dati

(c) Esito – si esce sempre la prima volta

18. Quale impatto esercitano le parole sulla nostra comunicazione?

(a) 7 per cento

(b) 10 per cento

(c) 15 per cento

19. Se io dicessi "Dovresti aver concordato con quel cliente l'ora nella quale richiamarlo", parlerei:

(a) in modo letterale

(b) in modo deduttivo

(c) in modo specifico

20. Che cosa non dovresti imitare quando costruisci un rapport usando la voce?

(a) Il ritmo

(b) L'accento

(c) Il tono

21. Quale definizione descrive meglio un comunicatore visivo?

(a) Snello e forte

(b) Elabora le informazioni attraverso immagini

(c) Ama avvicinarsi all'azione

22. Se sei organizzato al contrario, cosa significa questo?

(a) Scrivi con la mano sinistra

(b) I tuoi movimenti oculari sono invertiti

(c) Trascorri la maggior parte del tempo immerso nei tuoi pensieri

23. Qual è l'ordine del sistema 4Mat

(a) Perché, cosa, come, e se...

(b) Come, perché, cosa, e se...

(c) Introduzione, perché, cosa, come, e se...

24. Quale categoria della Satir è più adatta alle donne?

(a) Appianatore

(b) Accusatore

(c) Livellatore

25. **Quale tecnica PNL è più adatta al servizio assistenza alla clientela?**

(a) Rapport

(b) Acutezza sensoriale

(c) Schemi del linguaggio (metamodello e modello Milton)

Risposte

1 (c) 2 (b) 3 (a) 4 (b) 5 (c) 6 (c) 7 (c) 8 (b) 9 (a) 10 (b) 11 (b) 12 (b) 13 (a) 14 (b) 15 (a) 16 (a) 17 (c) 18 (a) 19 (a) 20 (b) 21 (b) 22 (b) 23 (c) 24 (c) 25 tutte e 3! (3 punti)

Punteggi

Guadagni un punto per ogni risposta corretta.

22-27 punti: Ben fatto! Ti sei concentrato davvero sull'apprendimento della PNL. Sei sulla strada che porta alla Zona Luminosa.

15-22 punti: Punteggio medio. Se vuoi alzare la posta nel tuo business torna ai capitoli che non hai assimilato bene e trova le risposte giuste.

Meno di 15 punti: Un punteggio al di sotto della media. Se vuoi essere ricordato nella tua azienda per le azioni giuste, ricomincia daccapo e rileggi il libro, questa volta prestando maggiore attenzione agli strumenti e alle tecniche PNL.

Bibliografia

Agness, Lindsey, *Cambia la tua vita con la PNL*, Vallardi, Milano, 2010.

Bonthos, J. M., "Culture – The missing intelligence variable", in *The Strategic Planning News*, marzo 1994.

Bostic St. Clair, Carmen – Grinder, John, *Whispering in the Wind*, J & C Enterprises, Scotts Valley (California), 2001.

Branson, Richard, *Il coraggio di rischiare*, Tecniche Nuove, Milano, 2007.

Charvet, Shelle Rose, *Le parole della mente. Eccellere nel linguaggio d'influenza*, Franco Angeli Edizioni, Roma, 2005.

Covey, Stephen, *Le 7 regole per avere successo*, Franco Angeli Edizioni, Roma, 2014.

Csikszentmihalyi, Mihaly, *Flow: The classic work on how to achieve happiness*, Random House, New York, 2002.

Dilts, Robert, *Cambia le tue convinzioni con la PNL*, Alessio Roberti Editore, Milano, 2009.

Id., *Strategie del Genio. Come modellare l'eccellenza*, Sangiovanni's Edizioni, 2014.

Goldsmith, Marshall, *Ciò che ti ha portato qui non ti farà andare avanti*, TEA libri, Milano, 2008.

Hiatt, Jeffrey M. – Creasey, Timothy J., *Change Management: The people side of change*, Prosci Learning Center Publications, Loveland (Colorado), 2003.

James, Tad – Shephard, David, *PNL per comunicare in pubblico*, Alessio Roberti Editore, Milano, 2009.

James, Tad – Woodsmall, Wyatt, *Time Line. La ristrutturazione dell'esperienza temporale con la programmazione neurolinguistica*, Astrolabio Ubaldini, Roma, 2001.

Knight, Sue, *PNL al lavoro*, Alessio Roberti Editore, Milano, 2015.

Koppel, Robert, *The Intuitive Trader*, John Wiley & Sons, Hoboken (New Jersey), 1996.

Korzybski, Alfred, *Science and Sanity*, Institute of General Semantics, Englewood Cliffs, 1995.

Laborde, Genie Z., *Influencing with Integrity*, Crown House Publishing, Carmarthen, 2009.

Lewis, Byron – Pucelik, Frank, *Magic of NLP De-Mystified*, Metamorphous Press, Lake Oswego (Oregon), 1990.

Mehrabian, A., *Silent Messages*, seconda edizione rivista, Wadsworth Publishing Co. Inc., Belmont (California), 1981.

Mankins, Michael C. – Steele, Richard, *Turning Strategy into Great Performance*, in *Harvard Business Review*, 2005.

McDonald, Larry – Robinson, Patrick, *A Colossal Failure of Common Sense*, Ebury Press 2009.

McGuiness, Mark, "The Secret of Walt Disney's Creativity", in www.lateralaction.com, 4 maggio 2009.

Meyer, Paul J., *Attitude is Everything* (Vol. 2, "Attitude & Motivation"), edito in proprio, senza data.

Paulson, Hank, *On the Brink*, Headline Publishing Group, Londra, 2010.

Pritchett, Price – Pound, Ron, *High Velocity Culture Change: A handbook for managers*, Pritchett Publishing Company, Dallas (Texas), 1993.

Prosci Benchmarking Report, *Best Practices in Change Management*, Prosci 2009.

Robbins, Anthony, *Come migliorare il proprio stato mentale, fisico e finanziario. Manuale di psicologia del cambiamento*, Bompiani, Milano, 2000.

Satir, Virginia, *People Making*, Science & Behaviour Books, Palo Alto (California), 1972.

Senge, Peter M., *La quinta disciplina. L'arte e la pratica dell'apprendimento organizzativo*, Sperling & Kupfer, Milano, 1992.

Tosey, Paul – Mathison, Jane, *Neuro-Linguistic Programming: A critical appreciation for managers and developers*, Palgrave Macmillan, Basingstoke (Gran Bretagna), 2009.

Ringraziamenti

Ringrazio:

– i miei genitori, sempre presenti e disposti ad aiutarmi
– i miei straordinari figli, che mi assistono con il loro incoraggiamento e amore
– il mio compagno Jonny, che mi sostiene e alimenta il meglio di me stessa
– le mie amiche: sapete a chi mi riferisco
– lo staff della Capstone Wiley, in particolare Holly Bennion, Jenny Ng e Grace O'Byrne
– Graham Maw Christie, in particolare Jane
– David Shephard, Tad James e Robert Smith, per avermi aperto la porta su un nuovo mondo
– Billie Burvill (www.billieburvill.co.uk) per i grafici
– Paul Webb (www.pwebb.co.uk) per le foto
– e tutti coloro che hanno sostenuto questo libro.

I nomi delle persone presenti negli esempi sono stati modificati.

Nota sull'autrice

Lindsey Agness è autrice di bestseller come *Cambia la tua vita con la PNL* e *Still 25 Inside*, nonché esperta formatrice PNL. Ha iniziato la sua carriera in un'amministrazione locale, prima di diventare nel 1994 consulente per la gestione del cambiamento presso una delle società di consulenza aziendale più importanti del mondo, nella quale ha appreso l'arte di cambiare le persone a livello sia organizzativo che individuale. Ha iniziato il suo viaggio con la PNL nel 1997, con l'intenzione di migliorare la propria performance nelle riunioni con moltissimi professionisti uomini. Nel 2005 ha fondato la Change Corporation. Attualmente si occupa di consulenza su progetti di cambiamento, di formazione di alti dirigenti, della conduzione di corsi PNL aperti a tutti e di conferenze. È tenuta in alta considerazione per le sue capacità di ottenere risultati e migliorare il rendimento. È anche autrice di libri, il che le offre l'opportunità di condividere idee ed esperienze con un pubblico più ampio. La sua personale visione è di divenire leader nel campo dello sviluppo, per aiutare organizzazioni e individui a ottenere il massimo da se stessi. Originaria dell'East End di Londra, vive attualmente a Sandwich con i due figli Sophie e Oliver. www.thechangecorporation.com

Harry Alder e Beryl Heather
PNL
IN 21 GIORNI
Un approccio rivoluzionario alla comunicazione umana e allo sviluppo personale
EDIZIONI IL PUNTO D'INCONTRO

MANUALE DI
PNL
Programmazione neurolinguistica e sviluppo personale
Joseph O'Connor e Ian McDermott
EDIZIONI IL PUNTO D'INCONTRO

Wendy Jago
ALLENA
IL TUO CERVELLO
ALL'ECCELLENZA
CON LA PNL
Strategie di flessibilità mentale per il benessere e il successo
EDIZIONI IL PUNTO D'INCONTRO

Harry Alder
La nuova
PNL
L'arte di raggiungere i propri obiettivi
EDIZIONI IL PUNTO D'INCONTRO

Ian McDermott
CREDI IN TE
CON LA PNL
Semplici tecniche
per aumentare la fiducia,
l'autostima e il successo
EDIZIONI IL PUNTO D'INCONTRO

ROSARIO ALFANO
PUOI
CAMBIARE
IL LIBRO DELLE SVOLTE
Realizza
i cambiamenti
che stai
rimandando
da tempo

Rocco Americo e Rosario Alfano
RELAZIONI
VINCENTI
CON IL NUOVO
LINGUAGGIO DEL CORPO
Decodificare i gesti e imparare
a reagire applicando la PNL
EDIZIONI IL PUNTO D'INCONTRO

Yvonne Oswald
IL POTERE
DELLE
PAROLE
Usa la forza
del linguaggio per
trasformare la tua vita
EDIZIONI IL PUNTO D'INCONTRO

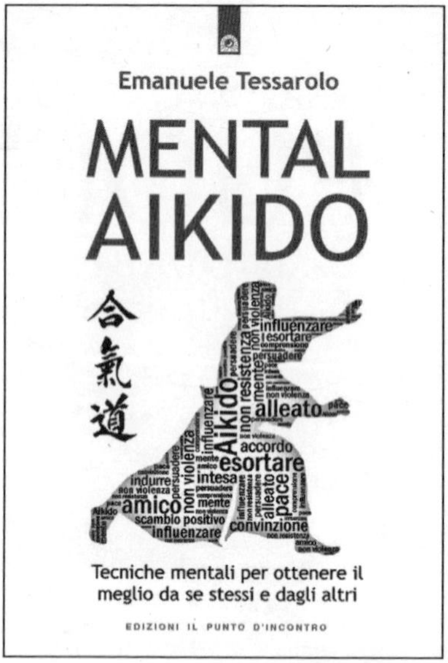
Emanuele Tessarolo
MENTAL AIKIDO
合氣道
Tecniche mentali per ottenere il meglio da se stessi e dagli altri
EDIZIONI IL PUNTO D'INCONTRO

Fred Kofman
BUSINESS CONSAPEVOLE
Come creare ricchezza attraverso i valori
EDIZIONI IL PUNTO D'INCONTRO

ROSARIO ALFANO
LA TECNICA DEL TOGLIERE
Come eliminare il superfluo per ritrovare se stessi
智
EDIZIONI IL PUNTO D'INCONTRO

Anna Fata
LA VITA PROFESSIONALE E LA PRATICA MEDITATIVA
Sviluppare presenza, attenzione, consapevolezza e intuito sul lavoro
EDIZIONI IL PUNTO D'INCONTRO

YIN YANG
MARKETING
Roberto Tiby
L'unica certezza
è il cambiamento!
Un approccio innovativo,
basato sugli antichi principi
della filosofia cinese
EDIZIONI IL PUNTO D'INCONTRO

Giovanni Ottaviani
LO ZEN E
L'ARTE DELLA
COMUNICAZIONE
EDIZIONI IL PUNTO D'INCONTRO

Robin Sharma
IL SANTO,
IL SURFISTA
E L'AMMINISTRATORE
DELEGATO
Come vivere seguendo i desideri del cuore
Autore del bestseller "Il monaco che vendette la sua Ferrari"
EDIZIONI IL PUNTO D'INCONTRO

Yvon Delvoye
IL SEGRETO
DELLE
PERSONE
FELICI
Il segreto della felicità
è coinvolgente, concreto
e semplice...
come la felicità stessa!

Joe Vitale
ZERO LIMITS
Lo straordinario sistema hawaiano
per gioire di una vita meravigliosa
in cui tutto è davvero possibile
Dall'autore di THE KEY
un nuovo best seller internazionale
con Ihaleakala Hew Len

the Key
La Chiave
Se hai letto THE SECRET
e vuoi andare oltre,
la risposta è THE KEY!
- Dr Joe Vitale, Maestro di The Secret
Joe Vitale